Deixe que grite, deixe que queime

Leslie Jamison

Deixe que grite,
deixe que queime

Tradução: Santiago Nazarian

GLOBOLIVROS

Copyright © 2021 by Editora Globo S.A. para a presente edição
Copyright © 2021 by Leslie Jamison

Todos os direitos reservados. Nenhuma parte desta edição pode ser utilizada ou reproduzida — em qualquer meio ou forma, seja mecânico ou eletrônico, fotocópia, gravação etc. — nem apropriada ou estocada em sistema de banco de dados sem a expressa autorização da editora.

Texto fixado conforme as regras do Acordo Ortográfico da Língua Portuguesa (Decreto Legislativo nº 54, de 1995).

Título original: *Make it Scream, Make it Burn: Essays*

Editora responsável: Amanda Orlando
Assistente editorial: Isis Batista
Preparação: Aline Canejo
Revisão: Mariana Donner, Cláudia Mesquita e Renan Castro
Diagramação: Equatorium Design
Capa: Renata Zucchini
Imagem de capa: Freepik

1ª edição, 2021

CIP-BRASIL. CATALOGAÇÃO NA PUBLICAÇÃO
SINDICATO NACIONAL DOS EDITORES DE LIVROS, RJ

J31d

Jamison, Leslie, 1983-
    Deixe que grite, deixe que queime / Leslie Jamison ; tradução Santiago Nazarian. - 1. ed. - Rio de Janeiro : Globo Livros, 2021.
    248 p. ; 23 cm.

    Tradução de: Make it scream, make it burn : essays
    ISBN 9786586047912

    1. Ensaios americanos. I. Nazarian, Santiago. II. Título.

21-71663
CDD: 814
CDU: 82-4(73)

Meri Gleice Rodrigues de Souza - Bibliotecária - CRB-7/6439
24/06/2021   24/06/2021

Direitos exclusivos de edição em língua portuguesa para o Brasil adquiridos por
Editora Globo S.A.
Rua Marquês de Pombal, 25 — 20230-240 — Rio de Janeiro — RJ
www.globolivros.com.br

Para meu pai, Dean Tecumseh Jamison

"Quando nossos sentidos conhecem algo tão completamente quanto ao carecermos desse algo?"
— MARILYNNE ROBINSON, *Housekeeping*

Sumário

I. Ansiando 11
52 Blue 13
Contamos histórias a nós mesmos para podermos viver novamente......... 37
A história do translado 57
Sim Life 65

II. Buscando... 91
Lá em Jaffna 93
Nenhuma língua pode dizer................................. 105
Deixe que grite, deixe que queime........................ 113
Exposição máxima... 129

III. Permanência 151
Ensaios 153
O longo truque... 157
A verdadeira fumaça 171
Filha de um fantasma 193
Museu dos corações partidos 211
Despertar 231

I
ANSIANDO

52 Blue

7 DE DEZEMBRO DE 1992, ilha de Whidbey, estuário de Puget. As guerras mundiais haviam acabado. As outras terminaram: Coreia, Vietnã. Enfim, a Guerra Fria havia acabado também. A Estação Aeronaval da Ilha de Whidbey permanecia. Assim como o Pacífico, suas águas eram vastas e impenetráveis e tinha uma base aérea batizada com o nome de um piloto cujo corpo nunca foi encontrado: William Ault, que morreu na Batalha do Mar de Coral. É assim que acontece. O oceano engole corpos humanos inteiros e torna-os imortais. William Ault tornou-se uma pista que manda outros homens para o céu.

Na Estação Aeronaval, o Pacífico infinito aparecia como dados finitos reunidos por uma rede de hidrofones espalhados pelo solo do oceano. Inicialmente usados para monitorar submarinos soviéticos durante a Guerra Fria, tais hidrofones desde a ocasião foram direcionados para o mar em si, transformando seus ruídos disformes em algo mensurável: páginas de gráficos impressos desenrolando-se em um espectrógrafo.

Naquele dia de dezembro de 1992, em particular, a "insignificante" oficial de segunda classe Velma Ronquille escutou um som estranho. Ela o ampliou em um espectrograma diferente para que pudesse percebê-lo melhor. Não pôde acreditar no que estava vindo a 52 hertz. Chamou um dos técnicos de áudio. Ele precisava voltar, disse Velma. Precisava dar outra olhada. O técnico voltou. Deu outra olhada. Seu nome era Joe George.

— Acho que é uma baleia — disse Velma a ele.

Joe pensou: *Putz grila*. Mal parecia possível. O padrão de som parecia com o de uma baleia-azul, mas geralmente as baleias-azuis vocalizam em uma frequência entre 15 e 20 hertz, um barulho quase imperceptível, na periferia do que o ouvido humano pode detectar. Cinquenta e dois hertz saíam dos gráficos. Mas ali estava, bem na frente deles, o áudio de uma criatura movendo-se pelo Pacífico com um canto singularmente agudo.

As baleias fazem chamados por vários motivos: para navegar, encontrar comida, comunicar-se umas com as outras. Para certas baleias, incluindo as jubartes e as azuis, os cantos também têm função na escolha sexual. Os machos da baleia-azul cantam mais alto dos que as fêmeas. E o volume de seu canto, em mais de 180 decibéis, torna esses machos os animais mais estrondosos do mundo. Eles estalam, grunhem, garganteiam, zunem e gemem. Soam como buzinas de neblina. Seus chamados podem viajar quilômetros e quilômetros pelo oceano.

Como a frequência dessa baleia não tinha precedentes, o pessoal de Whidbey a rastreou por anos, a cada estação de migração, enquanto ela seguia do sul do Alasca para o México. Perceberam que era um macho, já que só os machos cantam durante a época de acasalamento. Seu percurso não era incomum, apenas o canto, junto ao fato de que nunca detectaram qualquer outra baleia ao redor dela. Ela parecia estar sempre só. Essa baleia chamava alto, aparentemente ninguém, ou pelo menos ninguém parecia estar respondendo. Os técnicos de acústica chamaram-na de 52 Blue [Azul 52]. Um relatório científico acabaria reconhecendo que nenhum outro chamado de baleia com características similares havia sido localizado antes. O relatório dizia o seguinte: "Pode ser que seja apenas um único exemplar na vastidão do oceano".

A viagem de Seattle para a ilha de Whidbey deveu-se ao discurso cerimonial sobre a indústria do estado de Washington: enormes pilhas de madeira cortada; rios entupidos de troncos de árvore, como peixes presos em tanques; torres de contêineres coloridos perto do porto de Skagit e uma coleção de silos brancos encardidos perto das pontes Deception Pass, com seu aço projetando-se majestosamente sobre o estuário de Puget — água borbulhante reluzindo ao sol quase setenta metros abaixo. Do lado mais distante da ponte, a ilha parecia doutrinadora e sobrenatural, quase defensiva. "jogar lixo causa danos", indicava uma placa. Outra dizia "aquecedores portáteis precisam de espaço". Com frequência, considera-se a ilha de Whidbey a mais comprida da América, mas isso não é bem verdade. "Whidbey é longa, mas não vamos exagerar", observou o *Seattle Times* em 2000. É grande o suficiente para ter um festival de pipas, um festival de mariscos, uma corrida anual de bicicleta (a Tour de Whidbey), quatro lagos e um jogo anual de assassinato-suspense que torna toda a cidade de Langley,com população de 1.035 habitantes, em uma cena de crime.

Joe George, o técnico que identificou primeiro a 52 Blue, ainda vive em uma modesta casa ao pé da montanha na ponta norte de Whidbey, a cerca de nove quilômetros da base aérea. Quando o visitei, ele atendeu à porta sorrindo. Era um homem forte, de cabelos grisalhos, sem conversa fiada, porém amistoso. Apesar de não trabalhar na base aérea havia quase vinte anos, ainda era capaz de passar pela segurança com sua identidade da Marinha. Ele me disse que a usava sempre que voltava à base para deixar seu lixo reciclável. Fora do clube dos oficiais, homens com uniformes da Aeronáutica bebiam drinques em uma mesa de madeira. A costa à frente era acidentada e bela — ondas batendo na areia escura e o vento salgado soprando pela vegetação.

Joe explicou que, quando trabalhou na base aérea, sua equipe (a responsável por processar dados de áudio de hidrofones) ficava bem desconectada do restante da base. Era uma questão de segurança, de acordo com ele. Quando chegamos ao seu antigo prédio, entendi o que queria dizer. Era circundado por cercas duplas encimadas de arame farpado. Disse-me que alguns dos outros homens da base costumavam achar que o prédio dele era algum tipo de prisão. Nunca souberam para que servia. Quando perguntei o que achou que eram aqueles sons estranhos lá em 1992, antes de perceber que eram chamados de baleia, ele disse:

— Não posso te contar isso. É informação sigilosa.

De volta à casa, Joe tirou um maço de papéis da época em que rastreava a 52 Blue. Eram mapas de computador documentando quase uma década de padrões de migração, a jornada da baleia a cada estação marcada por uma cor diferente: amarelo, laranja, roxo, nas linhas toscas de gráficos de um computador dos anos 1990. Joe mostrou-me os gráficos de som da 52 e explicou as linhas e métricas para que eu pudesse comparar o registro com os ruídos mais típicos das baleias: as frequências mais baixas de baleias-azuis normais e as frequências bem mais altas das jubartes. O canto das baleias-azuis tem vários tipos de sons: longos ronronares e gemidos, constantes ou modulados. E as vocalizações da 52 Blue mostraram esses mesmos padrões distintos, só que em uma frequência muito diferente, uma logo acima da nota mais baixa de uma tuba. O breve vídeo gravado da 52 que ele me mostrou, acelerado para a audição humana, soava fantasmagórico: um som pulsante, esganiçado, penetrante, o equivalente a um raio de luz turvo sob a neblina pesada de uma noite de luar.

Joe claramente curtia explicar seus gráficos e mapas. Parecia ter algo a ver com seu amor por ordem e organização. Quando orgulhosamente me mostrou alguns dos frutos de seus variados e surpreendentes *hobbies*, uma impressionante coleção de plantas carnívoras e abelhas que criava para alimentá-las ou o impecável mosquete que construiu para um de seus encontros de encenação de caçadores de pele do século XVIII, ficou evidente a inclinação por cuidado e consciência.

Ele tinha um desejo profundo pelo preciso e meticuloso em tudo o que fazia. Enquanto me mostrava as darlingtônias, suas plantas favoritas, explicou como os capuzes translúcidos delas prendiam bem as moscas fazendo-as voar em direção à luz, evidentemente impressionadas pela economia e pela engenhosidade do desenho, e cuidadosamente colocou um tule sobre as partes verdes de trás enroladas, para protegê-las do frio.

Senti que Joe apreciava a chance de tirar da gaveta seus velhos gráficos de baleia. Remetiam-no aos dias em que a história da 52 ainda se desenrolava e ele estava bem no meio disso. Joe contou-me que chegou em Whidbey após vários anos do que foi tecnicamente classificado como "plantão árduo" em uma base na Islândia, apesar de me explicar que aqueles anos não foram particularmente nada árduos. Seus filhos faziam bonecos de neve ao lado da lagoa Azul. Joe era um bom candidato para Whidbey. Já tinha formação como técnico de acústica, já estava preparado para o trabalho que acontecia em seu *bunker* espremido por trás de cercas de arame farpado.

O programa de rastreamento de hidrofone, também conhecido como Sound Surveillance System [Sistema de Inspeção de Som] ou Sosus, era meio que um "filho bastardo", contou-me Joe. Depois que a Guerra Fria acabou, sem submarinos soviéticos para escutar, a Marinha precisava de mais provas de que a custosa estrutura do hidrofone poderia se fazer válida. O trabalho que surgiu surpreendeu até aqueles que o iniciaram. Darel Martin, um técnico de acústica que trabalhou para Joe na Whidbey, descreveu assim:

— Nós fomos de especialistas em tubarões de aço para rastrear animais vivos, respirantes. É infinito o que se pode ouvir no oceano — disse ele.

Agora o mistério de uma baleia em particular sobrevive graças a um homem sentado em sua mesa da cozinha, tirando folhetos gastos pelo tempo para apontar os gráficos de aparência comum de uma música extraordinária.

Julho de 2007, Harlem, Nova York. Leonora sabia que iria morrer. Não um dia qualquer, mas logo. Ela tinha um fibroma e sangrava havia anos, às vezes tão intensamente que tinha medo de sair do apartamento. Ficou obcecada com sangue: pensava em sangue, sonhava com sangue, escrevia poemas sobre sangue. Ela deixou de trabalhar como assistente social da prefeitura, um trabalho que mantinha havia mais de uma década. Naquele ponto, Leonora estava com 48 anos de idade. Sempre tinha sido autossuficiente, trabalhava desde que os catorze. Nunca havia se casado, apesar de ter recebido propostas.

Ela gostava de saber que podia se sustentar. Mas esse era um novo nível de isolamento. Um parente disse a ela:

— Você está em um lugar muito sombrio. — E falou que não queria mais vê-la.

No verão, as coisas pioraram. Leonora sentiu-se muito mal: náusea constante, grave constipação, dores por todo o corpo. Os pulsos estavam inchados, a barriga também, a visão borrada com círculos coloridos e irregulares. Ela quase não conseguia respirar quando se deitava. Então, quase não dormia. Quando dormia, seus sonhos eram estranhos. Uma noite, ela viu um carro funerário puxado por cavalos seguindo por ruas de paralelepípedos em um Harlem de outro século. Leonora pegou as rédeas do cavalo, mirou bem nos seus olhos e entendeu que o animal tinha ido buscá-la. Ela estava tão convencida de que iria morrer que destrancou a porta do apartamento para que os vizinhos não tivessem problema para retirar seu corpo. Ligou para o médico para dizer isso — "Tenho certeza de que vou morrer." — e o homem ficou irritado. Disse que Leonora precisava ligar para os paramédicos, que ela iria viver. Enquanto os paramédicos a levavam de maca para o hospital, ela pediu que voltassem para que ela pudesse trancar a porta. Foi assim que soube que resgatara a fé na própria vida. Se não iria morrer, não queria deixar a porta destrancada.

O pedido para que os médicos dessem meia-volta foi a última coisa de que Leonora se lembra antes de dois meses de escuridão. Aquela noite de julho foi o começo de uma odisseia médica: cinco dias de cirurgia, sete semanas em coma, seis meses no hospital. Isso acabaria remetendo-a, no seu tempo e do seu jeito, à história da 52 Blue.

Durante os anos em que Joe e Darel rastrearam a 52 Blue, trabalharam sob supervisão de Bill Watkins, um especialista em acústica de Woods Hole, que cruzava o país até a ilha de Whidbey a cada punhado de meses para ouvir o que haviam encontrado. Todos que me contaram sobre Watkins falam dele em termos quase míticos. O número de línguas que ele falava mudava toda vez que eu ouvia: seis, doze, treze. Um de seus antigos assistentes de pesquisa alegou que eram vinte. Watkins era filho de missionários cristãos que moravam na Guiné Francesa. De acordo com Darel, Watkins caçara elefantes com o pai quando criança.

— Ele podia mesmo ouvir vinte hertz, o que é extremamente baixo para qualquer humano — contou Darel. — Você e eu não conseguimos ouvir isso... Mas ele conseguia, de fato, escutar os elefantes ao longe. E dizia ao pai o caminho a seguir.

Durante a carreira, Watkins desenvolveu muito da tecnologia e da metodologia que tornaram possível gravar e analisar sons de baleias: marcadores de baleias, experimentos de reprodução de sons submarinos, métodos de localização. Ele desenvolveu o primeiro gravador capaz de capturar vocalizações de baleias.

Para Joe e Darel, a frequência incomum da 52 Blue era interessante principalmente porque a tornava fácil de rastrear. Dava sempre para distinguir seu canto. Então, sempre se sabia por onde ela se movimentava. Outras baleias eram mais difíceis de distinguir. Seus padrões de movimentação eram mais difíceis de discernir. A possibilidade de discriminar *essa* baleia, entre todas as baleias, possibilitou uma relação constante com a 52 como uma criatura individual, enquanto outras baleias se confundiam em um corpo coletivo anônimo.

A particularidade da 52, assim como seu aparente isolamento, conferia a ela certa camada de personalidade.

— Sempre ríamos quando a rastreávamos — disse-me Darel. — Falávamos: "Talvez esteja indo para Baja em busca das moças azuis".

As piadas de Darel ecoavam com a familiaridade de uma condescendência afetiva, da maneira como colegas de fraternidade podem falar sobre um pobre coitado que nunca teve muita sorte com as meninas: *A 52 investiu, olhou de novo, tentou outra vez. A 52 nunca desiste daquela música.* Era algo além de um trabalho. Darel comprou para a esposa um colar de baleia durante os anos que passou rastreando a 52, e ela ainda usa.

Joe tinha suas próprias fixações.

— Uma vez ela desapareceu por mais de um mês — disse ele sobre a 52, a entonação revelava o mistério que claramente ainda o movia.

Ao término do mês, quando enfim a localizaram novamente, ela estava mais distante no Pacífico do que jamais estivera. "Por que houve esse intervalo?", perguntava-se Joe. O que havia acontecido durante esse tempo?

Watkins era a força motivadora por trás do rastreamento da baleia, mas ele não podia manter isso para sempre. Depois do 11 de setembro, explicou Joe, todo o dinheiro desapareceu de vez. No entanto, como se revelou, a saga da 52 estava apenas começando. Depois de Wood Hole, pesquisadores publicaram pela primeira vez suas descobertas sobre a 52 Blue. Em 2004, três anos depois de o financiamento secar, começaram a ser inundados com notas sobre a baleia.

Bill Watkins morreu um mês depois de o artigo ter sido aceito. Então, foi sua antiga assistente de pesquisa, uma mulher chamada Mary Ann Daher, que recebeu essa inundação de cartas. Eram textos típicos de correspondência profissional. Como o repórter do *The New York Times* escreveu na época, vinham "de entusiastas de baleias que lamentavam a ideia de um coração solitário no mundo cetáceo" ou de gente que se identificava com a baleia por outros motivos: porque ela parecia incansável ou independente ou porque cantava a própria música.

Depois de a história de Reykins ser publicada naquele dezembro com o título "Música do mar, à capela e sem resposta", mais cartas inundaram Woods Hole. (Uma pesquisadora de mamíferos marinhos citada na história, Kate Stafford, pode ter atiçado o fogo sem querer: "Ela está dizendo: 'Ei, estou aqui'. Bem, ninguém está telefonando de volta".) Essas cartas vinham de gente com o coração partido e o ouvido surdo; dos mal-amados e solteiros; dos amargurados, dos tímidos e calejados, sempre solitários, pessoas que se identificavam com a baleia ou sofriam por ela, pelos sentimentos que projetavam nela.

Uma lenda nascia: a baleia mais solitária do mundo.

A partir daí, a 52 Blue, ou 52 Hertz, como é conhecida por muitos de seus devotos, inspirou numerosas manchetes lacrimejantes, não apenas "A baleia mais solitária do mundo", mas também "A baleia cujo chamado único a impediu de encontrar amor"; "A música de amor não correspondido da baleia solitária"; e "Há uma baleia que nenhuma outra baleia pode ouvir e está muito solitária: é a coisa mais triste do mundo, e a ciência deveria tentar conversar com ela".

Houve relatos criativos de uma baleia solteira indo para a Riviera Mexicana para caçar sem sorte as maiores baleias vivas e fofinhas: "Suas chamadas de acasalamento duraram horas pela escuridão dos mares mais profundos... transmitindo um amplo repertório de sons emotivos".

Um cantor no Novo México, insatisfeito com o trabalho diário em tecnologia, compôs um álbum inteiro dedicado à 52. Outro cantor em Michigan escreveu uma música infantil sobre o apelo da baleia. Um artista no interior do estado de Nova York fez uma escultura de garrafas PET e chamou de *52 Hertz*. Um produtor musical em Los Angeles começou a comprar fitas cassete em bazares de garagem e gravar nelas o canto da 52, que rapidamente se tornava um tipo de sismógrafo sentimental sugerindo várias linhas de história: alienação e determinação; autonomia e anseio. Não era apenas um fracasso em se comunicar, mas também uma persistência em face dele. As pessoas criaram contas no Twitter para falar sobre ela, com: @52_Hz_Whale, que vai direto ao ponto:

Alôooooooo?! Uh-huuuuuuuu! Tem alguém aí? #Vidatriste Estou Tão Sozinha. :'(#solidao #ForeverAlone

Leonora acordou no Hospital St. Luke's Roosevelt em setembro de 2007, após ficar em coma por sete semanas, mas ainda no começo da odisseia clínica que a levaria à 52 Blue. Após cinco dias de cirurgia, os médicos haviam removido quase um metro de intestino para extirpar todo o tecido necrosado que se criara ao redor de uma grave oclusão intestinal. Eles induziram o coma para ajudá-la a se recuperar de maneira mais eficiente. Mas ainda havia muito do que se recuperar. Leonora não conseguia andar. Tinha problemas para se lembrar de palavras e mal conseguia falar. Sua traqueia estava superarranhada por causa de todos os tubos que foram enfiados durante o coma. Ela não conseguia contar além de dez. Mal conseguia contar até dez. Mas fingia. Não deixava transparecer. Não queria que os outros a vissem sofrendo.

A vida de Leonora foi uma luta. Foi criada pela avó, uma mulher determinada e capaz, de um metro e meio e cega pelo diabetes, que partira de Chennai rumo aos Estados Unidos, via Trinidad. Ela sempre disse a Leonora que seu povo na Índia achava que a América era cheia de calçadas douradas. Mas Leonora se lembra da parte do Harlem onde cresceu, uma vizinhança perto da Bradhurst Avenue, como algo parecido a uma zona de guerra urbana durante seus anos de colégio, na metade da década de 1970, com sua própria milícia e taxas de homicídio nas alturas. Um verão, quando Leonora passou a se interessar por fotografia, as pessoas começaram a chamá-la de Fotógrafa da Morte, porque muitos de seus retratados terminavam vítimas da violência.

Leonora estava determinada a partir, enfim economizando o suficiente de seu dinheiro de bartender para financiar uma viagem a Paris, onde ela passou um ano turbulento andando para lá e para cá no Boulevard Saint-Michel com um saca-rolhas nas mãos. Fez ainda uma viagem a Capri, onde ela e uma amiga conheceram uma dupla de salva-vidas conquistadores, invadiu uma chácara abandonada e comeu pão e geleia na mesa empoeirada da cozinha. De volta a Nova York, Leonora conheceu o homem com quem quase se casou, mas, quando foram oficializar a união, teve cólicas tão fortes que precisou ir ao banheiro e percebeu que era seu corpo falando: "Não faça isso". Ela escutou. Ficou no banheiro até as salas fecharem; um policial teve de tirá-la de lá.

Ela conseguiu um emprego como assistente social da prefeitura, trabalhando com auxílio-alimentação e pensões, mas ficou cada vez mais isolada em sua vida pessoal. Quando foi internada em julho de 2007, estava tão à parte do mundo que a temporada no hospital pareceu menos com uma ruptura abrupta e mais com o a continuação de seu declínio. Para Leonora, a parte mais difícil do processo de recuperação foi perder a autossuficiência, perceber que não podia mais ser independente ou tomar conta de si mesma. Ao recuperar a voz, começou a se sentir mais confortável para pedir o que precisava. Quando descobriu que a fonte do fedor que havia sentido era seu próprio cabelo, sujo de sangue, pediu que um dos médicos o cortasse e acabou ficando bem bom. Brincaram que o médico poderia ter uma segunda carreira como cabeleireiro.

Durante os seis meses que passou no hospital e em casas de saúde, Leonora sentiu-se abandonada. Não recebia muitas visitas. Parecia que todos em sua vida fugiam de seus percalços, que se afastavam porque não queriam estar perto da doença dela. Supôs que a doença os deixasse desconfortáveis porque os fazia lembrar das próprias finitudes. Quando as pessoas a visitavam, percebia uma energia sombria emanando delas; isso a nauseava. Quando o pai foi visitá-la, disse repetidamente que ela parecia com a mãe, uma mulher de quem ele não falava havia muitos anos. Leonora sentiu que sua doença despertava nele emoções havia muito enterradas de raiva e perda.

Estava isolada dos outros e do mundo. Nem podia ver televisão porque lhe dava dores de cabeça. Foi em uma noite bem tarde, sozinha, navegando na internet, que se deparou com a história da 52 Blue. Naquela época, a história da baleia já estava pela internet havia muitos anos. Mas ressoou para Leonora com uma urgência particular.

— Ela falava uma língua que mais ninguém podia falar — contou-me ela. — E aqui estava eu, sem língua. Eu não tinha mais uma língua para descrever o que havia acontecido comigo... Eu era como ela. Não tinha nada. Ninguém com quem me comunicar. Ninguém estava me ouvindo. Ninguém a ouvia. E eu pensei: *Eu te escuto. Queria que me escutasse.*

Como a baleia, ela sentia que sua própria língua estava à deriva. Estava lutando para voltar a qualquer noção de si mesma, quanto mais encontrar as palavras para o que pensava ou sentia. O mundo parecia estar se afastando, e a baleia oferecia um eco dessa dificuldade. Ela se lembra de pensar: *Quem dera eu falasse a língua das baleias.* Encontrou um estranho tipo de esperança na possibilidade de a 52 Blue saber que não estava sozinha.

— Eu pensava: *Aqui está ela. Está falando. Está dizendo algo. Está cantando. E ninguém entende de fato, mas há gente escutando. Aposto que ela sabe que tem gente ouvindo. Deve sentir.*

A caça por uma evasiva baleia é a história mais famosa da literatura americana. *Viste a Baleia-branca?* Mas, assim como em *Moby Dick*, é sobre a busca por um animal, ou por vingança, e também sobre uma busca por metáfora, a tentativa de compreender o que não pode ser compreendido. Ismael chama a brancura da baleia de "um branco torpe, cheio de significado". Com vários significados de fato: divindade e sua ausência, poder primitivo e sua recusa, a possibilidade de vingança e de aniquilação.

"De todas essas coisas, a baleia albina era o símbolo", explica Ismael. "Então te espantas com essa caça feroz?"

Quando comecei a investigar a história da 52 Blue, procurei Mary Ann Daher em Woods Hole, esperando que ela pudesse me ajudar a compreender como a história da baleia havia saltado as amarras da ciência e se tornado algo mais, como um grito de convocação. Seu papel na história foi curioso. Por acaso, ela se tornou um ouvido para um crescente rebanho de devotos, simplesmente porque seu nome estava no artigo relatando o trabalho que fizera como assistente de pesquisa, anos antes.

— Recebo todo tipo de e-mail — contou ela a um repórter. — Alguns bem tocantes, de verdade. Parte meu coração ler alguns deles perguntando por que não posso ajudar um animal.

Por fim, a atenção da mídia começou a incomodá-la.

— Tem sido bem sofrido — falou a outro repórter em 2013. — Não há um país que não tenha telefonado em busca de informação. E não trabalho nisso desde 2006, mais ou menos... E, ah, Deus, [Watkins] ficaria consternado, para dizer o mínimo.

Mesmo assim eu estava ansiosa para falar com Daher. Imaginei nós duas em Woods Hole, nos encontrando perto do mar, travando olhares, segurando xícaras de café sob a maresia. Como era receber essas cartas? Eu perguntaria a ela. E ela me contaria sobre a pontada que sentia no coração, a cada vez; sua caixa de mensagens tornando-se um confessionário. Talvez ela recitasse uma de memória, aquela que mais a tinha emocionado. *Ela é esperança e perda ao mesmo tempo.* Eu ouviria uma falha em sua voz e transcreveria suas palavras. Transcreveria o engasgo. Anotaria todo o seu esforço para manter a neutralidade científica, quase quebrada pelo questionamento perdido de um estranho solitário.

Poderia ter acontecido assim. Talvez haja outro mundo em que tenha acontecido. Porém este mundo só tem a recusa dela como resposta a meus e-mails. A assessoria de imprensa de Woods Hole deixou bem claro: Daher estava farta de falar da baleia. Chega de fazer suposições sobre a baleia. Chega de corrigir suposições dos outros. Já dissera tudo o que havia para se dizer.

O último jornalista com que Daher concordou em falar foi um escritor chamado Kieran Mulvaney. A transcrição da conversa deles dá uma noção do esgotamento e da irritação dela.

— Não sabemos que diabos é isso — disse, quando questionada sobre o estranho som da 52. — Se está sozinha? Não sei. As pessoas gostam de imaginar essa criatura lá, nadando sozinha, apenas cantando sem ninguém ouvir. Mas não posso dizer isso... Ela teve sucesso em se reproduzir? Não faço a mínima ideia. Ninguém pode responder a essas perguntas. É solitária?

Odeio associar emoções humanas assim. Baleias sentem-se solitárias? Não sei. Não quero nem entrar nessa discussão.

Daher nunca concordou em falar comigo. Nunca concordou em passar as cartas que recebeu de gente que se emocionou com esse animal. Então, fui procurá-las sozinha.

Inicialmente, eram apenas vozes do éter digital: um fotógrafo de um tabloide polonês, um funcionário de uma cooperativa de fazendeiros irlandeses, uma muçulmana americana que associou a 52 Blue ao profeta Jonas. Eles se juntaram em uma página de Facebook dedicada à baleia, na qual a maioria das mensagens convergia em dois temas: sentir-se mal pela 52 e querer encontrar a 52. Denise postou uma mensagem ("Encontre a 52 Hertz") seguidamente uma manhã: às 8h09, 8h11, 8h14, 8h14 (de novo) e 8h16. Uma mulher chamada Jen escreveu: "Só queria dar um abraço nela".

Shorna, uma moça de 22 anos, de Kent, Inglaterra, disse-me que aprender sobre a 52 fez com que compreendesse o isolamento que sentiu após o irmão ser morto quando tinha treze anos — a convicção firme de que sua dor nunca seria algo que alguém pudesse compreender. Sua família não queria falar sobre isso. Os terapeutas diziam como ela deveria se sentir. A baleia nunca disse a ela o que sentir. Só deu uma forma ao que ela já sentia, que estava "em uma frequência diferente daquela das outras pessoas". Juliana tinha dezenove anos, era estudante de inglês na Universidade de Toronto e disse que entendia a baleia como o "epítome de cada pessoa que já se sentiu esquisita demais para ser amada". Para ela, a baleia representava alguém "vagando sozinho" ou qualquer um, inclusive ela, "tentando encontrar alguém que nos aceite com nossas fraquezas e defeitos".

Zbigniew, um editor de fotos de 26 anos do maior tabloide da Polônia decidiu tatuar o contorno da 52 Blue nas costas após o término de um relacionamento de seis anos:

> *Eu estava profundamente apaixonado, mas, como se revelou, ela me tratava como uma pessoa de segunda classe no relacionamento... Fiquei*

arrasado porque dei a ela tudo o que podia. E achei que ela faria o mesmo por mim. Por causa dela, perdi contato com amigos importantes. Ver o tempo perdido me deixa triste... A história da baleia de 52 hertz me deixou feliz. Para mim, ela é um símbolo de estar sozinho de uma forma positiva... É como uma declaração de que, apesar de estar sozinha, ela sobrevive.

Para Zee, como ele se apresenta, a 52 passou a representar os dias solitários após o término, assistindo a filmes tristes sozinho em casa com dois gatos, Puma e Fuga. "Por muito tempo, fiquei 'cantando' em uma frequência diferente de todos ao redor", escreveu para mim. Mas, para ele, a baleia também representava resiliência: "É assim que parece minha vida nos últimos dois anos. Nado lentamente em minha parte do oceano, tentando encontrar gente como eu, paciente, passando pela vida certo de que não sou deficiente, mas especial de um modo positivo".

A tatuagem foi uma forma de Zee honrar o que a baleia significava para ele e comunicar esse sentimento, cantar em uma frequência que poderia ser compreendida. A tatuagem estende-se pela parte superior das costas, "o único lugar no meu corpo grande o suficiente para que ficasse incrível". Por trás da representação detalhada de Moby Dick, outra das fixações de Zee, há uma segunda baleia, uma baleia fantasma: apenas um espaço negativo de pele nua definido por um contorno de tinta. Mais do que ilustrar a 52 Blue, a tatuagem de Zee evoca o fato de que ela nunca foi vista.

Sakina, uma atriz de 28 anos que trabalha como paciente falsa numa faculdade de medicina, residente em Michigan, associa a 52 a um tipo diferente de perda, um sofrimento mais espiritual. Eu a vi pela primeira vez em um vídeo de YouTube, usando um *hijab*, descrevendo como a história da 52 imediatamente a fez pensar no profeta Jonas, que foi engolido pela baleia.

— Faz sentido que a baleia mais solitária se sinta só — diz. — Porque tinha um profeta com ela, dentro dela, e agora não tem.

Encontrei Sakina em um café no centro de Ann Arbor, onde ela me contou que aprender sobre a 52 Blue evocou certos períodos solitários de sua infância. (Ela cresceu como muçulmana no Novo México.) Mas não imaginava que a baleia fosse ávida por amor com um sentido de propósito, buscando um profeta para engolir ou uma profecia a se cumprir.

— Ela está ansiando pela divindade novamente? — perguntava-se Sakina.

David, irlandês, pai de duas crianças, identificou-se mais profundamente com 52 Blue depois de perder o emprego em Waterford Crystal, onde trabalhava havia mais de duas décadas. Ele escreveu uma música lamentando que "seguia a tristeza como a baleia de 52 hertz". Então, mudou-se para Galway com a esposa para construir uma nova vida.

"Todos me dizem que Galway vai fazer bem para mim", escreveu-me na época. Aos 47 anos, ele entrou para um grupo de canto e voltou a estudar. "Tomei a baleia como um sinal das profundezas de que estou próximo a uma descoberta... Só sei que a baleia de 52 hertz está lá cantando, e isso me faz sentir menos solitário."

Seis meses depois, David escreveu para me dizer que sua esposa o havia deixado depois de vinte anos de casamento. Eles mal falavam um com o outro. A vida em Galway não era o que ele esperava. Seu grupo de canto foi um fracasso. Mas ele ainda encontrava consolo na baleia. "Sei que ela está lá", escreveu, imaginando-a como fêmea, talvez como uma alma gêmea. "Vejo outros em suas buscas pessoais. Talvez eu não fique sozinho por muito tempo."

O mundo natural sempre se ofereceu como uma tela para a projeção humana. Os românticos chamavam isso de falácia patética. Ralph Waldo Emerson chamou de "relação com céu e terra". Projetamos nossos medos e anseios em tudo o que não somos: cada fera, cada montanha. E, dessa forma, nos tornamos próximos de alguma maneira. É um ato de humildade, anseio e apelo, tudo ao mesmo tempo. Com frequência, não temos nem consciência de que estamos fazendo isso. Décadas após o astrônomo amador Percival Lowell alegar ter visto canais em Marte e "raios" sombreados em Vênus, interpretando ambos como sinais de vida alienígena, um optometrista descobriu que as configurações no telescópio de Lowell, sua ampliação e a abertura estreita significavam que estava, essencialmente, projetando o interior de seu olho nos planetas que observava. Os raios de Vênus eram as sombras de seus vasos sanguíneos, inchados pela hipertensão. Ele não estava vendo outras vidas. Estava vendo a impressão do próprio olhar.

Quando Emerson alegou que "cada aparência na natureza corresponde a algum estado mental", ele entendeu a correspondência como um tipo de finalização. "Todos os fatos na história natural tomados por eles mesmos não têm valor, são estéreis, como um único sexo", argumentou, sugerindo que a projeção humana, de fato, fertiliza o óvulo. Não apenas trouxeram significado para o corpo "estéril" de história natural, conforme sugeriu Emerson, mas ofereceram sustento ao homem em si, tornando-se "parte de seu alimento diário".

Apesar de Emerson celebrar esse processo, também questionava suas implicações. "Somos assim ajudados por objetos naturais na expressão de significados particulares, mas como a linguagem é ótima para transmitir essas informações de grão de pimenta! Somos como viajantes usando as cinzas de um vulcão para cozinhar ovos." Ele se perguntava se a integridade do mundo natural era usurpada para ser usada como uma metáfora. "As montanhas, as ondas e o céu não têm importância além da que damos conscientemente a eles quando os usamos como emblemas de nossos pensamentos?" Preparar ovos nas cinzas de um vulcão pode ser uma forma hábil de descrever o que significa usar uma baleia gigante para personificar uma saudade doméstica ou o fastio pós-término. *Ela está solitária? Detesto associar emoções humanas assim.*

Havia um nome para o tipo de pessoa que gostava de contar histórias sobre animais: falsificadores da natureza. O próprio Teddy Roosevelt fez uma pungente declaração pública condenando o que chamava de "imprensa marrom da selva". Esses relatos açucarados do mundo natural projetavam lógica humana no comportamento animal, criando histórias de aves selvagens colocando suas patinhas quebradas em tipoias feitas de barro ou corvos dando aulas escolares a seus jovens. "Sei que, como presidente, não deveria fazer isso", escreveu, mas os criticou de toda forma. "Ele não é um estudante da natureza, que não vê de maneira perspicaz, mas falsa, que escreve de forma interessante, mas inverídica, e cuja imaginação é usada não para interpretar fatos, e sim para inventá-los."

Roosevelt estava especialmente preocupado com a "cegueira dos fatos":

a possibilidade de que contar histórias falsas sobre a natureza pudesse nos cegar para as histórias verdadeiras. Esse é o perigo de tornar a baleia solitária ou ávida por um profeta, de pedir para o pato criar uma tipoia de barro para a própria perna quebrada: a possibilidade de que reverenciar demais a natureza que inventamos nos torne incapaz de apreciar a natureza em que vivemos.

O argumento de Roosevelt encontra um estranho eco moderno em uma conta de Twitter chamada @52Hurts, cujo perfil imagina a baleia protestando sobre seu próprio status simbólico: "Não sou um símbolo, não sou metáfora. Não sou a metafísica que você sente se revirando dentro de você, não sou um substituto para suas obsessões. Sou uma baleia". Muitos de seus *tweets* não fazem sentido algum: "Ivdhggv ahijhd ajhlkjhds". Mas algo neles parece honesto. São *tweets* de uma baleia que não sabe que está no Twitter, cuja linguagem truncada protesta sobre a própria projeção de linguagem nela. Sua fala ininteligível está mais interessada no que *não é* legível do que forçar o desconhecido a uma falsa legibilidade. Está mais interessada em reconhecer as lacunas do que dar voz às projeções que fazemos.

Quando me comuniquei inicialmente com Leonora, ela logo respondeu me dando boas-vindas na "vasta comunhão vibracional" dos devotos da 52. Encontramo-nos no Riverbank State Park, no Harlem, em uma tarde de março, entre o inverno e a primavera. O vento do Hudson soprava frio. Leonora movia-se com cuidado e escolhia suas palavras com a mesma pensada atenção. Claramente, Riverbank era um lugar especial para ela. Estava ansiosa para explicar que o parque havia sido construído sobre uma estação de tratamento de esgoto. Parecia orgulhosa de como uma necessidade repulsiva havia se transformado em uma possibilidade. O parque também fora uma parte importante de seu processo de reabilitação. Era o lugar em que ela praticara caminhadas após sair do coma. Ficou envergonhada de pensar que a cuidadora a veria cambaleando a cada passo em casa. Então, ela foi ao parque. O parque não julgava. Apenas a deixava praticar.

Enquanto caminhávamos passando por uma fileira de jardins secos, Leonora contou-me que não tivera nenhum resfriado no inverno por causa de suas vitaminas. Estava tomando uma "bomba" delas desde que havia morrido. É como ela descrevia sua doença e o coma: como um processo de morte e renascimento.

— Minha passagem de volta veio com condições — disse.

Ela teve de aprender a cuidar de si mesma; por isso as vitaminas, as aulas de arte e o desejo de começar a cultivar a própria horta nessa primavera. Esperava pegar um dos pequenos jardins que a associação do parque iria colocar em leilão antes do verão. Os terrenos ficavam ao lado da pista de cooper, cheia de resíduos do inverno: gravetos secos, folhas mortas, ramos tortos que já haviam dado tomates e dariam novamente. Leonora disse que queria cultivar pimentas e salsinha, uma pequena plantação sobre uma estação de tratamento de esgoto. Seria uma forma de dizer: "Fazemos o que podemos com o que temos". Ela havia voltado do coma em frangalhos. Ainda estava juntando as pecinhas para formar uma vida.

Um pintarroxo de barriga vermelha saltou por um dos lotes de jardim, bem na nossa frente, e Leonora não pôde acreditar no que estava vendo. Era cedo demais para a primavera. Ela me disse que precisávamos fazer um pedido. Era parte de sua lei dos três dias: quando fazia uma pergunta ao universo, sempre recebia uma resposta em três dias, em um sonho ou em uma visita — talvez um animal ou algo simples como o cheiro de lavanda. Está aberta a mensagens vindas de qualquer coisa, o tempo todo, em línguas que nem são reconhecidas como línguas.

Entramos na lanchonete, ao lado da pista de patinação no gelo, onde uma equipe de hóquei de um colégio estava treinando, os Squirts. Leonora disse-me que esse era o último lugar em Nova York onde ainda se podia conseguir um café por um dólar. Era a área dela. O cara atrás do balcão sabia qual era o pedido de Leonora antes de ela pedir. O sujeito que passava em uma cadeira de rodas motorizada deu um alô. O outro atrás da registradora queria que ela assinasse uma petição para um candidato a superintendente do parque.

Em nossa mesa, Leonora tirou um grande caderno para me mostrar alguns de seus desenhos a lápis e caneta da 52 Blue.

— É uma obsessão minha — explicou. — Estava tentando entender como ela é.

Mas ela me disse que seus primeiros desenhos eram "confusos". Então, olhou fotos de outras baleias.

— Mas eu ainda não estava encontrando *ela*. Ela é muito evasiva.

Continuou desenhando mesmo assim. Estava trabalhando em uma pintura da 52 para a exibição final de uma aula de artes que fazia no centro de recreação do parque.

Na primeira vez que Leonora escutou o canto da 52, tocou de novo pelo menos umas cinquenta vezes, contou-me ela. Uma vez, sonhou em nadar com ela: estava em um grupo de baleias, não mais sozinha, e estava se movendo com elas a uma velocidade de uns 150 quilômetros por hora — sua cabeça era enorme, seu corpo liso e sem pelos. Sua recuperação do coma foi cheia de sonhos sobre água, sempre rios e oceanos em vez de lagos ou lagoas. A água precisava estar em movimento em vez de parada ou estagnada. Depois do sonho com a 52, acordou espantada.

— Fiquei emocionada — disse. — Tudo que eu consegui fazer foi ficar deitada pensando: "O que foi isso? O que foi isso?".

O sentimento de conexão de Leonora com a 52 sempre se baseou em duas coisas juntas: comunicação e autonomia. A baleia representa suas dificuldades durante a recuperação — as tentativas sem sucesso —, mas também a independência que elas lhe tiraram. Enquanto outros viam a baleia com o coração partido porque não conseguia uma companhia, Leonora a via como uma criatura que não precisava disso. Era a representação da capacidade de viver sozinha. Era uma capacidade que estimava e era precisamente o que a doença ameaçara.

Incomodava Leonora que as pessoas associassem a independência da 52 à solidão. A troco de nada, ela me contou:

— Não tenho um relacionamento desde o século passado. Não tive nem mesmo um encontro.

Ela disse que isso preocupava outras pessoas em sua vida, amigos e familiares que tentavam arranjar alguém para ela.

— É como se uma mulher não fosse uma pessoa completa até ter um homem.

Mas isso não a preocupava:

— Nunca me senti solitária. Não tem essa questão de solidão. Sou *sozinha*. Mas não sou solitária, tá? Vou até a casa de uma amiga, compro caixas de vinho, recebo gente, cozinho.

Era difícil não ouvir uma *pontada de protesto* na insistência dela. Mas eu também ouvia um argumento sobre a importância da humildade: não faça suposições sobre as inclinações do coração do outro. Não suponha seus desejos. Não suponha que ser sozinho significa ser solitário. Leonora me disse que espera que a 52 nunca seja encontrada.

— Rezo para que não. Gosto de acreditar que a verei em meus sonhos.

— Só não entendo o que é essa fascinação com essa baleia — disse-me Joe George enquanto nos sentávamos à mesa de jantar. — Para mim, é apenas ciência.

Isso tornou a bandeja de biscoitos entre nós mais fofa ainda: todos tinham formato de baleias, com caudas salpicadas de açúcar, vários tons clarinhos de verde, rosa e lilás e "52" escrito nos mesmos tons com glacê. A filha de Joe fez para nós. Ele gostou de oferecê-los para mim, mas também pareceu um pouco envergonhado. Era uma cumplicidade na excentricidade de um fenômeno que Joe não conseguia entender direito.

Disse-me que foi estranho ter o financiamento para o rastreamento da baleia cortado de forma tão repentina e sem volta, sentir que ninguém se importava com o que estavam fazendo. E, então, ver a baleia ressurgir vários anos depois de uma maneira tão estranha e refratada. De repente *todo mundo* se importava, mas por motivos que não faziam de fato sentido para Joe, um homem mais preocupado em realizar direito seu trabalho do que em extrair metáforas dele.

Em certo ponto, Joe disse-me que a baleia chamada de 52 Hertz parou de vocalizar em 52 hertz. Da última vez que a rastrearam, seu chamado estava mais próximo de 49,6 hertz. Podia ser algum tipo de puberdade atrasada ou, então, em função do tamanho, sua forma crescente puxava as vocalizações para frequências menores.

É outra lição de humildade: a possibilidade de que um animal evasivo pare de lançar seu antigo chamado, que a criatura física torne todas as nossas projeções míticas irrelevantes. É como se tivéssemos sintonizado nossos corações em uma frequência que não existe mais.

O que significa que não há como encontrar o que estamos procurando. Apenas, talvez, encontrar o que a criatura se tornou.

Depois de passar a primavera conhecendo Leonora, voltei para o Riverbank State Park para a exibição final de sua aula de artes. Foi um dia de comemoração no começo do verão. A turma de teclado começou tocando "When the Saints Go Marching In" sob ventiladores industriais bege gigantes. Um grupo de idosas fez uma dança sincronizada para um pop chiclete, acenando com leques combinados e usando calças capri brancas com camisas de cores vivas, em azul e salmão. Um dos funcionários do parque inclinou-se para cochichar em meu ouvido:

— Esses são nossos idosos. Eles gostam de cair na farra.

Leonora usava calça lilás e um frufru rosa nos cabelos, tirava fotos e empurrava um carrinho de supermercado cheio de suas obras. Ela me mostrou a pintura da 52 Blue em uma parede do corredor: uma baleia pintada em acrílico, voando sobre um arco-íris, sobre o oceano. A figura decupada de uma mulher montava a baleia, ou voava com ela, não estava totalmente claro, e Leonora disse que era uma fotografia dela tirada anos atrás, apesar de ter sombreado o rosto para que não fosse apenas *ela*. Podia ser qualquer um. A mulher estava com a cabeça abaixada perto da baleia, como se estivesse escutando algo que ela dizia.

— Alguém me perguntou: "A baleia está te beijando?" — disse-me Leonora. — E eu respondi: "Talvez esteja".

Quando uma jovem usando a camisa verde de funcionária do parque passou, Leonora explicou para ela, sem desculpas ou introdução:

— Essa é a 52 Hertz. Como eu a imaginei.

Como se todos conhecessem a baleia, ou devessem conhecer, como se o projeto de imaginar seu corpo distante devesse ser familiar a nós todos.

Durante nossas conversas nos últimos meses, acabei compreendendo a ligação de Leonora com a baleia como algo que foi sendo conduzido por toda sua vida. Se ela pensava em sua crise de saúde como o auge, a obstrução intestinal como o acúmulo de traumas de toda uma vida, experiências que ela suportou, mas que nunca se permitiu chorar ou sobre as quais não quis conversar, até bloquearem seus órgãos e finalmente a deixarem doente, então pareceu que a baleia oferecia outro tipo de encontro. Seria um veículo no qual o acúmulo de uma vida de anseios pudesse residir. Ela tinha o desejo profundo de entender sua vida como algo estruturado por padrões, tecido em signos, sinais e vozes. Estava ávida por uma lógica que pudesse arranjar todos os pontos isolados de sua experiência em uma constelação legível. Ao longo de uma de nossas conversas, contou-me que pensava em mim sempre que via um pintarroxo, porque vimos um juntas. Disse a ela que, duas semanas após termos visto aquele pássaro, conheci o homem com quem eu queria me casar. Não foram três dias, mas já era algo mesmo assim.

Durante uma de nossas idas à lanchonete do centro de recreação, Leonora disse-me que acreditava que a baleia poderia ser a última de sua espécie, como ela seria a última da dela, de certa forma, porque não tem filhos. Odiava que as pessoas considerassem deficiência o fato de ela não ter filhos.

Suas obras eram o mais próximo da progenitura, e tudo bem para ela. Não parecia ser por acaso que ela usasse palavras como "ressurreição", "renascimento" e "segundo aniversário" para descrever o coma e a convalescença, ou que sempre voltássemos ao assunto de bebês, sobre ter ou não ter. Não parecia coincidência que nascimento fosse uma parte tão grande de como ela pensava sobre tudo isso. Ela sangrou durante anos. E, ao final de todo aquele sangue, quando ela voltou da morte, era como se desse à luz a si mesma.

Quando estava saindo do Riverbank State Park naquele último dia, Leonora deu-me uma pequena pintura: um pintarroxo de peito vermelho, garras pequeninas e apenas um olho de continha. Ela disse que o vermelho em seu peito significava ativação. Pensei no homem que conheci depois de ver o pássaro. Senti o contágio do pensamento mágico. A vida torna-se uma série de presságios. Queria que significassem a presença de algum espírito organizador ou pelo menos que formassem uma história.

— *Vaya con Dios* — disse-me Leonora. — Você devia ter um bebê um dia.

***

Quando Emerson lamentou que "o material é degradado diante do espiritual", ele se referia às formas com que "transferimos a natureza para a mente e deixamos a matéria como um cadáver renegado". O corpo da 52 Blue em si tornou-se o cadáver renegado, a matéria abandonada depois que nossas maquinações terminam. Essa alquimia contém tanto violência quanto beleza. Emerson compreendia ambas. "Todo espírito constrói uma casa para si e, além de sua casa, um mundo; e além do mundo há um céu", escreveu. "O que somos, só nós podemos ver."

Questionando-se em voz alta sobre a baleia, Leonora uma vez me perguntou:

— Como você sabe que não foi enviada aqui para nos curar e que o canto dela é uma música de cura?

Talvez todo canto seja uma música de cura, se ouvirmos no clima certo, ao final das sete semanas certas, ou das piores, aquelas perdidas para nós para sempre. Talvez desejo e demanda sejam apenas a mesma música tocada em frequências diferentes. Em um ponto, disse-me Leonora, simplesmente, "a baleia é tudo".

A 52 Blue sugere não apenas uma única baleia como uma metáfora para solidão, mas a metáfora *em si* como um remédio para tal. A metáfora sempre conecta dois pontos díspares; sugere que não existe *pathos* em isolamento. Não existe apelo tirando o apelo do outro. A solidão busca metáfora não apenas como definição, mas para a companhia da ressonância, a promessa da afinidade em comparação. Agora há todo um círculo reunido em volta dessa afinidade em particular: pessoas rastreando a mesma pulsação de um coração do tamanho de uma minivan. Você pode dizer que é uma comunidade formada ao redor de um centro vazio. Quando prestamos nossa solidariedade à 52 Blue, não temos compaixão pela baleia exatamente. Temos compaixão pelo que construímos à sua semelhança. Mas esse sentimento ainda existe. Ainda é significativo. É significativo o suficiente para ajudar uma mulher a se recuperar após ficar sete semanas à beira da morte.

Em certo ponto durante nossa conversa na ilha de Whidbey, mencionei Leonora para Joe. Inicialmente, eu não tinha certeza de que ele havia me escutado, mas, perto do fim da visita, Joe se virou para mim e falou:

— Essa mulher que você mencionou, a que estava em coma... — fez uma pausa. Eu assenti. — É uma coisa e tanto — disse ele.

Joe estava certo quando disse que a baleia é apenas uma baleia. Assim como Leonora quando falou que a baleia é tudo. E se concedermos à baleia sua "baleidade", se nos curvarmos a ela e a dispensarmos de nossas metáforas, mas ainda permitirmos os contornos de seu segundo ser (aquele que criamos) e admitirmos o que fez por nós? Se deixarmos a baleia se separar em duas, em sua forma factual e a aparição do que precisamos que ela se torne, deixamos essas duas gêmeas nadarem separadas. Livramos uma da sombra da outra. Nós as observamos cortando duas trilhas pelo mar.

Contamos histórias a nós mesmos para podermos viver novamente

Em abril de 2000, uma criança de colo da Louisiana chamada James Leininger começou a ter pesadelos com quedas de avião. Sempre que a mãe ia ao quarto para confortá-lo, abraçava seu corpo contorcido, seus braços e pernas debatendo-se como se lutassem para se livrar de algo. Ele repetia as mesmas frases seguidamente:

— Avião caindo! Nave em chamas! Homenzinho não pode sair!

Nos anos seguintes, uma história cada vez mais específica foi surgindo desses sonhos. James acabou dizendo a seus pais que eram memórias de outra vida. Disse que havia sido um piloto atacado pelos japoneses. Começou a usar nomes próprios que seus pais *não sabia*m de onde vinham. Ele tivera um Corsair. Havia decolado de um navio chamado *Natoma*. Os pais nunca haviam falado com ele sobre a Segunda Guerra Mundial e não conseguiam imaginar de onde essas visões estavam vindo. James contou sobre seus amigos no navio: um homem chamado Jack Larsen e outros chamados Walter, Billy e Leon, que estavam todos esperando por ele no céu. Ele batizou seus bonecos G. I. Joe com o nome deles. Sua mãe, Andrea, ficou convencida de que James estava se lembrando de outra vida. Seu pai Bruce era mais cético.

Mas, quando Bruce começou a pesquisar, encontrou informações que dificultaram que permanecesse assim. Um porta-aviões chamado *Natoma Bay* fora posicionado em Iwo Jima em 1945. Sua tripulação incluía um piloto chamado Jack Larsen e outro chamado James Huston, que teve o avião atingido perto de Chichi-Jima em 3 de março daquele ano. A tripulação do *Natoma Bay* também incluía Walter Devlin e Billie Peeler e Leon Conner, todos que faleceram não muito antes do próprio Huston. Como um garotinho saberia sobre esses homens, quanto mais o nome do navio e a sequência de suas mortes?

Em 2002, Bruce foi a uma reunião do *Natoma Bay* e começou a fazer perguntas. Não queria dizer a ninguém o que seu filho alegava se lembrar. Ele disse a todos que estava escrevendo um livro sobre a história do navio. Enquanto isso, Andrea não estava preocupada com a história militar. Ela só queria acabar com os pesadelos do filho. Disse a James que acreditava nele, mas que sua antiga vida havia acabado. Agora tinha de viver aquela. Buscar uma resolução era a ideia por trás de uma viagem que a família fez ao Japão quando James tinha oito anos de idade. O plano era fazer uma missa para James Huston. Pegaram uma balsa de quinze horas de Tóquio para Chichi-Jima e, depois, um barco menor para o local aproximado no Pacífico onde o avião de Huston caíra. Foi onde James jogou um buquê de flores roxas no mar.

— Eu o saúdo e nunca vou me esquecer — disse ele. Em seguida, chorou de soluçar no colo da mãe por vinte minutos seguidos.

— Deixe tudo aqui, amiguinho — falou o pai para ele. — Apenas deixe tudo aqui.

Quando James enfim levantou o rosto e esfregou as lágrimas, quis saber para onde suas flores haviam ido. Alguém apontou para um ponto colorido distante na água: lá estavam, longe, mas ainda visíveis e flutuando, afastando-se na superfície do mar.

Em um dia de sol de janeiro em 2014, visitei o escritório de um pequeno instituto de pesquisa na Virgínia, chamado Division of Perceptual Studies [Divisão de Estudos Perceptivos] (Dops). Eu estava lá para entrevistar um psiquiatra infantil chamado Jim Tucker, que passou os últimos catorze anos montando uma base de dados sobre crianças que alegavam se lembrar de vidas passadas. Quando conheci Tucker, sua base de dados incluía mais de 2 mil famílias, mas ele considerava James Leininger seu caso mais forte.

Entrevistei Tucker por encomenda de uma revista da moda de Nova York e sabia que meus editores esperavam uma desmitificação. Quando disse às pessoas que estava escrevendo uma história sobre a Dops, cuja pesquisa se focava em memórias de vidas passadas, experiências de quase-morte e percepção extrassensorial (PE), elas com frequência diziam: "Espera... O QUÊ?". Era alvo fácil de piada. Mas fiquei defendendo a reencarnação desde o começo. Não que eu necessariamente acreditasse naquilo. Era mais que eu havia ficado profundamente cética sobre o ceticismo em si. Parecia muito mais fácil apontar buracos nas coisas — pessoas, programas, sistemas de crenças — do que as construir, ficar atrás delas, ou ao menos levá-las a sério. Esse desprezo pré-programado afastava muito do mistério e da magia.

As crenças em si não são nada incomuns. Nós todos nos perguntamos o que acontece depois que morremos. Um estudo do Pew de 2018 descobriu que 33% dos norte-americanos acreditam em reencarnação; e outro do Harris Poll de 2013 estimou que 64% acreditavam na definição mais ampla de "sobrevivência da alma após a morte". Voltando para casa em Nova York, sempre que eu pegava o metrô via fotos do menino autista de treze anos que havia desaparecido naquele outubro. O garoto era do Queens. Não havia trens do Queens em que seu rosto não estivesse. Fiquei irracionalmente convencida de que iriam encontrá-lo; ou de que ele estava de alguma forma seguro, onde quer que estivesse. E, se essa convicção me fazia tola, eu queria ser tola.

Quando Tucker me recebeu nos escritórios da Dops, alojados em um majestoso prédio de tijolinhos no centro de Charlottesville, ele não pareceu um esquisitão ou um místico. Era um cara elegante, lúcido, claramente inteligente: de meia-idade, com o cabelo rareando, mas ágil e asseado, como o pai corredor de maratona do seu melhor amigo de escola. Era contido, com uma formalidade refinada. Escolhia suas palavras cuidadosamente, mas não se desculpava enquanto explicava como os médiuns canalizavam os espíritos dos mortos e como marcas de nascença poderiam atestar ferimentos sofridos durante vidas anteriores. Era um pouco como escutar um geólogo chapado descrever objetivamente a composição do solo.

Fundada em 1967, a Dops é tecnicamente afiliada à Universidade da Virgínia, mas financiada sobretudo por doações particulares, com um legado original de 1 milhão de dólares do homem que inventou a tecnologia da Xerox, Chester Carlson, cuja esposa acreditava ter certo talento em PE. Depois que uma matéria de capa sobre sua pesquisa saiu na revista estudantil da Universidade da Virgínia em 2013, os comentários on-line ficaram cheios de reações de leitores que achavam sua existência ridícula ou ficaram "chocados" em saber sobre sua ligação com a universidade.

Enquanto Tucker me mostrava suas salas, eu anotava em meu caderninho um catálogo de estranhos detalhes, o fruto tão próximo da excentricidade institucional. Uma foto emoldurada mostrava um antigo diretor passando uma cópia de seu livro *The Handbook of Near-death Experiences* [Manual de experiências de quase-morte] para o Dalai-lama, que sabia uma coisinha ou outra sobre reencarnação. Os murais eram repletos de citações inspiradoras ("Nossas noções de mente e matéria devem passar por tantas fases ainda inimagináveis") e folhetos descrevendo projetos de pesquisa em andamento ("Investigações de médiuns que alegam dar informação sobre pessoas falecidas"; "Experiências místicas em epilepsia"). Passamos pela "sala blindada", feita para experimentos de percepção extrassensorial: uma caverna de aparência soturna com uma cadeira reclinável La-Z-Boy onde os objetos de estudo esperavam para receber mensagens de "remetentes" de outras partes do prédio. Tucker explicou a mecânica da sala como um improviso, as paredes cobertas em folhas de metal para bloquear trapaças por celulares, como se eu, provavelmente, já soubesse como câmeras de PE funcionavam.

Passeando pela Dops, constantemente eu me sentia como uma adolescente tentando evitar rir na aula de educação sexual. Mas meu reflexo de riso não era totalmente autêntico. Parecia mais canalizar uma noção internalizada de julgamento coletivo, alguma perspectiva anônima "sensata" que me dizia que eu seria uma tola se levasse algo disso a sério, ou então era como a risada nervosa que irrompe da gente em face daquilo que não compreendemos totalmente.

A biblioteca da Dops continha uma impressionante mesa de vidro com armas de todo o mundo: um cutelo nigeriano, uma adaga tailandesa, uma espada do Sri Lanka, que correspondiam a ferimentos supostamente transferidos através de vidas. A placa abaixo de um martelo de gongo da Birmânia contava a história de um monge que fora atingido na cabeça por um visitante perturbado e supostamente voltou alguns anos depois como um garoto com um crânio anormalmente achatado. Em uma fileira próxima, pilhas de panfletos documentavam vários estudos da Dops, como um intitulado "Mais sete experiências paranormais associadas ao naufrágio do Titanic". Passamos por duas colheres presas na parede, uma torcida como se tivesse sido derretida no fogo. Quando perguntei a Tucker sobre elas, sua resposta foi casual:

— Essas? Experimentos de entortar colheres.

Então, havia o cadeado. Quando Ian Stevenson, o diretor-fundador da Dops, morreu em 2007, deixou um cadeado cuja combinação era conhecida apenas por ele. A ideia era de que Stevenson encontraria um meio de enviá-la de volta se sua alma sobrevivesse à morte. Tucker e seus colegas receberam várias sugestões de estranhos, mas ainda não conseguiram abrir o cadeado. Quando me contou sobre o objeto, Tucker finalmente permitiu certa jocosidade cínica em sua voz. Mas, durante a maior parte de nossa visita, mantinha-se em rédea curta quando se tratava de piadas sobre reencarnação. No jantar, contou-me que uma vez tentou escrever ficção. Quando perguntei se ele já havia pensado em tentar novamente, ele sorriu:

— Talvez em outra vida.

Tucker contou-me que ter uma carreira de psiquiatra infantil credenciado junto a seu trabalho na Dops o fazia se sentir como se ele habitasse um ser dividido.

— Meu trabalho de psiquiatra com crianças tem sido minha identidade de Clark Kent — disse ele. — Mas há essa identidade secreta, completamente conectada a outro mundo.

Ele delineou a estrutura de sua base de dados: a maioria dos casos era de crianças entre dois e sete anos de idade, e suas lembranças, que com frequência tomavam a forma de sonhos vívidos, eram tomadas de várias emoções: medo, amor, dor. A maioria vinha de países estrangeiros, e muitas eram crianças que Tucker em si nunca havia encontrado, apesar de regularmente entrevistar novas famílias que o contatavam com seus pedidos. Ele considerava um caso como "solucionado" sempre que uma vida anterior plausível tivesse sido identificada, geralmente alguém na família; apesar de ocasionalmente ser um estranho, como foi com James.

Tucker parecia um homem sensato e correto, que de alguma forma se via interpretando Hamlet para os Horácios do mundo: *Há mais coisas entre o céu e a terra... do que sonha nossa vã filosofia.* Ele cresceu em um meio batista do sul na Carolina do Norte e não pensava muito sobre reencarnação até seu segundo casamento. Sua segunda esposa, Chris, também com ensino superior, acreditava em habilidades psíquicas e reencarnação, e estar com ela fez Tucker cogitar coisas que nunca havia cogitado antes. Ele acabou vendo seu ofício de psiquiatra infantil como "gratificante mas não satisfatório". Era gratificante ver as crianças terem um tratamento melhor, mas no fim era apenas "uma consulta após a outra. Não havia um retrato mais amplo". Seu trabalho com memórias de vidas passadas pareceu mais expansivo. Baseava-se em seguir os padrões indistintos de um retrato que se estendia bem além dos limites de sua visão.

Semanas depois, quando escutei os registros de nossas entrevistas, fiquei envergonhada em me ouvir repetidamente declarar a Tucker minha "abertura ao mistério". Essa insistência foi sincera, mas eu também podia sentir em minha voz o tom agudo e ansioso do autoconvencimento e também a esperteza da estratégia. Em certo nível, estava tentando convencer Tucker de que eu não era apenas outra cética. Brilhantemente, Janet Malcom descreveu o jornalismo como "um tipo de homem seguro, que expõe a vaidade, a ignorância ou a solidão das pessoas, ganha a confiança delas e as trai sem remorso". E nas entrevistas com Tucker, eu podia me ver confessando para ele de antemão: "Nunca se pode contar a história de alguém que seja precisamente a história que ele mesmo teria contado sobre si".

Quando visitei Tucker na Dops, eu estava envolvida na reabilitação dos Doze Passos havia mais de três anos. Descobri que sua bênção exigia extinguir, ou pelo menos suspender, várias formas de ceticismo de uma vez só: sobre dogma, clichês, programas de percepção e autoconsciência pré-fabricada, narrativas ostensivamente formadas das pessoas acerca de suas próprias vidas. Na recuperação, pedem que evitemos "desprezo antes de investigação";

e escrever um artigo sobre reencarnação, visitando a Dops e suas colheres tortas, parecia outro teste de disposição em manter a mente aberta.

Ao longo de minha formação como escritora, sempre adorei "The White Album", o ensaio de Joan Didion que radiosamente começa com: "Contamos histórias a nós mesmos para podermos viver". E, de forma menos destacada, termina basicamente no mesmo ponto, com Didion reiterando suas suspeitas sobre todas essas "histórias" e suas falsas coerências, como se não fosse um ponto que ela tivesse explicado várias vezes. Enfim, comecei a ter dúvidas sobre a dúvida dela. Eu odiava sua presunção, como ela se posicionava como reconhecida cética em um mundo cheio de iludidos. Comecei a acreditar que havia uma falha ética incutida no ceticismo em si, o mesmo traço esnobe que há por trás do impulso de resistir a clichês em reuniões de reabilitação ou de desprezar totalmente as narrativas certinhas da vida de uma pessoa.

Em meu trabalho, encontro-me cada vez mais viciada em escrever sobre vidas ou crenças que outros podem ter zombado: gente que alegou ter sofrido de uma doença em que a maioria dos médicos não acreditava ou esquisitos autodeclarados que sentiam uma afinidade espiritual com uma baleia evasiva. Mas, se é para ser honesta comigo mesma, essa afinidade também carregava um leve toque de superioridade. Talvez eu gostasse de dizer a mim mesma que eu estava defendendo desajustados. Ou talvez fosse covardia. Talvez eu tivesse medo demais para afastar as histórias de pessoas que contavam sobre si mesmas para poderem sobreviver a suas próprias vidas.

Nesse caso, não que eu estivesse convencida do relato ostensivo do Tucker "baseado na física" sobre como a reencarnação funcionava. Era uma teoria baseada em uma série de experimentos tirados da história da física que um físico que entrevistei chamou de "escolhidas a dedo" e seletivamente interpretadas. Tucker era psiquiatra, afinal; não um físico. Era mais como se eu me sentisse mais alérgica emocional, espiritual e intelectualmente a um tom de desdém que implicava que eu soubesse mais, que entendia o que era possível e o que não era. Pareceu arrogante supor que eu mesma entendia tanto sobre consciência — o que era, de onde vinha ou aonde ia depois que nos deixava.

***

Na Virgínia, acompanhei Tucker em entrevistas com duas famílias. Ambas tinham adolescentes que se lembraram de vidas anteriores quando eram crianças. Em uma casa grande que dava para um bosque desfolhado de inverno, um estudante universitário de vinte anos chamado Aaron contou-me que, quando era pequeno, ele se lembrava de ser um fazendeiro de tabaco. Tinha visões de uma fazenda, uma irmã malvada, um incêndio. Fingia fumar com tudo o que botava as mãos: gravetos, canudos, pauzinhos de pirulito. Era obcecado por tatuagens e motos e só usava botas de caubói. Usava até na piscina, só com a sunga de banho.

Sua mãe, Wendy, disse-me que aprender sobre a "antiga alma" de Aaron ajudou a explicar por que ele frequentemente sofria para fazer amigos de sua idade. Sempre queria dar festas de aniversário para ele, mas ele nunca sabia quem convidar.

— Não quero ferir seus sentimentos, filho, mas você nunca se encaixa em lugar nenhum — disse Wendy a ele.

Em si, Aaron atribuía seus problemas mais recentes de namoro à mesma alma antiga. Enquanto as meninas pareciam principalmente interessadas em festas, segundo explicou, ele queria se estabelecer e começar uma família. Enquanto conversávamos, vimos um homem através da janela, parado na beirada do bosque, jogando gravetos para um trio de cães felpudos. Quando ele se virou para entrar, Wendy pediu-me para não mencionar nada sobre reencarnação. O namorado dela era mecânico, explicou ela. Achava aquilo tudo absurdo.

Em uma casa menor, em uma vizinhança mais operária, com um gramado cheio de renas de plástico murcho, uma mulher chamada Julie explicou que sua filha Carol começou a falar tarde e pouco. Quando Julie finalmente perguntou a Carol por que ela era tão quieta, aos quatro ou cinco anos de idade, Carol finalmente mencionou sua outra família: pais de cabelos longos que cultivavam ervas e tinham um telefone de disco verde-água. Carol achou confuso não morar com eles. Sentia saudade. Julie lembrou-se.

— Senti como se eu tivesse de dizer a ela: "Eu que sou sua mãe".

Ela se preocupava que Carol pudesse compartilhar sua vida passada com colegas de classe nas apresentações da escola e fosse zombada por isso.

Mais de uma década depois, Carol, com quase vinte anos, contou a mim e Tucker que ela recentemente havia começado a escola de culinária para aprender como decorar bolos para pessoas com alergias alimentícias, e Julie especulou que as tendências criativas de sua filha pudessem também ter sido trazidas de uma existência anterior. Explicou que uma das lembranças mais fortes da vida passada de Carol era de desenhar em uma mesa de cozinha. Essa associação pareceu tão sugestionada quanto à de um horóscopo. Quase tudo pode se encaixar nesse quebra-cabeça de sua vida se você quiser.

Depois de um tempo, Carol corrigiu a história de sua mãe delicadamente. Em sua lembrança, não estava desenhando em uma mesa de cozinha, mas pintando em um cavalete no interior de um arranha-céu com paredes de vidro. A conversa ficou suspensa. Todos nós remoemos a zona turva entre as memórias de Carol e as histórias que Julie contava a si mesma sobre essas memórias, nas quais a cozinha substituía o arranha-céu e o desenho, o cavalete. O caleidoscópio de memória remexera seus reluzentes cacos.

Meu voo para casa foi cancelado por causa de uma rara nevasca na Virgínia e passei duas noites matando tempo em um hotel executivo perto do aeroporto, bebendo uma água com gás atrás da outra no bar do saguão. O bartender e eu trocamos olhares sofridos enquanto a TV dava notícias apocalípticas intermináveis: corrupção, abuso sexual, golfinhos mortos sangrando na água salgada de uma enseada japonesa secreta. No mais íntimo de minha psiquê, eu me convenci de que o agnosticismo e a aceitação eram virtudes morais em si, mas na verdade eu não estava tão certa. Talvez não estivesse fazendo favor a ninguém fingindo que meu sistema de crenças era tolerante o suficiente para manter tudo como igualmente válido. Talvez houvesse experiências com as quais eu não poderia me identificar e coisas em que nunca poderia acreditar.

Por que queria defender essas histórias de vidas passadas, afinal? Tinha menos a ver com acreditar que eu podia provar que reencarnação era real e mais com investigar por que era sedutor crer nisso. Se contamos a nós mesmos histórias para podermos viver, o que tiramos delas que permitiriam que vivêssemos novamente? Era algo maior do que se proteger contra a finalidade terrível da morte. Tinha a ver com reconhecer formas com que somos moldados por forças que não podemos ver ou compreender.

Na tela da TV no bar do hotel do aeroporto, no meio daquela nevasca, pouco antes de eu ir para a cama, vi o rosto de Avonte Oquendo, o garoto desaparecido do Queens. O corpo dele foi descoberto no East River. Quando achavam que ainda podiam encontrá-lo vivo, a polícia colocava uma gravação que a mãe havia feito, para ajudá-lo a confiar neles.

— Avonte... Aqui é sua mãe. Você está seguro. Caminhe em direção às luzes.

Dirigindo pelas estradinhas secundárias da Louisiana poucas semanas depois, a caminho da casa dos Leininger em Lafayette, passei por florestas tomadas de poças de água reluzente e barracos de caça caindo sob seu próprio peso. O rádio do meu carro alugado falava comigo sobre demônios.

— Acredito no inimigo espiritual — disse um homem. — Ele trabalha por substituição.

Antes de ir para lá, entrevistei um psiquiatra infantil chamado Alan Ravitz sobre a possibilidade de memórias de vidas passadas que foi menos resistente com o assunto do que eu esperava.

— Quem sabe ao certo? — disse ele. — Tudo é possível.

Ele admitia que Tucker havia encontrado "certos tipos de fenômenos difíceis de explicar" e enfatizou que muitas dessas supostas memórias de vidas passadas não eram "o tipo costumeiro de material imaginativo que as crianças trazem". Mas Ravitz argumentou que "vidas passadas" como essas também podiam emergir de um processo sutil de reforço. Quando uma criança conta uma história, ou relembra algo estranho ou um sonho esquisito que pareceu real, e recebe atenção por isso, é natural que queira aumentá-la.

Essas dinâmicas de reforço, talvez operando tanto para pais quanto para crianças, foram parte do que me fascinaram acerca de tais casos. Contamos histórias sobre por que somos solitários ou o que nos assombra. E essas histórias sobre ausência podem nos definir tão plenamente quanto nossas realidades. As crianças constroem uma identidade ao redor de fantasmas.

A mãe acredita que o filho tem problemas em fazer amigos porque a alma de um velho vive dentro dele. Histórias sobre vidas passadas ajudam a explicar isso. Elas prometem uma base extraordinária por baixo do solo ordinário de nossos dias. Reconhecem que as realidades mais próximas a nós, os ritmos de nossas vidas, as pessoas que mais amamos, são moldados por forças além das fronteiras de nossa vista. É empolgante e aterrorizante. É expansão e rendição ao mesmo tempo.

Lá na Louisiana, eu alugava um chalé em Arnaudville. Passava pelo *drive--thru* de daiquiri, pelo bar de motociclistas na I-49. Passava pelo cartaz da igreja que dizia "Jesus te ama", pela placa pintada à mão anunciando açucareiros usados à venda. Passava por ruazinhas minúsculas com placas de velocidade máxima em roxo-vivo: "12 km por hora". O chalé era um casebre de madeira entre magnólias e nogueiras-pecãs, com uma velha placa feita do mesmo material do tônico depurativo Swamp Root Dr. Kilmer acima da privada e um lampião de ferro ao lado de uma cama onde eu me imaginava dormindo com todos os homens com quem eu não dormia mais. Os fantasmas deles lotaram o casebre, como veículos para todas as mulheres que eu costumava ser.

Os Leininger viviam em uma casa modesta sombreada por bétulas de rio cobertas de musgo. Quando Bruce atendeu à porta, ofereceu-me uma xícara de café e uma fatia de pão de banana. Em seguida, quase imediatamente, ofereceu-se para me mostrar sua coleção de armas. Dava para ver que ficou receoso ao me ver fazendo anotações em meu caderno.

— Não sou o maluco das armas — disse ele, segurando uma delas em cada mão.

Depois que usei o banheiro, encontrei uma coleção de balas espalhada por seu edredom. Não queria tocar nelas, mas as registrei mentalmente como um "detalhe revelador". A tatuagem em meu braço propunha perguntas sobre esse homem, esse momento e essas balas. *Homo sum: humani nil a me alienum puto*, dizia. "Sou humana: nada humano é alheio a mim." Eu havia sido tola não querendo reconhecer que algumas pessoas *eram* alheias a mim? Precisava me identificar com todos os homens amantes de armas deste mundo? Era ingênua ou mesmo eticamente irresponsável de acreditar que encontraria um ponto em comum com todos ou que isso era ao menos possível?

Em preparação à minha chegada, Bruce pegou seu material sobre o *Natoma Bay* e seus pilotos — mais de uma década de pesquisa. A mesa da sala de jantar estava coberta de cadernos e folhetos, mas era "apenas uma fração", disse ele, do que tinha nos armários. Fizera um caderno em separado para cada soldado que morrera no navio, repleto de todas as informações biográficas e relatos militares de ações que pudesse reunir. Havia um caixote de champanhe de madeira cheio de molinetes que o historiador do navio enviou a ele.

— Eu estava obcecado — admitiu Bruce espontaneamente.

Tudo estava etiquetado como "Propriedade de Bruce Leininger/material de pesquisa de *One Lucky Ship*©". *One Lucky Ship* [Um navio de sorte] era o livro que Bruce estava escrevendo sobre o *Natoma Bay*, que enfim faria jus à história que contou aos veteranos anos antes para poder obter acesso a seus círculos internos. Agora, ele enviava às famílias de pilotos mortos informações que reuniu sobre como seus entes queridos haviam lutado e morrido, com detalhes quase nunca recebidos dos militares. Bruce disse-me que acreditava que James Huston tinha voltado no corpo do filho por um motivo, para que ele e Andrea pudessem recuperar essa parte da história americana, que do contrário poderia ter se perdido na obscuridade.

Bruce mostrou o armário que James outrora fingiu ser seu *cockpit*, colocando uma sacola de compras de lona nas costas como se fosse seu paraquedas. Então tirou alguns dos artefatos que havia reunido no decorrer dos anos, incluindo um frasco do solo de Iwo Jima e um pedaço de motor derretido do avião *kamikaze* que voou para o *Natoma Bay* em 1945, um metal coberto de piche derretido e partes de madeira do deque do navio. Bruce passou-me como se fosse uma relíquia.

Após anos de pesquisa, Bruce enfim conseguiu localizar Anne Huston Barron, a irmã de James Huston, de quem ele inicialmente se tornou amigo sob o pretexto de sua costumeira história. Porém, após seis meses de contato, ele e Andrea decidiram contar a Anne o verdadeiro motivo do interesse dos dois pelo irmão dela. Estavam nervosos. Começaram o telefonema sugerindo que talvez ela quisesse tomar uma taça de vinho. Tinham o número do serviço local de emergência, caso a notícia fosse um choque grande demais. Enquanto Bruce e Andrea compartilhavam esses detalhes (a taça de vinho, o número de emergência), percebi ecos de *Soul Survivor* [Sobrevivente da alma], livro que eles escreveram em 2009 sobre as memórias passadas da vida de James. Seus apartes espirituosos tornaram-se parte de uma história desgastada. Até os traços de autodepreciação tinham ecos desconfortáveis de frases ditas com eficácia e frequência. Quanto a Anne? Inicialmente, ela não tinha certeza do que achar sobre a revelação. Ficou chocada. Mas acabou aceitando a ideia de que o filho deles era seu irmão reencarnado. Talvez houvesse algo reconfortante na possibilidade de que James não tivesse partido totalmente. Bruce mostrou-me uma das cartas dela. "Tudo isso ainda é pesado demais. A gente lê sobre isso, mas nunca espera que aconteça com a gente", escreveu ela. E, em sua escrita ordenada, limpa, uma afirmação inequívoca: "Mas eu acredito".

Quando conheci James, ele me pareceu um adolescente muito bem-ajustado. Parecia educado, mas vagamente entediado, e mostrou interesse quase zero em conversar comigo. Aí estava outra estranha curiosidade sobre lembranças de vidas passadas de que ele não se lembrava havia anos, não desde aquela cerimônia no mar. Era mais fácil atraí-lo para outros assuntos: sua dedicação ao jiu-jítsu, suas dicas para saber se a carne de jacaré foi bem-preparada. Ele não era nada defensivo, mas eu sentia que estava meio cansado dessa coisa toda de vida passada, e talvez um pouco tímido com a publicidade que essas memórias geraram — o livro e as entrevistas —, como se tolerasse amigavelmente as esquisitices de um irmão embaraçoso. Não queria mais ser um piloto como James Huston; agora ele queria ser da Marinha. Mas também passou muito da tarde jogando um videogame que consistia em atirar de um *cockpit* simulado, e o teto do seu quarto ainda estava cheio de modelos de aviões pendurados, que Bruce tinha construído para ele.

A parte mais difícil do meu tempo com os Leninger foi o quanto gostei deles. Quando jantávamos juntos em um restaurante *creole* local, sombreados por um jacaré empalhado de quatro metros, eu sabia que não estava escrevendo a história que queriam que eu escrevesse sobre a família. Novamente, Janet Malcolm tinha articulado minha culpa antes de eu sentir:

> *Tal como a viúva confiante que acorda um belo dia e descobre que aquele rapaz encantador e todas as suas economias sumiram, o indivíduo que consente em ser tema de um escrito não ficcional aprende — quando o artigo ou livro aparece — sua própria dura lição.**

E, ainda assim, parecia fácil narrar os Leininger como marqueteiros de um mistério barato, pais que transformaram o alegado passado do filho em algo como uma indústria artesanal: um livro de memórias de sucesso e outro por vir, uma penca de especiais de televisão e palestras. Seus motivos nunca me pareceram empreendedores. Parecia mais que haviam encontrado algo genuinamente misterioso no filho, uma força que não podiam explicar, e que a explicação se tornou um motor narrativo em si, uma história que conferia a eles um propósito maior na vida: escavar um canto esquecido da história humana e, de forma mais ampla, dar ao mundo o testemunho de que uma alma pode viajar de um corpo ao outro.

Claro, a história do filho também deu a eles uma forma de serem especiais: venderem um livro, serem entrevistados na televisão. Comecei a notar uma ironia constante nas histórias de reencarnação. Mesmo crendo no fator único do ser com uma ideia de permutabilidade, sugerindo que sua alma pertenceu a outros antes de pertencer a você, também fornecia uma explicação extraordinária para coisas bem banais: uma filha tímida, um filho sem amigos, uma criança com pesadelos. Transformavam experiências cotidianas em sintomas de um fenômeno existencial exótico.

Perto do fim de minha visita, os Leininger ofereceram-se para me mostrar alguns dos especiais de TV em que eles apareceram. Juntos, assistimos a *Um fantasma dentro do meu filho* e *A ciência da alma*. Assistimos a um especial japonês com uma narração que nunca foi traduzida. Os Leininger ainda não sabiam o que era dito. Foi esse especial de TV que financiou a viagem deles para Chichi-Jima e a despedida catártica. Vimos as imagens adicionais, nas quais os

---

* MALCOLM, Janet. *O jornalista e o assassino*: uma questão de ética. Tradução de Tomás Rosa Bueno. São Paulo: Companhia das Letras, 2011. (N. T.)

Leininger ficam em um barco por horas, esperando pelo ritual. Eu veria James chorando quase como um desafio implícito. Seus pais prometeram: "Tente não acreditar depois de ver como ele chorou".

Andrea deixou a casa enquanto assistíamos, insistindo que precisava comprar um cartucho para a impressora, mas também confessando que ela ficava comovida demais vendo James chorar. Bruce queria pular seu próprio "discurso idiota" no barco, mas pedi que não. Acabou sendo uma homenagem sincera à bravura de James Huston e à beleza do local de seu descanso final, aquelas águas azuis de uma ilha japonesa remota onde, como Bruce disse à câmera:

— Começou a jornada de meu próprio filho.

As pessoas no programa ficavam perguntando a James como ele se sentia.

— Ok — dizia ele. — Bem.

Eu não podia evitar de me perguntar se essas respostas iniciais decepcionaram sua família ou os cineastas, se foi frustrante encenar um memorial elaborado do outro lado do mundo e não ter lágrimas para mostrar.

No entanto, em cena, Bruce não deu sinais de decepção.

— Fico feliz que não sinta nada — falou ao filho. — Você já sofreu demais.

Foi só depois que o discurso terminou e o tributo foi pago, quando Andrea finalmente disse que era hora de dizer adeus a James Huston, que seu filho começou a chorar. Então, ele continuou. Não conseguia parar.

Fora de cena, anos após aquele dia, no sofá de sua sala, Bruce ficou quieto. Ele me disse que ainda o chateia considerar o que passou pela mente do filho naquele dia. Em um ponto, um câmera entrou em cena para dar um abraço em James. Depois, abraçou Bruce também.

— Eles estavam arrasados — disse Bruce, referindo-se a toda a equipe japonesa.

Nesse ponto, suas lágrimas tornavam-se uma parte inseparável da história, prova do investimento e da crença deles. Mas eu me perguntava como devia ter sido para eles, sentados ao lado da reencarnação ostensiva de um soldado que lutou contra seu país.

Andrea juntou-se novamente a nós depois para ver outros documentários. Ela disse que gostava em especial daqueles que não a faziam parecer que tinha 1 milhão de anos de idade. O mais amistoso dos quatro gatos da família subiu ao sofá com a gente, mas virou de costas para a tela. Eu sentia que ele também já havia visto esses programas antes.

Bruce balbuciava as palavras que falava no programa antes de dizê-las de fato.

— Que besteira! — cochichou baixinho, um momento antes de soltar o verbo na televisão.

Ele estava recriando seu próprio ceticismo para o entrevistador, interpretando uma visão mais antiga de si mesmo dos dias antes de acreditar nas lembranças de James. Bruce gostava de interpretar sua antiga crença porque era algo que ia contra sua fé atual. De fato, era uma parte necessária do arco narrativo, para sugerir aos outros céticos que a dúvida deles era perfeitamente razoável, mas que no fim estava errada.

Por sua vez, Andrea parecia menos interessada nas relações dos outros com as lembranças de James e mais em como o próprio James as vivenciou. Ela me mostrou uma pilha de seus antigos desenhos, círculos bagunçados para mostrar o movimento de hélices, pontinhos que representavam artilharia antiaérea, tudo quebrado, furado e coberto de "marcas de sangue" com hidrocor vermelha. Ela me mostrou a figura de pauzinhos dos paraquedistas caindo pelo céu. Alguns dos paraquedas abriam em arcos sobre seus corpos. Outros, com menos sorte, tinham paraquedas abertos em linhas retas. Do outro lado da sala, onde ainda assistia à TV, Bruce mencionou que, de acordo com relatório pós-ação que encontrou, James Huston certa vez atirou em um piloto japonês que caía de paraquedas. Andrea ficou chocada; ela não sabia disso.

— Fiquei arrepiada — disse. — Provavelmente, é por isso que James os estava desenhando: porque atirou em um deles.

Enquanto isso, na tela da TV, Bruce sentava-se em um minúsculo barco e colocava a mão nas costas do filho.

— Você é uma alma e um espírito muito destemidos — elogiou ele.

Naquele momento, por trás da sensacional história de reencarnação, havia uma história mais simples em curso: um pai tentando fazer o filho sentir-se melhor. Eram dois pais que queriam acreditar que o amor podia preencher a lacuna entre o que não podiam explicar e as explicações que buscavam de todo modo. O amor não é imune à fome humana por narrativa. É uma fome que eu mesma vivencio constantemente. Essa fome é a fonte do meu sustento. Para a família, essa fome construiu uma história intrincada e autossustentável, toda ancorada no desejo de cuidar de um garotinho no escuro.

Antes de eu partir, Andrea me passou uma redação que James escreveu no sétimo ano, chamada "Pesadelos".

> *A tortura ardente de fogo e fumaça atingiu-me toda noite por cinco anos... Os pesadelos não eram sonhos, mas algo que aconteceu de fato: a morte de James M. Huston. Sua alma foi trazida de volta na forma humana. Ele foi trazido em meu corpo e escolheu voltar à Terra por um motivo: para contar às pessoas que a vida é, de fato, eterna.*

O espectro de ceticismo pairava nesse frenesi, e James foi sábio:

> *Você pode achar que sou um idiota por saber disso, por acreditar nessas coisas. Mas, quando meus pais escreveram um livro sobre mim e minha história, gente que estava à beira da morte ou tinha doenças incuráveis me mandou e-mails que diziam o seguinte: "Sua história me ajudou e me tirou o medo de morrer".*

Embaixo do texto de James, sua professora escreveu apenas uma palavra, três vezes em vermelho. *Nossa! Nossa! Nossa!*

Alguns meses depois de voltar da Louisiana, recebi uma carta da minha tia. Ela havia acabado de passar a tarde com meu avô, um ex-engenheiro químico a poucos meses de seu aniversário de cem anos. Os dois falavam sobre a possibilidade de reencarnação. Para meu avô, o primeiro em sua família a ir para a faculdade, e um homem profundamente racional sua vida toda, a pergunta do que vinha em seguida não era mais abstrata. Ambos comeram salmão e batatas, comidas sólidas, comidas que lembravam que o corpo ainda era deles, enquanto meu avô rascunhava sua visão de viver e morrer: "Pegamos um pedaço de consciência quando nascemos e, quando morremos, volta para onde veio".

Na mesma semana, um verificador de fatos de uma revista enchia minha caixa de e-mail com seu ceticismo todos os dias. Ele me informou que mais de um porta-aviões da Segunda Guerra Mundial tinha um Walter, um Leon e um Billy em sua tripulação. Então, os nomes provavelmente eram só coincidência e nenhum Corsair jamais saiu do *Natoma Bay*. Algo em mim queria entrar nessa, dizer a ele que talvez não houvesse Corsairs saindo do *Natoma*, mas que James Huston foi um dos únicos vinte pilotos de Corsairs como parte de uma equipe experimental no começo da guerra: "Há provas fotográficas!".

Eu queria gritar, como uma boa seguidora de Bruce Leininger, mas minha defensiva nunca foi mesmo sobre os fatos. Sempre se mostrou pela visão. A pergunta mais atraente para mim nunca foi "A encarnação é real?". Sempre foi "Sob que ótica humana a reencarnação seria crível para nós?". Descobri algo sedutor no que tal ótica sugeria: algo permeável e não original. Era profundamente relacionado ao que amava na recuperação, que pedia que eu me compreendesse como intercambiável, ver meus dilemas como compartilhados e minha identidade como algo singular e inevitavelmente ligado a estranhos distantes. A recuperação era outra história de reencarnação. Afinal, era o ser sóbrio renascido de seu passado de embriaguês. Era como se a reencarnação tornasse explícita a premissa filosófica por trás da recuperação em si. Se a recuperação dissesse: "Sua alma não é essa coisa especial". Então, a reencarnação dizia: "A alma nem é sua". Se a recuperação dissesse: "Você poderia ter sido essa outra pessoa". Então, a reencarnação dizia: "Você, de fato, *foi* essa outra pessoa".

E se reencarnação é uma história que algumas pessoas acham reconfortante, então é verdade que a alma se mostra apenas uma história também: a noção de um ser essencial, único, em cada um de nós.

A reencarnação abranda essa crença ao mesmo tempo que a perturba: o que chamamos de nossa alma não morre, mas talvez nunca seja nossa. Por fim, foi isso que me atraiu na história sobre reencarnação, que me pedia para acreditar no ser sem fronteiras rígidas, em um ser que viveu antes e que viveria novamente. Dessa maneira, era uma metáfora para aquilo que eu lutava para aceitar em si: que nada do que vivíamos era único, que estávamos sempre vivendo novamente, de alguma forma.

A reencarnação é uma declaração e contingência: *Posso ter sido qualquer um. Talvez eu tenha sido uma enfermeira ou um matador, um malvado ou um herói. Talvez tenha sido um explorador colonial, um colonizado, uma rainha ou um marinheiro.* É humilde e o oposto de humildade, da mesma forma que as pessoas podem ler minha tatuagem como empatia ou arrogância: "Nada humano é alheio a mim". Em toda minha luta com a reencarnação, eu buscava uma forma de ser humilde em face da consciência, ser a professora escrevendo "Nossa! Nossa! Nossa!", em vez de dar uma nota.

A reencarnação pareceu-me uma articulação da fé no ser como algo que pode transformar e permanecer contínuo ao mesmo tempo — em sobriedade, com amor, no corpo de um estranho. Essa fé crê que um garoto de treze anos do Queens pode não estar perdido para sempre. Essa fé diz: "Volte". Volte para Lafayette, para a Virgínia, para a Birmânia. Volte com cicatrizes contando uma história que ninguém compreende, para um gramado cheio de renas de plástico amassadas ou uma casa dando para árvores esqueléticas de inverno, para um mecânico de aviões jogando gravetos para cães, um homem que se recusa a acreditar que você já foi um garoto perdido em Long Island City. Volte para algum subúrbio entre cidades, algum apartamento, uma casa em um conjunto habitacional. Volte lembrando-se para que possa nos dizer onde esteve. Queremos saber. Observamos um garotinho usar suas botas de caubói na piscina. Vemos um homenzinho que não consegue sair. Vemos o passado preencher o presente como fumaça: a memória de irmãs, paraquedas e chamas. Dizemos: *nossa!* Dizemos de novo. Permanecemos humildes. Não sabemos ao certo até o corpo aparecer no rio e, mesmo assim, pode não ser o fim. Caminhamos em direção às luzes. Estamos seguros ou não estamos. Vivemos até não estarmos. Voltamos, a não ser que não possamos.

A história do translado

Esta é a história de um translado. Quem conta esta história? Estou contando agora para você. Em uma noite de janeiro, meu voo foi adiado saindo de Louisiana, onde eu estava conversando com pessoas sobre suas vidas passadas e perdi minha conexão para Houston. Passei uma noite lá. Ter uma experiência de viagem perto do aeroporto de Houston é como tentar escrever um poema tirado das palavras de um pacote de fermento. Não tente deixar bonito. Apenas deixe crescer. Deixe as rodovias correrem como fio na noite. Pisque contra as placas de neon das grandes redes. Hospede-se onde der.

    Hospedo-me em um hotel cor de salmão, para onde me mandam. Em nosso translado do aeroporto, escuto a voz de uma mulher problemática na fileira da frente. Ela não acredita que o ônibus só vai circular de hora em hora na manhã seguinte. Não acredita que o *voucher* de jantar é de um valor tão pequeno. Precisa de alguém para levar sua mala até o saguão. Vai precisar de alguém para pegá-la amanhã. Mais tarde, no restaurante do hotel, sua voz está lá novamente na mesa atrás de mim: ela quer que a mala seja colocada onde possa ver. Quer água sem gelo. Não quer incomodar, mas precisa saber se o *wrap* é 100% vegetariano. Quer saber sobre as outras pessoas desamparadas à nossa volta, especialmente Martin, o alemão; e a estudante do curso de matemática da Penn State. A estudante de matemática adora o Dia do Pi. A mulher da voz quer saber se ela assa torta para o Dia do Pi.

Não. Ela apenas come torta no Dia do Pi.* De que tipo de torta ela gosta? De todos os tipos. De que tipo de matemática? Todos os tipos. Bem, tá. Ela gosta especialmente de padrões e sequências. A mulher da voz quer saber como ela se sente sobre *i* para o *i*? A estudante não sabe sobre o *i* para o *i*.

— Ah, lindinha... — diz a mulher da voz. — Dá uma olhada no *i* para o *i*.

Quando enfim se vira para mim, a mulher da voz se revela uma mulher de cabelos pretos encaracolados. Ela pergunta sobre o que faço da vida. Adorou saber que sou escritora. Diz que gostaria de entrar no ramo de entrevistas. Parece que ela já está. Acontece que está vindo de férias no Cabo. Acontece que está em meu voo de volta para Newark. Ela sugere que reclamemos juntas sobre o translado. O voo das quatro da manhã é cedo demais, mas o das cinco é muito tarde. Deveríamos batalhar por um horário às 4h40 ou 4h45. Ela é uma mulher problemática de Nova York tentando me convencer de que devemos ser mulheres problemáticas de Nova York juntas. Mas não sou uma mulher problemática de Nova York. Não sou nenhum tipo de pessoa de Nova York. Por acaso, só moro lá. Só quero pegar o translado das quatro da manhã e parar de falar sobre isso. Envergonha-me ser associada aos pedidos dela, com sua ideia de merecimento, com estas justificativas (*eu sofro mais, preciso de mais*) porque talvez me reconheça nisso.

É só quando a mulher e eu caminhamos até o balcão da recepção para verificar o translado que reparo em como ela anda. A mulher da voz também é uma mulher com um corpo. Ela manca. Quando reparo nela mancando, sinto-me culpada em deixá-la fazer sozinha o pedido do translado, como se fosse um ato de abandono recusar minha companhia em um momento de necessidade. Ela diz ao recepcionista que precisa de ajuda com as malas e que, de manhã, vai precisar de ajuda de novo. Explica que estava em uma cadeira de rodas no aeroporto. Aposto que tem uma daquelas dores crônicas que sempre migram para outro canto. Aposto que se sentia vítima mesmo antes de começar a doer. Estou de fato pensando nessas coisas, e sou alguém que escreveu indignada sobre a tendência mundial de minimizar o sofrimen-

---

* Comemora-se o Dia do Pi em 14 de março. Em inglês, a pronúncia da constante matemática π (pi) — equivalente a 3,14 — é igual à da palavra torta (*pie*). Por isso, há a tradição de comer tortas em tal data. (N. E.)

to das mulheres precisamente dessa forma, precisamente por esses motivos. Não conseguimos nosso translado de 4h40. Vai falar com o gerente, diz ela. Vai me ligar quando resolver isso. Pega meu número. Trocamos nomes. De volta ao meu quarto, dou um Google no nome que ela me deu. É bem incomum e se refere a uma parte do corpo. Os primeiros dez resultados são todos da mesma atriz pornô; o seguinte é uma matéria sobre um ataque com arma branca no Upper West Side, um ano antes. Um sem-teto avançou em cinco estranhos com metade de uma tesoura. O rosto da mulher da voz é um dos cinco rostos. Amplio-a em minha tela. Tento lembrar-me dela mancando, que parte dela doía.

> *Cinco pessoas, incluindo um garoto de cinco anos, foram levados ao hospital após um homem ter um surto durante nove minutos...*

Visualizo a mulher da voz com a tesoura em sua coxa, no joelho, no pé, cortando algum nervo ou veia e deixando-a ainda mancando um ano depois.

Quando a vejo de manhã, não conto a ela que sei. A etiqueta de nossa era exige que finjamos que ainda somos desconhecidos um do outro, apesar de ela provavelmente saber que a procurei no Google e eu saiba que ela me procurou. Mas me vejo remoldando tudo o que a vi fazer, cada queixa, cada exigência, cada tentativa irritante de puxar conversa, como se uma vítima também pudesse agir como se o mundo girasse apenas em torno dela. Agora quero ler tudo sobre ela de forma mais generosa para poder compensá-la da indignidade de se tornar uma personagem minha, *a mulher da voz*, quando já era outro tipo de personagem em uma história completamente diferente.

Na manhã seguinte, tento ajudar a mulher da voz da melhor maneira. Carrego suas malas pelo aeroporto de Houston. Ofereço-me para ficar com ela enquanto espera por uma cadeira de rodas. Mal faço uma careta quando a mulher fala mal-educadamente com a equipe do aeroporto. Ela foi *esfaqueada*. Pede que eu faça embarque prioritário no voo com ela e coloque sua mala acima de seu assento. Pergunta se eu a ajudaria a ir para a cidade de Newark quando chegássemos, se eu poderia levá-la pela estação de trem em Nova Jersey, pelo Transit de Nova Jersey e, depois, para a Penn Station em si, em Nova York, com todas aquelas escadas e plataformas e portas e multidões e compartimentos lotados de bagagens. Eu digo *sim, sim, sim*. Digo sim para tudo! Ela tem uma história, e agora sou parte dela. Estou tomada de virtude. Estou tão tomada de virtude que mal posso acreditar quando o homem sentado a meu lado no voo quer puxar papo. Ele não compreende? Minha virtude já encontrou seu objeto; não me sobrou nada para jogar conversa fora com um estranho. A mulher da voz está sentada na frente do avião, provavelmente fazendo alguém desejar estar sentado atrás. O homem a meu lado começa a falar sobre levar sua irmã de carro ao Texas, para onde ela estava se mudando para trabalhar. É uma enfermeira itinerante, e eles dirigiram por uma tempestade de gelo em Atlanta, e eu não dava a mínima. Esse cara é só um moleque reclamando sobre o aeroporto de Houston não ter máquinas de comida o suficiente. Sinto-me como se fosse sua mãe, como se eu lhe devesse oferecer um petisco. Nos pequeninos monitores acima de nós, passa um documentário sobre natureza: um filhote de bisão está encurralado por uma matilha de lobos. O que acontecerá em seguida? Só uma coisa; todos sabemos. Lá em casa no Brooklyn, ninguém está esperando por mim. Fiquei solteira recentemente e entrei não tão recentemente na casa dos trinta, deixando muitas migalhas entre as almofadas do meu sofá, de jantares à base de biscoitos que não parecem ser os de um adulto.

Agora esse sujeito está falando sobre sua temporada no Iraque. Diz que se acostumou com o céu do deserto. *Oh!* A vida dele é um pouco diferente do que eu achava. Não sei como perguntar ao homem sobre a guerra. Mas pergunto mesmo assim. Pergunto sobre os caras que estavam lá com ele. Isso me parece seguro, possível. Ele balança a cabeça: a melhor equipe de caras do mundo.

— Agora, aqui estou — diz ele, remexendo em sua bolsa de lona. — Indo para casa com um saco do Exército cheio de conchas de caranguejo-eremita.

Perguntei quantas tinham lá. Talvez cinquenta, diz ele. Ele tem uma filha que tem quatro caranguejos-eremitas de estimação. Pergunto se têm nomes.

— Têm tantos nomes que não consigo acompanhar — responde. — Os nomes sempre mudam.

Nesse momento, há um chamado Clippers e os outros são Peaches. Todos os três? Sim. Apenas Peaches, Peaches e Peaches. Ele diz que há uma mesa enorme de conchas. Sempre crescem. Então, sempre precisam de novas.

Então, as conchas na bolsa não são conchas de caranguejo-eremita porque são feitas *pelo* caranguejo-eremita, mas porque os caranguejos podem algum dia precisar delas? Sim, responde ele. Correto.

Talvez haja uma profundidade nisso. Apoderamo-nos de algo não porque o fazemos, mas porque lhe damos uma utilidade. Aquilo em que adentramos pode começar a nos constituir. E agora ele está dizendo outra coisa, algo sobre o novo aquário que está construindo para Clippers e os Peaches. Está usando antigas portas de box de banheiro da sua empresa de construção. Tem mais de vinte vidros grandes, diz ele, e mais de cinquenta dos pequenos. E estou tentando processar a lógica de fazer/utilizar isso também: *temos do grande e do pequeno; temos mais do que podemos usar.* Mas não entendo; Houston novamente. E quão grande será seu aquário de caranguejos, afinal? Um quarteirão inteiro da cidade? O cara não consegue decidir se é interessante ou não, como alguém que está quase sempre atrasado, mas vez ou outra, sem esperar, chega na hora. Por que eu pude acreditar que ele me despertaria interesse, afinal? Outras vidas são conchas que só quero revirar quando estou no clima certo, só quando as conchas são boas o suficiente.

Por enquanto, quero saber o que tais caranguejos comem. Ele diz que comem ração, mas preferem fruta fresca. Que tipo de fruta? Abacaxi, responde. Adoram abacaxi. Explica que têm muitas preferências. Por exemplo, precisam de água salgada *e* água doce. E quando vivem no oceano?, pergunto. Como conseguem água doce? Não sabe.

— É o que ainda estou tentando descobrir — diz ele.

Esse homem me extenua. Eu me sentia como se fosse sua mãe até ele dizer que era pai. Penso em todo o medo que conheceu, a culpa, a perda, o tédio e como não conheço nada disso. Sua infinitude é algo que recebo em historietas infinitas: grandes céus do deserto, uma garotinha cutucando caranguejos. Às vezes, sinto que não devo nada a um estranho. Depois, sinto que devo tudo a ele; porque ele lutou e eu não, porque o desprezei ou o julguei mal, porque me esqueci, por um momento, que a vida dele, como a de todos, traz mais do que eu poderia enxergar.

Faz-me pensar no discurso de paraninfo de David Foster Wallace: "Isso é água". É aquilo que todo mundo acha inspirador menos as pessoas que acham que é insuportavelmente banal e acham patético que todo mundo seja tão inspirado por isso. Eu me inspiro muito nisso. Wallace fala sobre o tédio de estar na fila do caixa de supermercado, irritado com os outros na fila: "Que idiotas e bovinos e inexpressivos e não humanos parecem". Mas ele diz que você pode escolher vê-los de modo diferente. Pode notar a mulher que acabou de gritar com o filho e admitir que até onde você sabe ela pode ter passado três noites de pé com um marido morrendo de câncer ósseo. Talvez ela tenha acabado de ajudar seu cônjuge a passar por algum apuro no departamento de trânsito. Talvez a mulher irritante no ônibus tenha acabado de ser esfaqueada por um estranho perturbado enquanto corria de manhã. Se você aprender a prestar atenção, ele diz: "De fato estará em seu poder vivenciar uma situação tumultuada, quente, lenta, infernal como consumidor não apenas como significativa, mas sagrada, acesa com a mesma força que ilumina as estrelas".

A estação de trem do aeroporto de Newark no meio de uma nevasca não parece acesa com a mesma força que ilumina as estrelas. Estou ajudando a mulher da voz e do corpo ferido a entrar em um trem que siga para a cidade. Pegamos chocolate quente no pequeno café da estação e esperamos na plataforma externa, no frio de Jersey, enquanto a neve caía. Estou cansada da benevolência, pronta para meu apartamento. Ela me diz que foi idiota a forma como se feriu. Foi culpa dela. Fico um pouco confusa. Isso é uma confissão de culpa de privilégio? Culpa da cumplicidade dela nos sistemas que oprimiram o sem-teto que a esfaqueou? Vai me dizer que ele também tinha uma história? Porque ele tinha: uma doença mental não tratada, uma vida passada indo de abrigo em abrigo. Foi sentenciado a quase 23 anos de prisão, onde provavelmente sua doença mental ainda permanece não tratada. Uma de suas vítimas era um ex-primeiro bailarino do New York City Ballet, que caminhava com seu filhinho de colo. O bebê foi esfaqueado duas vezes no braço. Esse é o tipo de história com uma vítima fácil e um vilão fácil. Só que talvez não seja tão fácil. Talvez nós todos sejamos vilões, talvez seja o que a mulher da voz esteja tentando me dizer. Também está me dizendo que está cansada de ficar de pé, apesar de eu não poder fazer uma cadeira para ela.

Enfim, ela fala que estava dançando no Cabo e seu joelho começou a doer, mas continuou a dançar mesmo assim. Era "Mamma Mia". Como podia não continuar dançando? Foi assim que se machucou. Ela olha para mim, e faço que sim. De fato.

Mas por dentro estou me sentindo roubada, como se algo fosse roubado de mim: a história na qual carreguei as malas de uma mulher que ainda se recuperava de um ataque. Agora estou em uma história de uma mulher que dançou demais na Riviera Mexicana. É uma história sobre colocar bagagens em compartimentos acima dos assentos e esperar no frio cortante de Jersey, sobre ir para a estação de trem mais horrenda do mundo e zanzar por seu labirinto de túneis subterrâneos com três malas para o amargo tumulto de um purgatório entre Midtown e Koreatown.

De certa forma, não consigo explicar. Comecei a me sentir ligada a essa mulher, estranhamente protetora. É como se estivéssemos em algum tipo de odisseia juntas, e tem menos a ver com Houston ou a nevasca em Jersey e mais a ver com todas as transformações dela em minha narrativa interna. Primeiro, ela era uma tirana; depois, uma santa; e, enfim, apenas uma turista dançando.

Separamo-nos no ponto de táxi. A mulher da voz agradece-me pela gentileza. Vai pegar um táxi para casa. Vou pegar o metrô para meu apartamento vazio, onde lerei outra matéria sobre a tesourada, cheia de citações de testemunhas:

> *Ele avançava tipo um zumbi, sabe? Algo não estava certo nele. Os olhos estavam claramente loucos. Ele soltou a mulher, ela correu e ele começou a vir na minha direção.*

Em outra fotografia da mulher da voz, ela está sendo carregada por um policial. Tem a mão envolta no pescoço dele; a outra, pressionada contra sua própria garganta. Ela sentiu um estranho cortar seu pescoço com uma tesoura.

Nunca vou ouvir como sua voz soava quando ela gritava, em plena luz do dia; quando era apenas uma mulher problemática de Nova York pedindo para que sua cidade a salvasse.

É assim que iluminamos as estrelas, seguidamente: aparecendo com nossos corpos comuns e problemáticos, quando outros corpos comuns e problemáticos podem precisar de nós. Esse é o ponto: a repetição disso. Nunca se consegue viver a sabedoria apenas uma vez, aproveitar a ocasião do outro apenas uma vez. É preciso continuar vivendo essa propensão de olhar a vida dos outros com graça, mesmo quando a sua própria está uma merda e você faria de tudo para se esgueirar para dentro de uma vida diferente; quando arrancaria um Peaches do caminho, então outro, então um terceiro, só para uma dose de alívio da concha. Uma ligação despertando às 3h30 em Houston não é a concha de alívio. A nevasca não é a concha de alívio para ninguém. Faz com que o joelho dolorido lateje mais.

A gentileza significa que você quer ajudar — ou que não quer, e ajuda mesmo assim? A definição de gentileza é que não é merecida. Não requer uma boa noite de sono para fazer isso ou um histórico impecável para recebê-la. Não exige um histórico particular.

Você acha que a história continua mudando, porém a parte mais importante nunca muda. Ela foi sempre apenas uma mulher com dor sentada bem à sua frente. Às vezes, dói apenas ficar de pé. Às vezes, uma pessoa precisa de ajuda porque precisa, não porque sua história é cativante, nobre ou estranha o suficiente para merecer; e às vezes você apenas faz o que pode. Não a torna melhor ou pior. Não muda nada em você, exceto por uma fração de segundo quando imagina o dia em que será aquele que precisará pedir.

Sim Life

GIDGE URIZA VIVE EM UMA ELEGANTE CASA de madeira que dá para um reluzente riacho, as margens densas tomadas de chorões. Os campos próximos cintilam com os vagalumes. Gidge sempre compra novas piscinas, pois sempre se apaixona por novas piscinas. A atual é um losango azul-petróleo com uma cascata caindo de um arco de pedras. Gidge passa os dias curtindo de maiô ao lado da piscina, ou então debaixo de um edredom rendado, usando nada além de um sutiã e um roupão de banho, com um *donut* coberto de chocolate sobre uma pilha de livros ao lado dela. "Bom dia, meninas", escreve ela um dia em seu blog. "Estou indo aos poucos, tentando sair da cama esta manhã, mas é difícil fazer isso quando estou cercada por minha bela cama rosa."

Em outra vida, aquela que a maioria das pessoas chamaria de "real", Gidge Uriza é Bridgette McNeal, uma mãe de Atlanta que trabalha oito horas por dia em um *call center* e está criando um filho de catorze, uma filha de sete e dois gêmeos autistas severos, que têm treze. Seus dias são cheios das exigências diárias de criar filhos com necessidades especiais: dar banho nos gêmeos quando se sujam (ainda usam fraldas e, provavelmente, sempre usarão), assar pão doce de maçã com um deles para acalmá-lo depois de uma crise, pedir ao outro que pare de tocar a música-tema de *Barney e seus amigos* em velocidade lenta até soar, como ela coloca, "como um lamento demoníaco". Um dia, leva os quatro filhos para um parque com natureza para uma tarde idílica que é interrompida pela realidade de trocar a fralda de um adolescente em um banheiro bolorento.

Mas toda manhã, antes de tudo isso, antes de deixar as crianças prontas para a escola e começar as oito horas no *call center*, antes de colocar o jantar na mesa ou manter a paz durante a refeição, antes de dar banhos e despencar na cama, Bridgette passa uma hora e meia na plataforma Second Life, onde vive em um paraíso reluzente criado por ela mesma. "Bom dia, meninas. Estou indo aos poucos, tentando sair da cama esta manhã." Ela acorda às cinco e meia da manhã para habitar uma vida na qual tem o luxo de nunca sair da cama.

O que é o Second Life? A resposta simples é: um mundo virtual lançado em 2003 e que foi considerado por muitos como o futuro da internet. E a resposta mais longa: um cenário controverso, possivelmente revolucionário, possivelmente irrelevante, cheio de cidades góticas e preciosas barracas surradas na praia, castelos de vampiros e ilhas tropicais e templos de florestas amazônicas e solos pisoteados por dinossauros, casas noturnas com espelhos reluzentes e jogos de xadrez viajantes. Em homenagem ao décimo aniversário do Second Life, em 2013, a Linden Lab, empresa que o criou, lançou um infográfico mostrando seu progresso: 36 milhões de contas foram criadas e seus usuários passaram 217,266 anos no total on-line, habitando e expandindo seu território, que consistia em quase 2 milhões de quilômetros quadrados compostos de unidades de terra chamadas *sims*. Com frequência, as pessoas chamam o Second Life de jogo, mas dois anos após seu lançamento a Linden Lab circulou um memorando para seus empregados insistindo que ninguém se referisse assim. Era uma *plataforma*. Isso sugeria algo mais holístico, imersivo e abrangente.

O Second Life não tem objetivos específicos. Seu vasto cenário consiste inteiramente em conteúdo gerado pelo usuário. Isso significa que tudo o que você vê foi construído por alguém, um avatar controlado por um usuário humano vivo. Esses avatares constroem e compram casas, formam amizades, namoram, casam, fazem dinheiro. Comemoram seus *rez days*, o equivalente on-line ao aniversário: o do dia em que ingressaram. Na igreja, não podem fazer comunhão física, a corporalidade do ritual é impossível, mas podem trazer à vida histórias de sua fé. Na catedral da Epiphany Island, os anglicanos do Second Life invocam trovões na Sexta-feira da Paixão ou a iluminação repentina do nascer do sol no momento da missa de Páscoa quando o pastor anuncia:

— Ele ascendeu.

Como um manual do Second Life diz: "Do seu ponto de vista, o SL funciona como se você fosse um deus".

Na verdade, nos vários anos desde seu apogeu no meio dos anos 2000, o Second Life tornou-se mais como um ímã para a zombaria. Quando disse a amigos que eu estava trabalhando em uma reportagem sobre isso, seus rostos quase sempre seguiram a mesma trajetória de reações: uma expressão perdida, uma breve centelha de reconhecimento, um olhar levemente confuso. *Ainda existe?* O Second Life não é mais aquela coisa de que se faz piada. É a coisa de que você não se importa mais em zombar há anos.

Muitos observadores esperavam que o número de usuários mensais continuasse subindo depois que chegou a 1 milhão em 2007, mas, em vez disso, esse foi o pico — e nos anos seguintes empacaram em cerca de 800 mil. E uma estimativa diz que de 20% a 30% são de usuários de primeira viagem que nunca mais voltam. Poucos anos após declarar o Second Life como o futuro da internet, o mundo da tecnologia seguiu em frente. Como uma matéria de 2001 na *Slate* proclamou: "Em retrospecto, o futuro não durou muito tempo".

Mas, se o Second Life prometia um futuro no qual as pessoas passariam horas por dia habitando sua identidade on-line, não nos encontramos dentro disso? Só que no Facebook, no Twitter e no Instagram. Conforme aprendi mais sobre o Second Life e passei mais tempo explorando-o, começou a parecer menos com uma relíquia obsoleta e mais como um espelho distorcido refletindo o mundo em que muitos de nós de fato vivemos. Talvez o Second Life inspire uma ânsia em ridicularizar não porque seja irreconhecível, mas porque toma um impulso reconhecível que vai além das fronteiras do conforto, para um tipo de vale inquietante: a promessa não apenas de uma voz on-line, mas de um corpo on-line, não apenas verificar o Twitter no celular, mas se esquecer de comer porque está dançando em uma boate on-line; não apenas uma versão selecionada de sua verdadeira vida, mas uma existência completamente separada. Cristaliza simultaneamente o canto da sereia e a vergonha de querer uma vida diferente.

***

No hinduísmo, o conceito de avatar refere-se à encarnação de uma entidade na terra. No Second Life, é seu corpo: um ato progressivo de autoexpressão. De 2004 a 2007, um antropólogo chamado Tom Boellstorff habitou o Second Life como um etnógrafo, batizando seu avatar de Tom Bukowski e construindo para si um lar e um escritório chamado Ethnographia. Sua tática imersiva estava ancorada na premissa de que o mundo do Second Life é tão "real" quanto qualquer outro e que ele tinha justificativas para estudá-lo "sob seus próprios termos", em vez de se sentir obrigado a entender as identidades virtuais das pessoas primariamente em termos de suas vidas off-line. Seu livro *Coming of Age in Second Life* [Maioridade no Second Life], que recebeu o título em homenagem ao clássico de Margaret Mead sobre garotas adolescentes em Samoa, registra a textura da cultura digital da plataforma. Ele descobre que "puxar papo sobre *lag* [atrasos no *streaming* do SL] é como conversar sobre o tempo na vida real", e entrevista um avatar chamado Wendy, cujo criador sempre a faz ir dormir antes de desconectar.

— Então o mundo, de fato, é o sonho de Wendy até ela acordar novamente no Second Life? — lembra-se Boellstorff de ter perguntado a ela.
— Eu podia jurar que passou um sorriso pelo rosto da Wendy quando ela disse "é isso".

Uma mulher descreveu seu avatar para Boellstorff como uma verdadeira manifestação de seu eu interior.

— Se eu pegar um zíper e tirá-lo de dentro de mim, é quem eu sou — disse ela.

Avatares femininos costumam ser magros e absurdamente peitudos. Avatares masculinos são jovens e musculosos. Quase todos são vagamente cartunescos em sua beleza. Esses avatares comunicam-se por meio de janelas de chat ou usando tecnologia de voz para, de fato, falarem. Movem-se caminhando, voando, teletransportando e clicando em *poseballs*, órbitas flutuantes que animam os avatares em várias ações: dança, caratê, quase todo ato sexual que você pode imaginar. Não surpreende que muitos usuários vão ao Second Life pelas possibilidades de sexo digital: sexo sem corpos físicos, sem nomes reais, sem as limitações da gravidade, frequentemente com comentários textuais elaborados.

A moeda atual do Second Life é o *linden dollar* e, de acordo com as taxas de câmbio, o *linden* vale pouco menos do que meio centavo do dólar americano. Na década seguinte a seu lançamento, os usuários do Second Life gastaram US$ 3,2 bilhões de dinheiro real em transações dentro desse mundo. O primeiro milionário do Second Life, um magnata do setor imobiliário digital que responde pelo nome de Anshe Chung, estampou a capa da *Businessweek* em 2006; e, em 2007, o produto interno bruto do Second Life era maior do que o de vários países pequenos. Em seu vasto mercado digital, você pode comprar um vestido de noiva por 4 mil *lindens* (pouco mais de US$ 16) ou um espartilho cor de rubi com asinhas de pelúcia por pouco menos de 350 *lindens* (cerca de US$ 1,50). Pode até comprar um corpo alterado: cor diferente, cabelo diferente, par de chifres, genitais de todos os tamanhos e formas. Uma ilha particular custa atualmente quase 150 mil *lindens* (o preço é fixado em US$ 600), enquanto o *Super Iate Millennium* II custa 20 mil *lindens* (pouco mais de US$ 80) e vem com mais de trezentas animações anexadas a suas camas e trio de banheiras quentes, feitas para permitir que avatares encenem várias fantasias sexuais sob medida.

O Second Life começou a estacionar bem quando o Facebook deu os primeiros sinais de que iria estourar. A ascensão do Facebook não foi o problema de uma marca concorrente tanto quanto de um modelo concorrente. Parecia que as pessoas queriam uma versão selecionada de sua vida real mais do que outra vida completa. Queriam tornar-se a soma de suas fotos mais lisonjeiras de perfil mais do que queriam se tornar um avatar totalmente separado. Mas talvez o Facebook e o Second Life não sejam tão diferentes em seu apelo. Ambos ganharam impulso com a sedução de habitar um ser selecionado, seja ele construído com materiais da experiência vivida, fotos de uma viagem de acampamento e observações espertinhas sobre o *brunch*, ou das impossibilidades que a experiência vivida gera: um corpo ideal, um romance ideal, uma casa ideal.

Bridgette McNeal, a mãe de quatro filhos de Atlanta, está no Second Life há mais de uma década. Ela batizou seu avatar de Gidge[*] em homena-

---

[*] Garota com aparência um tanto masculinizada que costuma ter muitos amigos homens. (N. E.)

gem ao apelido que seus algozes lhe deram no colégio. Apesar de Bridgette estar na meia-idade, seu avatar é uma magrinha de vinte e poucos anos que ela descreve como "a eu perfeita — como se nunca tivesse comido açúcar ou tido filhos". Durante seus primeiros dias no Second Life, o marido de Bridgette também criou um avatar, e os dois tinham encontros lá, uma amazona loura e um robozinho prateado, enquanto se sentavam juntos com seus laptops no escritório em casa. Frequentemente era a única forma de poderem sair, pois era difícil arrumar babás por causa das necessidades especiais dos filhos. Quando conversamos, Bridgette descreveu sua casa no Second Life como um refúgio que concede permissão.

— Quando entro naquele espaço, tenho o luxo de poder ser egoísta — diz ela, evocando Virginia Woolf. — É como ter um quarto só pra mim.

Seu lar virtual está cheio de objetos que ela nunca poderia manter na casa real porque seus filhos poderiam quebrar ou comer: joias em bandejas, enfeites em mesas, maquiagem na bancada.

Além do blog que registra sua existência digital, com suas piscinas de mármore e biquínis de babados verde-água, Bridgette mantém outro dedicado à sua "RL" [*real life*; vida real] como mãe. É honesto e hilário e cheio de um candor que abala o coração.

No relato de sua tarde com os filhos no parque, ela descreve quando olhava uma águia-de-cabeça-branca:

— Algum imbecil disparou nessa águia com uma flecha. Ela perdeu a maior parte de uma asa por causa disso e não consegue voar. Está mantida segura aqui nesse retiro que visitamos alguns dias atrás. Às vezes acho que meu marido e eu nos sentimos um pouco como ela. Presos. Nada muito errado: temos casa, comida e o que precisamos. Mas estamos presos pelo resto de nossas vidas pelo autismo. Nunca seremos livres.

Quando perguntei a Bridgette sobre o que a atraiu no Second Life, ela disse que é fácil sucumbir à tentação de se entregar a esse mundo quando deveria estar cuidando da vida off-line. Perguntei se já chegou perto disso, e ela falou que certamente sentiu vontade às vezes.

— Você é magra e bonita. Ninguém está pedindo para você trocar uma fralda — disse. — Mas você pode se fartar disso. Não quer ir embora, mas não quer mais ficar também.

***

O Second Life foi inventado por um homem chamado Philip Rosedale, filho de um piloto naval americano e uma professora de inglês. Quando menino, foi motivado por uma descomunal ambição. Lembra-se de estar perto de uma pilha de lenha no quintal da casa dos pais e pensar: "Por que estou aqui, e como sou diferente de todos os outros?". Quando era adolescente na metade dos anos 1980, usou um antigo modelo de PC para aproximar uma representação gráfica de um Conjunto de Mandelbrot, uma imagem infinitamente repetitiva que fica mais e mais detalhada quanto mais se chegava perto. Em um certo ponto, ele percebeu que estava olhando para um gráfico maior do que a Terra.

— Poderíamos caminhar pela superfície a vida inteira e nunca começar a ver nada — explicou para mim. Foi quando percebeu que "a coisa mais legal que poderia fazer com um computador seria construir um mundo".

Quando Rosedale começou a visualizar o Second Life, em 1999, ele participou do Burning Man, o festival de arte performática, instalações esculturais e hedonismo alucinógeno que acontece todo verão no meio do deserto de Nevada. Enquanto estava lá, ele disse que algo "inexplicável" aconteceu com sua personalidade.

— Você sente que está chapado, sem drogas nem nada. Apenas se sente conectado com as pessoas de uma forma que não sente normalmente.

Foi a uma *rave* em um trailer Aistream, viu artistas de trapézio balançarem pelo deserto e se deitou em um *lounge* de narguilé tomado de centenas de tapetes persas. O Burning Man não deu a Rosedale a ideia do Second Life — ele estava imaginando um mundo digital há anos —, mas o ajudou a entender a energia que queria gerar lá: um lugar onde as pessoas podiam criar o mundo que quisessem.

Esse era o sonho, porém foi difícil de vender para os primeiros investidores. A Linden Lab propunha um mundo construído por amadores e sustentado por um modelo de receita diferente, baseado não em assinaturas pagas, mas no comércio gerado dentro dele. Um dos designers do Second Life se lembra do ceticismo dos investidores:

— A criatividade era tida como uma arte sombria que apenas Spielberg e Lucas poderiam fazer.

Como parte da estratégia de venda do Second Life como um mundo em vez de um jogo, a Linden Lab contratou um escritor para trabalhar como um "jornalista infiltrado". Escolheram Wagner James Au, que registrou as carreiras digitais de alguns dos primeiros construtores mais importantes do Second Life: um avatar chamado Spider Mandala (que, off-line, gerenciava um posto de combustível no Meio-Oeste) e outro chamado Catherine Omega, que era uma "morena punk... com um cinto de utilidades" no Second Life, mas off-line morava em uma ocupação condenada em Vancouver. O prédio não tinha água encanada e era habitado principalmente por viciados, mas Omega usava uma lata de sopa como gambiarra para captar o sinal de wi-fi de prédios de escritórios próximos para poder entrar no Second Life em seu laptop.

Rosedale contou-me da empolgação desses primeiros tempos, quando o potencial do Second Life parecia desenfreado. Ninguém mais estava fazendo o que ele e sua equipe faziam.

— Costumávamos dizer que nossa única concorrente era a vida real.

Ele disse que houve um período em 2007 quando mais de quinhentas matérias eram escritas por dia sobre o trabalho deles. O próprio Rosedale adorava explorar o Second Life com um avatar chamado Philip Linden.

— Eu era como um deus — contou.

Ele visualizava um futuro no qual seus netos veriam o mundo real como um tipo de "museu ou teatro", enquanto a maior parte do trabalho e do relacionamento acontecia em áreas virtuais como o Second Life.

— Em certo sentido, acho que vamos ver o mundo físico todo como algo meio antigo — ele disse a Au em 2007.

Alice Krueger começou a notar os sintomas de sua doença quando tinha vinte anos de idade. Durante um trabalho de campo para a aula de biologia, abaixando-se para observar insetos comendo folhas, ela se sentiu abalada pelo calor. Um dia, enquanto estava em um mercado, sentiu como se sua perna esquerda inteira tivesse desaparecido, não apenas ficado anestesiada, mas desaparecido. Sempre que ia a um médico, ouvia que era coisa da cabeça dela.

— E *era* da minha cabeça — disse-me, 47 anos depois disso. — Mas de uma forma diferente do que ele dizia.

Alice finalmente foi diagnosticada com esclerose múltipla aos cinquenta anos de idade. Nessa época, já mal conseguia andar. Sua associação de vizinhos no Colorado a proibiu de construir uma rampa na frente de casa. Então, era difícil para ela ir a qualquer lugar. Seus três filhos tinham onze, treze e quinze anos. Ela não conseguiu ver a formatura de ensino médio do filho mais novo nem o *campus* da sua faculdade. Começou a sofrer dores intensas na lombar e enfim teve de fazer uma cirurgia para reparar vértebras que haviam se fundido. Então, acabou contraindo bactérias resistentes a vários medicamentos pelo tempo que passou no hospital.

Sua dor persistia, e ela foi diagnosticada com desalinhamento causado pela cirurgia em si, na qual a suspenderam "como um frango de padaria" sobre a mesa de operação. Aos 57 anos de idade, Alice viu-se presa em casa, desempregada, com uma frequente dor torturante, cuidada em grande parte pela filha.

— Eu olhava para minhas quatro paredes e me perguntava se poderia haver algo mais — disse.

Foi quando ela descobriu o Second Life. Criou um avatar chamado Gentle Heron e adorou buscar escorregadores de água, empolgada pela pura emoção de fazer o que seu corpo não podia. Enquanto continuava explorando, começou a convidar amigos que tinha feito on-line em chats para pessoas com deficiência a se juntar a ela. Mas isso também significava que se sentia responsável pelas experiências deles, e finalmente fundou uma "comunidade virtual de interdeficientes" no Second Life, agora conhecida como Virtual Ability [Habilidade Virtual], um grupo que ocupa um arquipélago de ilhas virtuais e recebe gente com diversos tipos de deficiência: de síndrome de Down a estresse pós-traumático e transtorno bipolar. Alice contou-me que o que une seus membros é a sensação de não serem incluídos totalmente no mundo.

Enquanto começava a Virtual Ability, Alice também embarcou em uma mudança da vida real: do Colorado, onde havia ultrapassado o limite dos benefícios para deficiências de longo prazo, para as montanhas Great Smoky no Tennessee. ("Não sabia que isso acontecia", disse eu. E ela respondeu: "Nem eu!"). Quando perguntei se ela se sentia como uma versão diferente de si mesma no Second Life, rejeitou incisivamente a ideia. Alice não gosta particularmente dos termos *real* e *virtual*. Para ela, implicam uma distinção hierárquica, sugerindo que uma parte da vida dela é mais "real" do que a outra, quando sua noção de ser se sente totalmente expressada em ambas. Ela não quer que o Second Life seja mal-compreendido como uma distração trivial. Após nossa primeira conversa, ela me mandou quinze artigos científicos revisados por especialistas sobre avatares digitais e corporificação.

Alice contou-me sobre um homem com síndrome de Down que se tornou um importante membro da comunidade Virtual Ability. Na vida real, sua deficiência é onipresente, mas no Second Life as pessoas podem conversar com ele sem nem percebê-la. No mundo off-line, ele mora com os pais, que ficaram surpresos em ver que ele era capaz de controlar o próprio avatar. Depois que jantam todas as noites, enquanto os pais lavam a louça, senta-se ansioso no computador, esperando para voltar ao Second Life, onde aluga um duplex em uma ilha chamada Cape Heron. Ele transformou todo o segundo andar em um imenso aquário. Então, pode caminhar entre os peixes e, no andar de baixo, há um jardim, onde mantém uma rena de estimação e a alimenta com cereal Cheerios. Alice diz que ele não faz uma distinção firme entre o Second Life e a "realidade", e outros na comunidade foram inspirados por seu enfoque, citando-o quando falam sobre derrubar a fronteira em suas próprias mentes.

Quando comecei a escrever este ensaio, imaginei-me caindo no feitiço do Second Life: uma observadora atenta seduzida pela cultura que foi encarregada de analisar. Mas estar "no mundo" me deixou constrangida desde o começo. Eu me vi defendendo o Second Life da maneira como foi desprezado como pouco mais do que um prêmio de consolação para gente cuja "primeira vida" não se mostrou muito recompensadora. Em vez disso, eu me vi escrevendo: "O Second Life me faz querer tomar um banho".

Meu respeito aprofundava-se intelectualmente a cada dia. Conversei com uma mulher quase cega cujo avatar tinha uma varanda no telhado de onde ela podia ver a vista (graças à ampliação de tela) mais claramente do que ela veria o mundo além de seu computador. Ouvi sobre um veterano de guerra com estresse pós-traumático que dava aulas de culinária italiana duas vezes por semana em uma tenda ao ar livre. Visitei uma versão on-line de Yosemite criada por uma mulher que entrou no Second Life após vários episódios severos de depressão e hospitalizações. Ela usava um avatar chamado Jadyn Firehawk e passava doze horas por dia no Second Life, dedicada sobretudo a refinar sua terra digital das maravilhas, cheia de cachoeiras, sequoias e cavalos batizados com nome de gente importante na vida de John Muir, grata que o Second Life não pede que ela adote uma identidade totalmente delimitada por sua doença, diferentemente de salas de chat na internet focadas em transtornos bipolares que só se baseiam na enfermidade.

— Vivo uma vida bem equilibrada no SL — contou ela. — Alimenta todos os meus outros eus.

Mas, apesar do meu crescente apreço, um certo desprazer visceral pelo Second Life persistia, por causa do vazio de seus gráficos, suas boates, mansões, piscinas e castelos, sua recusa pela aspereza e imperfeição que fazem o mundo parecer o mundo. Sempre que tentei descrever o Second Life, achei quase impossível, ou pelo menos impossível de torná-lo interessante, pois a descrição encontra seu impulso em falhas e fissuras. Explorar o mundo do Second Life era mais como se guiar por cartões-postais. Era um mundo de clichês visuais. Nada era irregular, quebrado ou dilapidado. Ou, se era dilapidado, era porque essa estética em particular fora cuidadosamente cultivada.

Claro, minha aversão ao Second Life, assim como a aceitação de manchas e falhas no mundo físico, afirmava meus próprios privilégios, mais do que tudo. Quando me movia pelo mundo real, eu era protegida por minha (relativa) juventude, minha (relativa) saúde e minha (relativa) liberdade. Quem era eu para condenar aqueles que encontraram nos confins do Second Life o que não conseguem encontrar off-line?

Um dia, quando Alice e eu nos encontramos como avatares dentro do mundo, ela me levou a uma praia de uma das ilhas da Virtual Ability e me convidou para praticar tai chi chuan. Tudo que eu precisava fazer era clicar em uma das *poseballs* levitando no meio de um círculo de grama que, automaticamente, animaria meu avatar. Mas não senti que estava fazendo tai chi chuan. Senti que estava sentada com meu laptop vendo meu avatar bidimensional fazer tai chi chuan.

Pensei em Gidge, em Atlanta, acordando cedo para se sentar ao lado de uma piscina virtual. Ela não sente o cheiro do cloro ou do protetor solar, não sente o sol em suas costas fazendo a pele descascar. Ainda assim, Gidge deve conseguir algo forte ao se sentar ao lado de uma piscina virtual, um prazer que vem não da experiência física em si, mas da expectativa, do registro e da lembrança. Quaisquer que sejam as categorias de "real" e "irreal" que se queira mapear em mundos on-line e off-line, o prazer que ela encontra ao ir para o Second Life é indiscutivelmente verdadeiro. Do contrário, não acordaria às cinco e meia da manhã para fazer isso.

No começo, eu era péssima ao navegar pelo Second Life. "Falha no download da parte corporal", sempre dizia minha interface. O Second Life dá a você a oportunidade de aperfeiçoar seu corpo, mas eu nem conseguia criar um corpo completo. Para meu avatar, escolhi uma mulher de aparência punk, com bermuda cortada, uma cabeça parcialmente raspada e um furão no ombro.

No meu primeiro dia no mundo, vaguei pela Orientation Island como uma bêbada tentando achar um banheiro. A ilha era cheia de colunas de mármore e vegetação podada, com uma leve trilha sonora de água borbulhando, mas parecia menos com um templo délfico e mais com um retiro corporativo inspirado em um templo délfico. Os gráficos pareciam incompletos e nada atraentes; o movimento cheio de defeitos e atrasos. Tentei conversar com alguém chamado Del Agnos, mas não obtive resposta. Senti-me surpreendentemente envergonhada pela sua recusa, transportada de volta à timidez paralisante de meus dias de escola.

Nesse primeiro dia no mundo, eu me teletransportei para uma ilha deserta onde deveria haver uma mansão abandonada e uma entrada secreta para um "circo bizarro no céu", mas só achei um posto de salva-vidas avariado, apoiado em palafitas sobre o mar, onde fui (novamente!) ignorada por um homem que parecia um taciturno cruzamento entre um lutador de luta-livre e um mordomo vitoriano, com uma coleira cravejada de prata no pescoço. Terminei caindo de uma plataforma de madeira e boiando nas ondas cinza marcadas pela chuva, sob uma tempestade programada permanente. Não era exatamente a frustração da experiência vivida em toda sua riqueza de expectativas frustradas, mas algo mais: a invocação imperfeita de sua simulação reduzida. Era como um cenário teatral com a armação bamba exposta.

Cada vez que saía do Second Life, eu me via estranhamente ansiosa para mergulhar de volta nas obrigações de minha vida comum. Pegar minha enteada na aula de teatro! Feito! Responder à minha chefe de departamento sobre contratar um substituto para um membro do corpo docente que sairia inesperadamente? Pode deixar! Essas obrigações pareciam reais de uma forma que o Second Life não seria e me permitiam habitar uma versão particular de mim mesma como alguém capaz e necessária. Era como voltar a respirar depois de lutar para encontrar fôlego debaixo d'água. Eu saía arfando, desesperada, pronta para confusões e contatos: *Sim! Este é o mundo real! Em toda sua glória logística atormentada!*

Em meu primeiro show do Second Life, cheguei empolgada por música de verdade em um mundo virtual. Muitos shows do SL são genuinamente "ao vivo", já que se trata de músicos de verdade tocando música de verdade em instrumentos ou cantando em microfones ligados a seus computadores. Mas eu estava tentando fazer muitas coisas ao mesmo tempo naquela tarde: responder a dezesseis e-mails de trabalho, tirar e botar as coisas na lava-louças, fazer um sanduíche de manteiga de amendoim com geleia para minha enteada antes do ensaio final dela para uma apresentação de *Peter Pan*. O show acontecia em um píer que dava para uma extensa baía de água azul-brilhante. Com meus dedos grudentos de geleia, cliquei em uma pose de dança e comecei um trenzinho de conga. Só que ninguém se juntou a meu trenzinho; fiquei presa entre uma planta no vaso e o palco, tentando dançar a conga sem chegar a lugar algum. Minha vergonha, mais do que qualquer sensação de estar me divertindo, foi o que me fez sentir envolvida e engajada. Perguntando-me o que os outros achavam de mim, senti-me bem ciente, enfim, de compartilhar um mundo com eles.

Quando entrevistei Philip Rosedale, ele prontamente admitiu que o Second Life sempre apresentou dificuldades intrínsecas para os usuários — que é difícil para as pessoas ficarem confortáveis se movendo, comunicando e construindo; que há um "um número incontornável de dificuldades associado ao mouse e ao teclado" que sua equipe "nunca poderia tornar mais fácil". Peter Gray, diretor de comunicações globais da Linden Lab, falou-me sobre o que ele chamava de "problema de espaço em branco" (ter tanta liberdade que você não consegue estar totalmente certo do que quer fazer) e admitiu que entrar no Second Life pode ser como "ser jogado no meio de um país estrangeiro".

Contudo, quando converso com usuários de longa data, a teimosia para a acessibilidade do Second Life parece ter se tornado uma parte crucial de suas narrativas de assimilação. Olharam em retrospecto para seu antigo embaraço com nostalgia. Gidge contou-me sobre a época em que alguém a convenceu de que precisava comprar uma vagina, e ela terminou usando-a do lado de fora da calça. (Ela chamou esse acontecimento de um clássico #SecondLifeProblem.) Uma musicista sueca chamada Malin Östh, uma das artistas do show onde comecei meu fracassado trenzinho de conga, contou-me sobre o primeiro show *dela* no Second Life, e sua história não era muito diferente da minha. Quando tentou ir para a frente da multidão, acabou acidentalmente voando para o palco. De antemão, ela achou que o evento todo pareceria falso, mas ficou surpresa com o quanto se sentiu envergonhada, e isso a fez perceber que de fato se sentiu como se estivesse entre outras pessoas. Entendo o que ela quis dizer. Parecia que você estava de volta à escola. Então, ao menos parece que você está em algum lugar.

Uma mulher colocou assim:

— O Second Life não se abre para você. Não te entrega tudo de bandeja e diz aonde ir em seguida. Te apresenta um mundo e te deixa se virar sozinho. O tutorial que se dane.

Mas, quando você compreende, pode comprar mil bandejas prateadas se quiser, desenhar o iate dos sonhos ou construir um Yosemite virtual. Rosedale acreditava que, se um usuário pudesse sobreviver a esse purgatório inicial, sua ligação com o mundo do Second Life estaria selada de vez.

— Se ficam mais de quatro horas, ficam para sempre — disse ele.

***

O romance *cyperbpunk* de 1992 de Neal Stephenson, *Snow Crash*, com seu "Metaverso" virtual, frequentemente é citado como o ancestral literário primário do Second Life. Mas Rosedale me garantiu que, quando leu o romance, ele já estava planejando o Second Life havia anos. ("Pode perguntar à minha esposa.") O herói de *Snow Crash*, batizado de Hiro Protagonist, mora com seu colega em um compartimento de armazenamento, mas no "Metaverso", ele é um príncipe armado de espada e um *hacker* lendário. É natural que ele passe tanto tempo lá:

— Dá um pau em comparação com o depósito *U-Stor-It*.

Em um estudo de satisfação de vida relatada entre usuários do Second Life, pesquisadores concluíram que, como os usuários relataram uma distância tão grande da satisfação entre suas vidas virtuais e reais, fazia sentido que "algumas pessoas sejam fortemente motivadas" a se refugiar na vida digital mais do que tentar mudar a vida real.

Mas, se você habita um Second Life mais feliz, fica mais difícil encontrar satisfação off-line. A vida de fato estaria constantemente competindo com um mundo onde todas as fantasias são possíveis?

A vida dupla de Hiro em *Snow Crash* chega a algumas fantasias centrais do Second Life: que você pode inverter todas as métricas do sucesso do mundo real ou torná-las obsoletas; pode criar um espaço radicalmente democrático porque ninguém tem ideia nenhuma da posição do outro no mundo real. Muitos residentes do Second Life compreendem isso como uma utopia, conectando gente de todo o mundo — além de níveis de renda, além de vocações díspares, geografias e deficiências —, um lugar onde o doente pode viver em corpos saudáveis e os imobilizados podem se mover livremente. Seraphina Brennan, uma mulher transgênero que cresceu em uma pequena comunidade mineradora de carvão na Pensilvânia e não pôde pagar pela transição médica até ter vinte e poucos anos, disse-me que o Second Life deu a ela "a oportunidade de aparecer como ela realmente se sente por dentro", pois foi o primeiro lugar onde pôde habitar um corpo feminino.

Em seu livro, *Os bastidores do Second Life: notícias de um novo mundo*, Wagner James Au conta a história de um avatar chamado Bel Muse. Uma clássica "loura californiana" que é interpretada por uma mulher afro-americana. Ela conduziu uma antiga equipe de construtores que trabalha na Nexus Prime, uma das primeiras cidades do Second Life, e contou a Au que foi a primeira vez que não encontrou os preconceitos com que estava acostumada. No mundo off-line, contou ela, "preciso passar uma boa impressão de primeira, tenho de me mostrar legal e articular de primeira. No Second Life, não precisei. Porque, pela primeira vez, eu era aceita". Mas essa história, o fato de que Bel Muse encontrou respeito mais prontamente quando se passou por branca no Second Life, confirma a persistência do racismo mais do que sugere a possibilidade de uma libertação disso. Apesar de muitos usuários verem o Second Life como a oferta de um campo igualitário, livre das restrições de classe e raça, sua preponderância de corpos brancos e magros, a maioria trajada com adereços de classes abastadas, simplesmente reforça os mesmos ideais tendenciosos que mantêm a desigualdade em primeiro lugar.

Sara Skinner, uma afro-americana que sempre deu a seus avatares feições similares às suas, contou-me a história de tentar construir um museu digital de história negra em uma cidade litorânea chamada Bay City. Outro avatar (que interpretava um policial) logo construiu muros e, por fim, de maneira irônica, um tribunal que bloqueava a vista do museu dela. O avatar de policial alega que foi um mal-entendido, mas um racismo desses se recusa a se confessar como tal. E certamente não é mal-entendido quando homens brancos no Second Life dizem a Sara que ela parece um primata depois que recusa suas investidas; quando alguém a chamou de "nariz de Tampax" por causa das narinas largas; ou quando alguém diz a ela que sua experiência com o preconceito é inválida porque ela é "mestiça". Ela planeja reconstruir seu museu em outro local.

Au contou-me que, apesar de inicialmente se empolgar com a premissa do Second Life, sobretudo com as possibilidades de seu conteúdo gerado por usuários, acabou decepcionado pelo fato de que a maioria das pessoas acabou principalmente interessada em ir para boates como gente de vinte e poucos com dinheiro infinito. Rosedale contou-me que pensou que o cenário do Second Life seria hiperfantástico, artístico e insano, cheio de espaçonaves e topografias bizarras, Burning Man com lasers virtuais, mas o que emergiu parece mais com Malibu. As pessoas estavam construindo mansões e Ferraris.

— Primeiro, construímos o que mais cobiçamos — disse, citando depois um primeiro estudo da Linden Lab que descobriu que a maioria dos usuários do Second Life vive em zonas rurais, mais do que urbanas.

Eles vêm ao Second Life em busca do que falta em suas vidas físicas: o potencial de concentração, densidade e conectividade de espaços urbanos — a noção de coisas *acontecendo* ao redor deles e a possibilidade de ser parte do que acontece.

O empreendedor sueco Jonas Tancred entrou no Second Life em 2007, depois que sua empresa de *headhunting* corporativo fechou durante a recessão. Jonas estava ficando grisalho, na meia-idade, pançudinho, mas seu avatar, Bara Jonson, era jovem e musculoso, de cabelo arrepiado e ar descolado. O que Jonas achou mais atraente no Second Life não era que o deixava interpretar um *alter ego* mais atraente. Era que o Second Life dava a ele a chance de tocar música, um sonho de vida toda que nunca havia realizado. (Ele acabaria se juntando a Malin Östh para formar a dupla Bara Jonson and Free.) Off-line, Jonas pode ficar em uma mesa de cozinha coberta com um plástico xadrez, tocando violão conectado ao computador. Mas, no Second Life, Bara arrasa à frente de uma plateia de supermodelos e motoqueiros de moicano.

Uma noite, antes de uma apresentação, uma mulher apareceu mais cedo e perguntou-lhe: "Você é bom?". Ele disse: "Sim, claro". E fez um de seus melhores shows, só para confirmar. Essa mulher era Nickel Borrelly; ela se tornaria sua esposa (no Second Life) e, alguns anos depois, a mãe de seu filho (na vida real). Off-line, Nickel era uma mulher mais jovem chamada Susie, que morava no Missouri. Após uma paquera surreal, cheia de passeios de balão, danças à luz da lua e passeios de bicicleta na Muralha da China, o casal teve um casamento no Second Life na Twin Hearts Island, às "12 pm slt". O convite eletrônico dizia que significava ao meio-dia no horário Linden Padrão. Durante seus votos, Bara disse que era o dia mais importante de sua vida. Ele não especificou de que vida falava, ou se a verdade de sua declaração englobava os dois. Depois que ele e Nickel se casaram, a carreira musical de Bara no Second Life começou a decolar. Enfim, foi convidado a ir a Nova York fazer um disco, uma das primeiras vezes que um músico do Second Life conseguiu um contrato de gravação na vida real. Foi nessa viagem que Jonas finalmente conheceu Susie off-line. Quando o relacionamento do casal apareceu em um documentário alguns anos depois, ela descreveu sua primeira impressão:

— Cara, ele parecia meio velho.

Mas Susie disse que conhecê-lo pessoalmente foi como "se apaixonar duas vezes". O filho de Susie e Jonas, Arvid, nasceu em 2009. Então Jonas voltou à Suécia, porque seu visto expirou. Enquanto Susie estava na sala de parto, ele estava em seu clube no Second Life, primeiro esperando a notícia e, depois, fumando um charuto virtual. Para Susie, a parte mais difícil foi depois do nascimento de Arvid, quando o hospital estava cheio de outros pais visitando os bebês. O que Susie e Jonas podiam fazer? Juntar seus avatares para fazer o café da manhã em um enclave romântico à beira-mar, segurando xícaras fumegantes de café que não podiam beber, vendo vídeos reais de seu bebê real em uma televisão virtual enquanto se recostavam em um sofá virtual.

Susie e Jonas não têm mais um relacionamento amoroso, mas Jonas ainda é parte da vida de Arvid. Ele fala frequentemente com eles por Skype e visita os Estados Unidos sempre que pode. Jonas acredita que parte do motivo pelo qual ele e Susie conseguiram manter um forte relacionamento como pais depois da separação é que puderam se conhecer muito bem on-line antes do que pessoalmente. Nesse esquema, o Second Life não foi uma ilusão, mas um canal que permitiu que se entendessem melhor do que uma paquera na vida real permitiria. Jonas descreve o Second Life como uma versão rarefeita da realidade, mais do que um substituto superficial disso. Como músico, sente que o Second Life não mudou seu trabalho, mas "o amplificou", permitindo uma ligação mais direta com seu público, e ele adora a forma como os fãs podem colocar suas próprias letras em suas músicas. Lembra-se de todos "cantando juntos" um cover que ele fez de "Mmm Mmm Mmm Mmm", dos Crash Test Dummies, quando tanta gente digitou a letra que seus *Mmms* acabaram tomando a tela inteira. Para Jonas, a realidade e a beleza de suas criações, as músicas, o bebê, transcenderam e superaram os vestígios de sua construção virtual.

Dos mais de 36 milhões de contas criadas no Second Life até 2013, apenas estimadamente 600 mil pessoas ainda usam de modo regular a plataforma. (Cerca de 200 mil experimentam a plataforma a cada mês, mas não voltam.) São muitos usuários que foram embora. O que aconteceu? Au vê a ascensão simultânea do Facebook e a estagnação dos usuários do Second Life como prova de que a Linden Lab interpretou mal os desejos do público.

— O Second Life foi lançado com a premissa de que todos iriam querer uma segunda vida, mas o mercado se mostrou diferente — contou Au.

Quando perguntei a Rosedale se mantinha as previsões que fez durante os primeiros anos de Second Life, que o *locus* de nossas vidas se tornaria virtual e que o mundo físico começaria a parecer um museu, ele não voltou atrás. Bem o contrário: disse que, em um certo ponto, começaríamos a ver o mundo real como um "adorável local arcaico" que não era mais crucial.

— O que faremos com nossos escritórios quando não os usarmos mais? — perguntou-se. — Vamos jogar raquetebol neles?

Pressionei-o sobre isso. Ele realmente achava que certas partes do mundo físico, os lares que compartilhamos com nossas famílias, por exemplo, ou as refeições que fazemos com nossos amigos, nossos corpos se inclinando sobre as mesas, algum dia deixariam de importar? Realmente acreditava que nossos seres corporais não eram fundamentais para nossa humanidade? Fiquei surpresa com a rapidez com que ele cedeu. A esfera da família nunca ficaria obsoleta, segundo disse, ou o lar físico, onde escolhemos passar o tempo com as pessoas que amamos.

— Isso tem uma existência mais durável — disse ele. — Acho que você concordaria.

Alicia Chenaux mora em uma ilha chamada Bluebonnet, um pitoresco enclave florestal, com seu marido Aldwyn (Al), com quem está casada há seis anos, e suas duas filhas: Abby, de oito anos, e Brianna, de três, apesar de já ter tido cinco e antes oito. Como família, vivem seus dias como um festival de memórias idílicas frequentemente capturadas em fotos digitais no blog de Alicia: buscando a abóbora perfeita para Halloween no campo, indo à

Grécia passar dias nadando em mares pixelados. É como uma pintura digital de Norman Rockwell, um ideal de vida doméstica da classe média alta: uma fantasia completamente desinteressante, exceto por Abby e Brianna serem avatares de crianças interpretadas por adultos.

Quando Alicia descobriu aos trinta e poucos que não poderia ter filhos biológicos, caiu em uma longa depressão. Mas o Second Life ofereceu a ela a chance de ser mãe. Sua filha virtual, Abby, passou por um sério trauma na vida real aos oito anos de idade (cujos detalhes Alicia sentiu que não precisava saber). Então, ela interpreta essa idade para se dar a chance de viver melhor. Brianna foi criada por babás na vida real. Seus pais não foram especialmente envolvidos em sua criação. E ela queria fazer parte de uma família na qual tivesse pais mais dedicados. Talvez seja por isso que sempre quer ficar mais nova.

Alicia e sua família são parte de uma comunidade maior de famílias simuladas no Second Life, facilitada por agências de adoção em que crianças e pais em potencial postam perfis e embarcam em "ensaios" nos quais vivem juntos para ver se conseguem se entrosar. Sara Skinner, a pretensa fundadora de um museu de história negra, contou-me sobre adotar um filho de quatro anos interpretado por um homem lotado nas Forças Armadas no exterior. Ele frequentemente logava com uma conexão improvisada, só para ficar com Sara por algumas horas, enquanto a conexão entrava e saía.

Às vezes, pais adotivos passam por uma gravidez virtual usando "clínicas de nascimento" ou acessórios chamados de *tummy talkers*, kits que dão uma data e modificações corporais, como a escolha de tornar o crescimento do feto visível ou não, assim como avisos em tempo real ("seu bebê está dando cambalhotas") e a simulação de um "parto realista", junto ao acessório de um recém-nascido. Os pais do Second Life que engravidam depois de adotar dentro do mundo em geral compreendem que o bebê que estão tendo é a criança que já adotaram. O processo pretende dar tanto ao pai quanto à criança a ligação de um nascimento vivo. "Tem realmente enjoo matinal", promete um produto. "Sente dores." Isso significa ser informado de que um corpo que não é seu corpo físico está ficando enjoado. "Você tem total controle da gravidez. Faça EXATAMENTE como quer", anuncia o produto, o que parece não levar em conta algo primordial na experiência: que sujeita você a um processo em grande parte além de seu controle.

Na vida real, Alicia vive com seu namorado; e, quando pergunto se sabe sobre a família dela no Second Life, ela responde o seguinte:

— Claro.

Manter isso em segredo seria difícil, pois Alicia fica com eles no Second Life quase toda noite da semana, exceto às quartas. (As quartas são o que chama de "noites de vida real", e ela passa assistindo a *realities* na TV com sua melhor amiga.) Quando pergunto a Alicia se ela tem experiências diferentes com seus dois relacionamentos amorosos, ela diz:

— Completamente.

O namorado dela é incrível, mas trabalha o tempo todo. Al escuta-a tagarelar sem parar sobre seu dia. Ela e Al conheceram-se on-line dois anos antes de se casarem (Alicia fala que sua "paciência e persistência" foram uma parte significativa da atração que sentiu). E ela confessa que foi uma "maníaca controladora total" em seu casamento do Second Life. Na vida real, o homem que interpreta Al é um pouco mais velho do que Alicia (51 anos, enquanto ela tem 39), com uma esposa e filhos, e ela gosta que ele tem "toda uma outra vida de experiências" e pode oferecer-lhe uma perspectiva "mais conservadora, mais estável".

Depois do casamento do Second Life deles, todos começaram a perguntar se Alicia e Al planejavam ter filhos. (Algumas coisas permanecem iguais nos mundos virtuais e reais.) Adotaram Abby em 2013 e Brianna um ano depois, e hoje em dia a dinâmica em família entra e sai da interpretação dos papéis. Quando Brianna entrou na família, ela disse que queria mais do que "apenas uma história", e às vezes as meninas interrompem a interpretação para dizer algo sobre suas vidas de adulto off-line: problemas com homens ou estresse no trabalho. Mas é importante para Alicia e as meninas que ambas as filhas sejam "crianças dedicadas", ou seja, que não tenham outros avatares adultos. Enquanto o casal compartilha fotos de vida real um com o outro, segundo Alicia, "as meninas geralmente não trocam fotos delas, pois preferem se manter mais como crianças em nossas mentes".

De Natal, há poucos anos, Al deu a Alicia um *pose stand* [modelo de poses] que possibilita que ela customize e guarde poses para sua família: ela e Al abraçados em um banco; ou ele a carregando nos ombros. Muitos dos posts do blog de Alicia mostram uma foto de sua família bem feliz, acompanhada com frequência por um bilhete embaixo: "Por sinal, se quiser comprar a pose que usei para esta foto nossa, coloquei no Marketplace", diz um deles.

Em outro post, abaixo de uma fotografia dela e Al sentados em um banco, cercados por árvores cobertas de neve, aninhados em seus trajes aconchegantes de inverno, Alicia admite que tirou a foto depois que Al foi dormir. Ela puxou o avatar de Al de volta e o colocou com a pose na foto bem como ela queria. Para mim, as poses revelam tanto o apelo quanto os limites da interpretação de família no Second Life. Pode ser infinitamente esculpido em algo idílico, mas nunca pode ser esculpido em algo que você não fez. Apesar de a dinâmica da família de Alicia parecer fluida, um desfile de momentos fotogênicos, uma parte importante do prazer, como Alicia descreveu para mim, parece envolver momentos de dificuldade, quando ela tem de conter a meninas que implicam com roupas ou fazem birra por voltarem para casa das férias, por exemplo. Em um post do blog, Alicia confessa que seu momento favorito toda noite são os "poucos minutos" que tem sozinha com Al, mas, mesmo evocando essa economia de escassez — apelando para a sugestão de obrigação e sacrifício —, parece com outra pose tirada da maternidade do mundo real.

No ano anterior, Alicia e Al adotaram mais duas crianças, mas acharam problemático que os novos filhos queriam "muito, rápido demais". Queriam chamar Alicia e Al de "mãe e pai" logo e começaram a dizer "te amo muito" desde o começo. Tinham desejo por pais intensos, rígidos, em vez de entrar e sair da interpretação, e constantemente faziam coisas que exigiam atenção: perder os sapatos, saltar do telhado, subir em árvores de onde não conseguiam descer. Basicamente, comportavam-se mais como crianças de fato do que adultos fingindo ser crianças. A adoção durou apenas cinco meses.

Há algo teimosamente belo na família do Second Life de Alicia: todas essas quatro pessoas querendo morar dentro do mesmo sonho. E há algo irrefutavelmente significativo nas formas com que Alicia e os filhos forjaram sua própria versão das intimidades que lhes foram negadas pelas circunstâncias. Mas seus momentos de atrito encenado (as discussões, as crises) também iluminam a claustrofobia da perfeição da família deles. Em sua habilidade de cortejar os ideais de vida doméstica fácil demais, as famílias do Second Life acabam dando um curto-circuito em muitas das dificuldades que constituem a vida de casa. A família virtual nunca vai realmente ir além de sua imaginação mais louca porque se constitui apenas do que você pode imaginar.

Uma noite durante os primeiros dias de minha exploração do Second Life, eu estava com meu marido do lado de fora de uma churrascaria (off-line) em Lower Manhattan e perguntei para ele:

— Afinal, por que o Second Life não é tão verdadeiro quanto a "vida real"?

No início, ele não disse nada. Apenas se esticou e deu um beliscão no meu braço. (Bem forte, na verdade.) Então falou:

— É por isso que não é tão real.

Seu ponto não era apenas sobre fisicalidade, as formas como nossas experiências estão presas a nossos corpos, mas sobre surpresa e interrupção. Muito da experiência vivida é composta do que há além de nossas interferência e previsão, além de nosso alcance, além de nossos roteiros. Tanto se baseia em surpresa quanto em equívocos e obstáculos imprevistos e texturas da imperfeição: o atrito e a aspereza de uma calçada com suas bitucas de cigarro e o leve fedor de verão do lixo e do carburador de táxis, a possibilidade de um rato correr de uma pilha de sacos de lixo, a alegria e a risada de vozes de estranhos próximos. O Second Life promete outra realidade, mas não pode entregar totalmente as fendas e fissuras que dão à realidade a sua natureza. No Second Life, com frequência os cenários parecem pinturas de Thomas Kinkade, o sexo existe na imaginação, o cuidado com os filhos acontece quando você decide acessar. Um estudo de 2011 descobriu que as pessoas atribuíam mais traços de personalidades idealizadas a seus parceiros do Second Life do que a seus parceiros off-line, colocando-os em um nível mais alto de extroversão, afabilidade e sinceridade. Intimidade entre dois avatares não é "irreal", mas sua realidade se mostra diferente do que acontece quando duas pessoas se encontram enredadas em um relacionamento no mundo físico, quando alguém tem de ficar por trás das palavras que falou ou dos segredos que revelou, quando tem de habitar a constância diária de seu lar.

Nos cenários perfeitos do Second Life, eu ficava me lembrando o que um amigo uma vez me contou sobre sua experiência na prisão. Ter sua liberdade tirada significou não apenas perder acesso aos vários prazeres possíveis do mundo, mas também perder acesso aos seus próprios erros. Talvez o preço de um mundo perfeito, ou de um mundo onde você possa ostensivamente controlar tudo, seja que muito do que tomamos como "experiência" vem do que nós mesmos não podemos forjar, e o que acabamos não conseguindo abandonar. Alice e Bridgette já sabem disso, é claro. Elas vivem isso todo dia. No Second Life, como em qualquer lugar on-line, *afk* significa "*away from keyboard*" [longe do teclado] e, durante sua pesquisa etnográfica, Tom Boellstorff às vezes ouviu residentes dizendo que "queriam poder ficar *afk* no mundo real para escapar de situações desconfortáveis, mas sabiam que não era possível; ninguém nunca diz *afk* na vida real". Esse sentimento inspirou o que Boellstorff chama de "teste *afk*":

— Se você puder ficar *afk* de algo, esse algo é um mundo virtual.

Talvez o inverso de um teste *afk* seja uma definição decente do que constitui a realidade: algo de que você não pode ficar *afk*, não para sempre, ao menos. Philip Rosedale previu que o mundo físico se tornaria um tipo de museu, mas como poderia? É integrado demais à nossa humanidade para se tornar obsoleto, necessário demais a esses corpos imperfeitos, ávidos, que usamos para vagar por ele.

Encontrei algo admirável no Second Life? Com certeza. Quando me sentei em uma cadeira de palha em uma varanda no terraço, conversando com uma mulher quase cega que havia construído uma casa dando para as ondas batendo em Cape Serenity, achei comovente que ela pudesse ver o mundo do Second Life melhor do que o nosso. Quando andei a cavalo por um Yosemite virtual, soube que a mulher que me conduzia pelos pinheiros passara anos com deficiência, isolada do mundo, antes de poder encontrar um local onde não se sentisse mais marginalizada. É isso que acaba sendo libertador no Second Life — não seu repúdio ao mundo físico, mas sua ligação com esse outro mundo, a troca poderosa. O Second Life conhece as formas com que frequentemente nos sentimos mais plurais e menos coerentes do que o mundo permite que sejamos.

Algumas pessoas chamam o Second Life de escapismo e, com frequência, seus residentes contradizem isso. Mas, para mim, a questão não é se o Second Life é escape. O mais importante é que o impulso de escapar de nossas vidas se mostra universal; e não deveria ser criticado. Habitar qualquer vida requer lidar com a vontade de abandoná-la, por meio da fantasia, contando histórias; através do êxtase da arte e da música, das drogas, do adultério, da tela de um celular. Essas formas de "partir" não são opostas à presença autêntica. São simplesmente um dos sintomas: a forma como o amor contém conflito; a intimidade, distância; e a fé, dúvida.

II
BUSCANDO

Lá em Jaffna

Era começo da noite quando cheguei a Colombo. Tínhamos partido de Nova York havia um dia, e tudo parecia meio que um sonho. Em meu primeiro voo para Dubai, homens idosos espiavam pelas janelinhas para verificar as primeiras linhas do amanhecer; depois se abaixaram na cabine rezando. O deserto era um bolo de damasco coberto de creme. Uma adolescente usava uma camiseta rosa-choque que dizia "Nunca volte atrás". O *Gulf Times* estava repleto da justiça do Oriente Médio — "Mulher açoitada por insultar a polícia da moralidade"; "Pedido de prisão de blogueiros ateus" — e remessas arrepiantes de meu próprio país: "Gás lacrimogênio e cassetetes não conseguem manter a paz no Missouri".

Fui ao Sri Lanka contratada por uma revista de viagens. A premissa da matéria era de que a revista pagava para viajar para algum lugar por uma semana, mas só falava 24 horas antes aonde você estava indo. Era o tipo de trabalho que deixava as outras pessoas com inveja, mas também havia algo meio vergonhoso nisso, como se destilasse certa arrogância colonial em um jargão jornalístico espalhafatoso: *Apenas vou me mostrar ignorante e narrar esse lugar!* Mas recusei minha viagem de graça para o outro lado do mundo? Não recusei.

Na manhã seguinte, eu planejava seguir ao norte para a península de Jaffna, indo pela rodovia A9, pelo vasto cerrado conhecido como Vanni. Era o território controlado por vários anos pelos Tigres de Libertação da Pátria

Tâmil, mais conhecidos como Tigres Tâmeis, até serem enfim derrotados pelas forças do governo do Sri Lanka em 2009, perto da costa da lagoa Nanthikadal. Milhares de civis morreram durante esse cerco. Um repórter das Nações Unidas deu o número de 40 mil.

É impossível compreender o que significa ir ao norte do Sri Lanka sem um mapa básico das falhas geológicas que catalisaram a guerra civil: uma maioria budista cingalesa no Sul; uma minoria tâmil concentrada no Norte, com os Tigres lutando por um Estado separado, e certa noção daquele persistente desdobramento da guerra: a infraestrutura danificada e persistentes tensões étnicas em um território ainda sobrecarregado pela presença militar.

Em frenética preparação, eu me aprofundava na leitura sobre o conflito. Toda vez que pensava que havia encontrado seu início, achava outro começo que veio antes. Talvez a guerra tivesse começado com o Julho Negro, em 1983, quando protestos étnicos antitâmeis mataram até 3 mil em Colombo; ou começou quando os Tigres mataram treze soldados do Sri Lanka na emboscada que gerou esses protestos; ou começou nos anos 1950, quando o cingalês foi proclamado como a língua oficial do país. Todo começo era precedido de um começo anterior, e a guerra civil em si tinha um fim que para muitos parecia não ser um fim. Duas coisas ficaram cada vez mais claras: houve uma tremenda brutalidade que o governo não estava totalmente disposto a assumir, e a população dividida do país não concordava com a narrativa da ruptura.

Na primeira noite em Colombo, fui jantar com um jornalista cingalês. Ele me buscou no Galle Face, onde estava hospedada: um hotel das antigas na água, cheio de pastilhinhas e varandas, dando para o incansável mar cinza-ardósia ao horizonte. Era um quarto que a revista havia reservado para minha primeira noite, e me senti receosa de ficar lá, com seu ar de poder inglês arruinado. Eu disse ao jornalista que iria ao Norte e perguntei a ele o que achava de como o governo estava reconstruindo o país depois da guerra. Ele respondeu que a forma mais simples de colocar isso era: não fizeram nada certo. As tentativas do governo de investigar desaparecimentos de civis na época de guerra foram basicamente simbólicas. Os tâmeis ainda carregavam o fardo da luta: vigilância militar, uma população de viúvas da guerra. Mas ele também me disse, mais de uma vez, que era perigoso pensar nesses cidadãos do Norte exclusiva ou principalmente como vítimas. Também eram sobreviventes, reconstruindo de modo ativo suas vidas e comunidades.

Disse que os cingaleses do Norte estavam cada vez mais viajando para lá para visitar partes do país que nunca viram, e que o Exército começou a criar seus próprios resorts, com uma prisão e uma chácara no litoral da mesma lagoa Nanthikadal onde tantos civis morreram. Mais tarde naquela noite, encontrei a página de Facebook do resort: "Aproveite um feriado tranquilo na brisa fresca da lagoa Nanthikadal".

O jornalista disse que o incomodava a forma como viajantes falavam sobre o Norte, especialmente sobre as praias — *puras, imaculadas, intocadas*. Estas praias não são imaculadas, disse ele. Há esqueletos na areia.

Perguntei se ele mesmo havia estado lá recentemente, e apenas balançou a cabeça. Não recentemente. Não teve de ir. Já conhecia. Não iria apenas para *olhar*, disse. Seria desconfortável. Só iria se achasse que poderia ser útil.

Cerca de um ano antes, aterrissei no Sri Lanka para um trabalho, economizara o suficiente como professora-adjunta para viajar ao Camboja com meu próprio dinheiro, para visitar uma boa amiga que morava lá. Uma das primeiras coisas que fiz em Phnom Penh foi visitar Tuol Sleng, a antiga prisão Khmer Rouge: três prédios de concreto cujas repartições ainda mostravam marcas de ferrugem de camas, algemas antigas, caixas para choques elétricos. Foi uma escola antes de ser uma prisão, ou antes de ser o nome que se quiser dar para um lugar aonde 14 mil pessoas vão e sete sobrevivem. Havia manchas no chão, mas não havia placas dizendo os nomes das pessoas cujos corpos sangraram lá. O arame farpado reluzia das varandas dos andares superiores. Muitos condutores de autorriquixá não gostavam de ir lá à noite porque achavam que o lugar era assombrado por fantasmas.

Em meu guia dizia: "Nenhuma visita a Phnom Penh seria completa sem uma visita a Tuol Sleng". Eu me perguntava o que queriam dizer com *completa*. Parecia sugerir que você precisava pagar uma dívida com a história, com as feridas da terra, antes que pudesse receber o direito de beber rum de baldes de madeira nas praias cravejadas de guarda-sóis de Sihanoukville ou fazer fotos de Angkor Wat com filtro sépia no Instagram.

Quando visitei, todos estavam tirando fotos das palmeiras e do arame farpado. Todo mundo suava. Fazia um forte calor, e o quiosque de refrigerante faturava. Eu tinha sede, mas me recusei a carregar uma Coca diet por aqueles corredores da morte. Se eu comprasse refrigerante ou não, não haveria como escapar da afronta inevitável. Iríamos todos olhar essas coisas, depois parar de olhar, então continuaríamos vivendo como sempre. O turismo de genocídio transforma a história pública em uma mercadoria particular. O passado é parcelado em tíquetes e fotos, no suvenir da experiência em si, para que possa ser levado para casa.

O Khmer Rouge registrava suas próprias práticas obsessivamente, o que tornava mais fácil expor suas atrocidades. Conseguiram fazer-se em efígie: todas essas fotos; essas fotos em que prisioneiros foram afundados com a cabeça n'água, as forcas em que foram mortos. Disse a mim mesma que era melhor ter visto esse lugar do que passear por aquela terra sem conhecimento de suas feridas; era melhor ver as placas de madeira cravejadas de algemas e os canos d'água ao lado do que lembrar de Christiane Amanpour debatendo com um dos discursistas de George W. Bush sobre se afogamento contava como tortura. Disse a mim mesma que era melhor ver as fileiras de fotografias pregadas no mural no piso térreo do Prédio A: rostos de pessoas chegando, e depois mais magras, abatidas, com olhos fundos, pouco antes de morrer ou partir, o que geralmente significava seguir para os campos de morte. Só significava morrer em outro lugar. Depois que não havia mais espaço para as covas ao redor de Tuol Sleng, os prisioneiros foram carregados em ônibus no meio da noite e levados para um lugar chamado Choeung Ek, nos arredores da cidade: os campos da morte.

Essencialmente, Choeung Ek era um campo, um gerador, um arsenal de ferramentas cheio de formas para matar alguém. Quando visitei, era um campo cheio de ossos. Não era uma verdade lírica, mas um fato literal. Vi meus próprios sapatos travando e tropeçando neles. Os mortos ainda não tinham ido embora. Houve um tipo reconhecível de referência evocada pela experiência de me aproximar da estupa, um monumento de enterro Khmer — uma torre de vidro cheia de crânios, fêmures e costelas —, quando tirei os sapatos e abaixei a cabeça, meu corpo de um lado do vidro, os ossos do outro. Era um ritual cujas regras eu sabia que tinha de seguir. Mas caminhar entre esses ossos era outra coisa — pisar entre fragmentos de mortos, entre trapos de roupas e borracha de sapatos. Pareceu-me desrespeitoso caminhar sobre os mortos, mas também me pareceu honesto. Estamos sempre fazendo isso mesmo.

Não foi particularmente fácil chegar em Jaffna, a maior cidade do Norte e o centro cultural da minoria tâmil. Apesar de as linhas de trem bombardeadas pelos Tigres Tâmeis terem sido em grande parte reconstruídas, a parte final de Jaffna ainda não estava aberta. Eu poderia ter pegado um avião para Colombo gastando muito dinheiro ou um ônibus à noite por bem menos, mas não queria viajar de avião ou de noite. Porque eu não queria apenas ver Jaffna; queria ver Vanni em si, a mudança do Sul para o Norte, a paisagem da guerra e o que fora construído em seu lugar.

Arrumei um motorista que poderia me levar saindo da capital, uma jornada de oito horas de carro. Ele pareceu confuso sobre por que eu estava indo ao Norte, apesar de prontamente me dizer que eu estaria segura lá.

— Perigo antes — disse ele. — Cem por cento ok agora.

Repetiu algumas vezes durante o dia. *Cem por cento ok, cem por cento ok.* Ele era de uma cidade na Costa Sul, Ambalangoda, onde estava com sua mãe quando chegou o tsunami de 2004. Ele sobreviveu segurando-se em um coqueiro. A mãe morreu.

O começo da viagem levou-nos por cidades comerciais movimentadas, Kurunegala e Dambulla, e vilas menores de uma atividade só: uma cheia de abacaxis, outra de cajus, uma outra de calotas. Passamos por autorriquixás com seus adesivos de Che Guevara — ELE AMA A REBELDIA — costurando pelo trânsito pesado de todo esse capitalismo: True Lover Shop, Hotel Cool Bar, Hotel Tit 4 Tat. Mais ao norte na A9, passamos pela capital do distrito de Vavuniya, as lojas ficaram mais escassas e desmanteladas, havia barracas improvisadas tomadas de sacos de batatinhas e a terra se abriu: mais parecidas com planícies, menos com selva. Passamos por prédios desgastados, um atrás do outro, telhados explodidos e paredes despedaçadas. Muitos foram lares de pessoas. Agora estavam expostos a céu aberto. Meu motorista explicou que os Tigres se escondiam dentro deles. Foi por isso que foram bombardeados. *Cem por cento ok.* Buscamos narrativas que tornam as coisas assim. A violência torna-se uma necessidade ou é transformada em um refúgio, um feriado tranquilo.

Em Kilinochchi, a velha capital Tigre, paramos em uma caixa d'água tombada: ruínas grandes como uma casa; concreto rachado e despedaçado; barras de reforço protuberantes; uma minúscula placa de "perigo" pendurada ao lado como uma piada de mau gosto. Passamos por campos marcados por placas desbotadas com caveiras e ossos cruzados, onde pequenos morros de concreto cobriam minas não explodidas. Chegamos à desolada expansão de Elephant Pass, uma fina fatia de terra que conecta a península de Jaffna ao resto da ilha, e paramos em um tanque improvisado, uma escavadeira armada, santificada em homenagem a Gamini Kularatne, que morreu impedindo uma missão suicida Tigre. Observamos um ônibus cheio de visitantes, supostamente do Sul, comprando orquídeas diante da estátua dele, guardada por soldados tão imóveis quanto o bronze em si. Ao lado, mostruários exibiam o velho uniforme de Gamini, sua louça, seus lençóis.

Em um memorial de guerra alguns quilômetros à frente, não havia mais ninguém além de mim, meu motorista e um soldado, que explicou o que a escultura significava: sua cobertura explodia como uma flor de lótus desabrochando dela, as duas mãos abaixo tremendo em paz. O significado foi oferecido em fragmentos de uma tradução torta. E pareciam desprovidos de significado. O que se pode dizer sobre o fim da guerra? Houve crimes? Quantos? De que tipo? Por quem? Certamente não foi um aperto de mãos pacífico. Não foi nada assim.

Em Jaffna, havia soldados por toda parte. Havia soldados ao lado da biblioteca branca reluzente, com seus domos esculpidos, e soldados ao lado das lojas de ferramentas, e soldados nos campos de críquete. Havia soldados em cada cruzamento. O jornalista disse-me que Jaffna recentemente recebera seu primeiro semáforo, mas eu não o vi. Só vi soldados conduzindo o trânsito.

Fiquei em um quarto branco com cama de solteiro descendo a rua do Templo Nallur, onde fiéis descalços caminhavam em trilhas circulares em volta do local. Havia soldados lá também, apesar de também ficarem descalços na areia. Não estou certa se vi algum turista em algum canto. Meninas vindo da escola desaceleravam suas bicicletas para me dizer oi. Cada vez que eu deixava o hotel, encontrava o mesmo garoto em uma cadeira de rodas, que queria me cumprimentar com as mãos. Toda vez que eu o cumprimentava, sorria largo o suficiente para sentir minha própria pele se esforçando e se esticando. Eu devia a ele mais do que um sorriso. Devia algo que não sabia nomear. Fiquei pensando no que o jornalista disse:

— Eu iria para lá apenas se sentisse que poderia ser útil.

Ficava pensando no poema de Elizabeth Bishop, "Questões de viagem":

Será direito ver estranhos encenando uma peça/neste teatro tão estranho?[*]

Eu ficava pensando em minha tatuagem. Eu a fiz com intenções sinceras no ano anterior, como uma expressão de afinidade e curiosidade, mas agora meu próprio braço me reprovava. Talvez fosse melhor aceitar que nem tudo o que se mostra humano é algo que eu possa conhecer.

Pessoas como eu — quer dizer, gente que tem o privilégio de viajar e de pensar em viajar como parte de sua identidade — com frequência gostam de ir aonde outras como elas ainda não foram, costumeiramente pensando nessa viagem como mais "autêntica" e menos "turística". Mas em Jaffna estar longe dos turistas não me fez sentir *menos* turista. Bem o oposto. Eu era olhada, investigada, questionada, e devidamente, porque o que eu estava fazendo lá afinal? Eu sentia minha própria falta de utilidade. Em meu quarto, havia uma lata de Pringles no frigobar e três mangas em um cesto sobre a mesa. Nathan, o gerente da recepção, estava ansioso por administrar minha experiência. Ficava ligando para o telefone do meu quarto: *A senhora já jantou? Já almoçou? Aonde vai hoje?* Nathan mostrou-me as fotos das

---

[*] BISHOP, Elizabeth. *Questões de viagem*. Trad.: Paulo Henriques Britto. São Paulo: Companhia das Letras, 2020. (N. T.)

filhas. Disse que sua família hindu não falava mais com ele porque havia se convertido ao cristianismo por causa de sua esposa.

Caminhando pelos prédios a leste do velho forte, vi onde os danos da guerra eram maiores: muros despedaçados, câmaras vazias repletas de arbustos e cipós dependurados. Paredes rosas com tinta descascando abrigavam escadas que levavam direto ao céu. Um garotinho perseguia um pequeno gato pelos escombros. As estradas margeando a água eram um emaranhado de barracas de pescadores com redes azuis penduradas em suas cercas. Um homem abaixado em uma estrada empoeirada remendava uma rede com cordas. Cabritinhos mamavam do lado de fora de um minúsculo hospital de portas pintadas de rosa-escuro. Tentei caminhar com propósito, mas claramente eu não tinha um. Terminei no fim de um beco sem saída, onde uma casa cor de arco-íris pulsava com o ruído de alguma caixa de som lá dentro. Eu me virei, tentando parecer determinada, mas ainda fracassando. Uma salva de fogos assustou-me: não pelo que eram, mas pelo que não eram. Homens diziam *oi, olá, como está*, perguntavam de onde eu era, se estava perdida, o que eu queria, o que meu braço dizia, apontando para minha tatuagem.

Contornei os cantos de arame farpado de uma instalação do Exército, longos alojamentos com janelas abertas mostrando camas vazias e fileiras de uniformes bem-passados. Um homem segurando uma metralhadora observou-me tirando cocô de passarinho do meu sapato com uma folha verde encerada. Seu sorriso perguntava o que ele não dizia: *De onde eu era, se estava perdida, o que eu queria?* No pátio atrás dele, outro soldado jogava pedras grandes em uma cachorrinha. Ela se mantinha firme. Ele continuava jogando. O outro soldado continuava segurando sua arma. Pássaros continuavam fazendo cocô em cima de mim e por todo lado. Abaixei-me novamente para continuar limpando. Após mais alguns minutos, a cadela esquivou-se por baixo do arame farpado.

Comecei a me sentir cada vez mais frustrada com a natureza de minha própria matéria. Há uma noção de que espontaneidade possibilita autenticidade, liberando-nos da tensão e da confusão de muito contexto, muita pesquisa, muita intenção. Mas esse tipo de espontaneidade não parece permitir nada além de ignorância. Olhando para aquele lugar sem o conhecer, sua história não teria nenhuma perspectiva. Ver a biblioteca de Jaffna, seus magnificentes pináculos brancos, sua guarda de segurança tão orgulhosa de me mostrar o segundo andar, teria sido em vão sem saber que fora reconstruída das ruínas de sua antecessora, queimada em 1981 por um ataque antitâmil. Foi uma das maiores bibliotecas da Ásia. No incêndio, destruíram-se manuscritos que não existiam em mais nenhum outro lugar, que o mundo nunca mais vai ver. O fantasma dessa destruição assombrava os pináculos brancos que vi. Que tipo de autenticidade resulta de observar uma biblioteca e não saber nada sobre os destroços de onde ela emergiu? Isso não é nada além de déficit. Pelo menos eu sabia o suficiente para saber o quanto eu sabia pouco.

Comecei a ler sobre a guerra em meu voo para Dubai e continuei lendo quando chegamos a Colombo. Enquanto adormecia em camas de hotel, enquanto tomava meu café da manhã de *hoppers* de ovo, com gemas trêmulas moldadas em finas panquecas de arroz fermentado; enquanto eu descrevia essa "especialidade local" em minhas anotações antes de voltar a descrições de amputações do hospital de campo durante a guerra. Eu estava bloqueando o local quando lia meu livro em vez de caminhar pela cidade? Ou bloqueava quando andava pela cidade sem ter lido o livro? A primeira opção era como eu havia sido educada em relação à verdade, mas a segunda começava a parecer mais com a verdade.

No ônibus da noite de volta a Colombo, sentei-me totalmente imóvel enquanto uma idosa a meu lado arrumava o sári laranja em volta do corpo. O ônibus deveria sair às 19h30. Deixamos Jaffna por volta de 22h. Paramos para pegar gente; paramos para deixar gente; paramos para alguém comprar uma televisão; paramos para que nosso motorista pudesse caminhar até um templo hindu à beira da estrada, juntar as mãos e fazer uma reverência. Voltou segurando dois punhados de pétalas de flores. Perguntei-me se ele estava rezando por nossa viagem, e esperava que sim, porque toda hora dava freadas para evitar atropelar alguma coisa — um trator empilhado até o alto de maquinário enferrujado, uma van rangendo ao lado, lenta e determinada como uma tartaruga. Quando enfim saímos da cidade, passamos pelo último soldado parado com a metralhadora contornada contra as nuvens e, depois, por um cemitério cheio de lápides que refletiam em sua ampla face a luz da lua.

Por volta das três da manhã, paramos por trinta minutos no meio da estrada enquanto nosso motorista passava a lanterna ao lado do ônibus. Sabe-se lá o que estava sendo arrumado — ou não. Continuamos seguindo na escuridão até enfim amanhecer. Deixamos o Norte para trás: o herói e suas orquídeas, a lagoa e seus esqueletos. No fim, que bem fez eu ter visto algo daquilo? Ainda era uma forasteira para os males.

Verdade seja dita: o Sri Lanka é um paraíso. Também verdade: todo paraíso é possível pela cegueira.

Ir de Nova York para Dubai e para Colombo levou vinte horas, e ir do Norte do Sri Lanka a seu ponto mais ao Sul levou dezessete: um ônibus durante a noite; depois, um trem costeiro passando pelo Forte de Galle — ao lado dos morros verdejantes do interior, não apenas verde, mas *verdes*, limão, água e oliva, escurecendo em um marrom —; e, então, uma viagem de autorriquixá à cidade de Mirissa, onde o mar azul-claro aparecia entre barracas de madeira com pilhas reluzentes de peixe prateado.

Mirissa foi onde fiz as coisas que minha revista queria na matéria, experiências exóticas para enfileirar como historietas em um bracelete da sorte: nadar em uma piscina azul-petróleo em um terraço de pedra, sentir o aroma de assados chiando em uma grelha à sombra, observar macacos perseguindo uns aos outros à margem de lagos cheios de vitórias-régias em flor. Mirissa foi onde observei baleias na chuva, ou *busquei* baleias na chuva, enquanto nosso barco alcançava ondas grandes como casas, e seus borrifos deixavam-me encharcada e salgada, piscando os olhos contra a ardência, sentada na proa ao lado de uma mulher que agarrava a amurada com uma das mãos e um saco plástico para vomitar com a outra. Mirissa foi onde encontrei o Sri Lanka que você vê em guias, com praias de areias brancas e palmeiras balançando na chuva, soda limonada à luz de velas e sorvete de baunilha salpicado com o melado das árvores, maracujás abertos mostrando sua carne em rosa-vivo. Mirissa foi onde comi um *dal* tão bom que queria viajar de volta no tempo e dizer a versões anteriores de mim mesma que achavam que eu havia comido *dal* que eu nunca havia comido *dal* de fato. Não mesmo.

A guerra não podia ser vista em nenhum canto. Mas estava por todo lado. Os mortos estavam por todo lado. O que mais posso contar sobre o Sul? No trem, sentei-me ao lado de um rapaz que estava indo para casa de Matara. Ele parecia ter uns quinze, talvez dezesseis anos. Queria saber sobre a frase em meu braço. O que dizia? *Nada humano é alheio a mim*. Eu teria dito a ele, só que não pude, porque algumas coisas são alheias a mim, como a língua cingalesa. Ofereceu seu amendoim apimentado e queria saber se eu tinha um número de celular local, o que achei engraçado, pois me sentia velha o suficiente para ser mãe dele. Queria trocar de lugar comigo, porque talvez eu quisesse ficar na janela. Ele percebia que eu estava faminta por beleza, que esse era meu papel naquele cenário: consumir, admirar seu verde plural. Seu sorriso era tão grande que mostrava as gengivas. Perguntei se era um estudante de algum lugar. Ele balançou a cabeça:

— Sou soldado. Lá em Jaffna.

Então, mostrou seu minúsculo retrato militar: nada de gengivas. Apenas seu uniforme verde. Sorri. Fiz joinha e devolvi a ele.

Não, disse ele. Queria que eu ficasse com a foto.

Nenhuma língua pode dizer

Em 20 de outubro de 1862, com um ano e meio de Guerra Civil, o *The New York Times* resenhou a primeira mostra pública de fotografia do conflito: uma exposição de impressões de Matthew Brady que registrava a carnificina de Antietam. "O sr. Brady fez algo para nos mostrar as terríveis realidade e sinceridade da guerra", relatou o *Times*. "Se ele não trouxe corpos e os colocou na porta de nossas casas e pelas ruas, ele fez algo bem próximo." Esse elogio denota uma fé na habilidade da fotografia em oferecer acesso imediato, mas é uma fé ansiosa, assombrada pela fenda persistente entre fatualidade e representação: *algo bem próximo*. A perda pode ser trazida mais próxima, mas nunca próxima o suficiente ao toque. Como Emerson uma vez escreveu sobre a morte de seu filho: "Não posso torná-la mais próxima de mim".

"Nenhuma língua pode dizer, nenhuma mente pode conceber, nenhuma pena pode retratar as visões terríveis que testemunhei", escreveu um capitão da União chamado John Taggart a seu irmão após a Batalha de Antietam. Essa afirmação de futilidade não é uma recusa de expressão tanto quanto uma feroz realização. Insistir que é impossível descrever a guerra se torna a melhor maneira de descrevê-la. Os corpos *nunca* podem chegar às nossas portas, sugere Taggart, pelo menos não pelos antigos métodos de transporte expressivo: texto, linguagem, idioma.

Quando uma enorme exposição de fotografias da Guerra Civil foi inaugurada no Metropolitan Museum of Art, um século e meio depois, em 2013, foi colocada entre esses dois sentimentos extremos: a afirmação do *Times* de que a fotografia de Brady conseguira evocar a "terrível realidade e a sinceridade da guerra" e a negativa de Taggart de que qualquer mente pudesse concebê-la. Uma voz insistia no potencial de representação; a outra, em seus limites. Marcando o começo e a conclusão da exposição, elas funcionavam como marcadores de livro conceituais, tornando explícitas as questões por trás dos retratos de soldados de bochechas rosadas e vistas de campos de batalha sangrentos: a fotografia poderia oferecer o que outras formas de expressão não podem? Pode oferecer o que a mente não pode totalmente absorver? Há certos tipos de horror que nunca podem ser completamente conhecidos?

A guerra da América em si marcou uma intersecção singular de experimentação estética e trauma nacional: uma nova arte estava sendo usada para documentar uma tragédia sem precedentes. A Guerra Civil mudou a história da fotografia dando a ela uma tarefa inimaginável. E a fotografia por sua vez mudou nossa própria noção de guerra conferindo-lhe um nível de representação anteriormente inconcebível.

As salas da exposição do Metropolitan, "Fotografia e a Guerra Civil Americana", traziam fotos mostrando os esqueletos de tijolos de fábricas sulistas devastadas e as costelas marcadas de soldados famintos. Mostravam os ricos gramados dos desfiladeiros dos profundos vales da Virgínia, e "as costas marcadas" de escravos fugitivos, outro tipo de paisagem, onde o chicote criara suas próprias linhas e sulcos. Tais justaposições sugeriam histórias impronunciadas, insuportáveis: um grupo de jovens recrutas jantando no acampamento, levantando seus garfos em volta de uma fogueira; então, as barrigas inchadas de corpos em um campo de batalha. Dava para sentir como os garotos viraram cadáveres rapidamente, como os corpos deslizavam facilmente de uma fotografia para a próxima. Os soldados que posavam orgulhosos com suas armas para retratos de estúdio tornavam-se os amputados sem rosto em fotografias clínicas duas salas adiante. O soldado raso Robert Fryer, um adolescente recém-chegado da batalha, é mostrado com a mão sobre o peito, com três dedos faltando. Parece assustadoramente com a forma como um garoto mais novo poderia fazer sinal de arma com a mão, os dois dedos mais compridos como o cano, para brincar de guerra.

A fotografia de guerra reconhecia a morte e protestava contra isso simultaneamente. Os retratos de estúdio dos soldados que partiam pretendiam conceder a eles vários tipos de imortalidade: como talismãs, podiam evitar que morressem; como relíquias, podiam preservar suas memórias quando estivessem mortos. Outras imagens foram tiradas do meio do confronto: fotógrafos montavam estúdios nos campos de batalha ainda fumegando ou cravejados de corpos apodrecendo. A marcha adiante da tecnologia, o desejo de utilizar novas técnicas e novos efeitos para tornar tudo o mais real possível, até *mais real do que o real*, levou algumas fotos a tenderem para diversos tons de surreal. Os soldados tinham blush berrante pintado à mão nas bochechas; estereoscópios criavam o grosseiro efeito 3D de corpos emergindo de destroços. Esses efeitos parecem menos com realismo e mais com performance de atores se esforçando demais, sua urgência esforçada como um apelo: "Aqui, por favor, olhe esse homem morto!" — outro corpo quase entregue à sua porta, membros pressionados próximos a um par de olhos pressionado perto do visor de estereoscópio.

Em *Diante da dor dos outros*, Susan Sontag discorre sobre a vergonha de encontrar beleza no horror:

> *Que um campo de batalha ensanguentado pode ser belo — no registro sublime, aterrador ou trágico do belo — é lugar-comum no tocante a imagens de guerra produzidas por artistas. A ideia não cai bem quando se aplica a imagens captadas por câmeras: encontrar beleza em fotos de guerra parece insensível. Mas a paisagem da devastação ainda é uma paisagem. Existe beleza nas ruínas.**

Certamente, há beleza nas ruínas dessas fotografias da Guerra Civil: indústrias em ruínas, bosques em ruínas e corpos em ruínas, fábricas desmoronando contra os céus da Georgia, neblina erguendo-se de campos tomados de corpos. Mas é uma beleza perigosa se nos distrai do bruto fato de toda

---

* SONTAG, Susan. *Diante da dor dos outros*. Trad.: Rubens Figueiredo. São Paulo: Companhia das Letras, 2003. (N. T.)

essa morte, e a brutalidade estrutural há muito estabelecida que deu lugar a isso: a instituição da escravidão.

A beleza dessas fotografias é mais produtiva eticamente como um tipo de cavalo de Troia. Seduz-nos com espanto; então se instala dentro de nós como um terror permanente. Também nos lembra de que essa foto foi enquadrada por alguém. Paira o fantasma do fotógrafo. Estamos vendo tudo através dos olhos dele.

Essa noção de ser assombrado é parte do que se toma como o apelo do que Sontag chama de fotografia "antiarte". "Para a fotografia da atrocidade, as pessoas querem o peso da testemunha sem a mácula do artístico, que é equiparado à falta de sinceridade ou mero artifício." Querem o peso do testemunho sem o fantasma da testemunha, sem suas impressões digitais obscurecendo a vista.

Tal desejo por testemunho sem teor artístico foi parte do motivo pelo qual as pessoas se sentiram atraídas quando souberam que certas fotos da Guerra Civil foram encenadas: objetos de cena posicionados, corpos movidos, membros arranjados. *Home of a Rebel Sharpshooter, Gettysburg* [Lar de um rebelde atirador de elite, Gettysburg], de Alexander Gardner, que mostra o corpo de um confederado enfiado em seu irônico "lar" entre rochas, tornou-se o objeto mais famoso desses ataques, depois que veio à tona que Gardner provavelmente moveu o corpo do campo de batalha para um quadro mais "cênico" na rocha. Como Sontag nota, o "esquisito" não é que essa fotografia tenha sido encenada, "é que ficamos surpresos em saber que foi encenada", e não apenas surpresos, mas "decepcionados". Nosso desejo por fotografias completamente inalteradas depõe sobre uma ilusão coletiva de que o corpo intocado de certa forma iria oferecer uma visão não mediada da realidade.

No entanto, formas flagrantes de distorção apenas nos forçam a confrontar a verdade de que todas as fotos são inevitavelmente mediadas, inevitavelmente construídas, inevitavelmente distanciadas. Quando os corpos chegam à porta, não são mais corpos: passaram por soluções químicas; foram achatados, enquadrados e emoldurados. Se a mácula do artístico está em todas essas fotos da guerra, a mácula também é resíduo de algo profundamente autêntico: a vontade de glorificar, imortalizar, preservar. Há uma forma de olhar para as ditas máculas de meditação e criação artística não como traços de enganação — o corpo não estava *de fato* lá, o soldado não usou *de fato* aquela arma —, mas como registros sinceros de um desejo feroz de transmitir a coragem e o horror da guerra da forma mais poderosa possível. É a honestidade do exagero, a verdade de qualquer que seja o desejo, de comandar espanto, indignação ou solidariedade, que nos fez exagerar para começar.

Talvez a parte de nós que se sinta traída por armas cênicas e corpos reposicionados esteja em confluência, mais do que traição, com o desejo de mover esses corpos. Tanto o rearranjo quanto o ataque indignado a isso nascem de uma ansiedade compartilhada sobre os limites da representação. Não há como fotografar o corpo do soldado, movido ou não, que comunique toda a verdade da vida, e de sua morte.

Depois que se desfez da fantasia da fotografia como uma verdade não fabricada, você pode começar a explorar a fascinante história de sua construção. "A câmera é o olho da história", disse Mathew Brady certa vez. Mas, por trás do olho da câmera, há sempre o olho de um homem (com frequência, do próprio Brady); e, por trás do homem, há geralmente uma equipe. E, por trás da equipe, há sempre certo financiamento. A fotografia na Guerra Civil foi estimulada e fomentada pelo mercado: galerias concorrentes financiavam fotógrafos em campo, ávidas pelas melhores tomadas, e estúdios motivados pelo lucro vendiam retratos para civis comuns. A escrava alforriada Sojourner Truth vendeu seu próprio retrato para levantar dinheiro para outros escravos libertos. Como ela colocou: "Vendi a sombra para sustentar a substância". Para Truth, a fotografia invertia os termos de propriedade sob os quais ela sempre sofreu. "Costumava ser vendida para o benefício dos outros", escreveu. Agora, ela vendia a si mesma para seu próprio benefício.

No Metropolitan, guardas sempre diziam "não pode tirar foto" dentro de corredores cheios de fotografias, mas mesmo assim as pessoas continuavam tentando, levantando seus celulares na surdina, instagramando todos esses cadáveres capturados. A mesma gana que fez as pessoas tirarem fotos em primeiro lugar agora fazia outras pessoas, estranhos vivendo um século e meio depois, quererem fotografá-las novamente: o desejo de preservar e possuir, de levar em frente, de manter perto.

Em uma foto chamada *Woman Holding Cased Portraits of Civil War Soldiers* [Mulher segurando fotos emolduradas de soldados da Guerra Civil], o rosto da jovem é estoico, impassível. Suas bochechas foram coradas tão forte, pintadas em um estúdio depois do fato, que não pertencem mais à sua expressão. Ela segura uma moldura de dois lados mostrando os rostos de dois homens: um parece superexposto, o outro sombreado. Ela segura as fotos com firmeza. Quer algo desses rostos. E eu queria algo dela quando fiquei diante do retrato. Estudei sua expressão para descobrir o *quê*. O que eu queria? Algum sentimento da imagem dela, há muito esvaída, mas ainda não desaparecida. Uma plaquinha da curadoria não pode nos contar o que buscamos nas imagens dos mortos. Queremos nos lembrar de coisas que nunca aconteceram conosco. Queremos perceber uma dor que nunca sentimos.

Um amigo que foi comigo à exposição — um fotógrafo, por acaso — teve dificuldade em sentir qualquer coisa com essas fotografias de guerra. Ele se perguntava: como é possível se sentir triste com imagens feitas para te deixar triste? Essa expectativa de *pathos* não mata o impacto? Como você pode se encontrar tomado por um sentimento que sabemos que devemos ter? E, quando passei horas na exibição, examinando as fotografias, talvez eu estivesse tentando contornar esse problema me fazendo sentir o luto. Mas não se pode *pensar* os corpos através dos portões. Eles só podem chegar realmente quando você é surpreendido pela chegada.

Para mim, não foi um panorama de campo de batalha que acabou entregando. Não foi uma exibição de corpos inchados na grama, seus bolsos revirados por ladrões. Não foi nem uma tomada dos soldados antes da batalha: seus garfos enfiados em tigelas de feijão, os sorrisos tortos, a pontada afiada da vivacidade deles quando eu sabia que muitos logo estariam mortos.

Para mim, foi uma tomada de estúdio. Os corpos chegaram à minha porta como três homens posando com ternos, mangas arregaçadas até os cotovelos: dois de pé, um sentado, todos duros. Na foto, seus rostos são nobres e estoicos, dois olhando a uma meia distância desconhecida, enquanto o terceiro tem dois buracos negros, espaços vazios, onde os olhos deveriam estar. Seu rosto também é nobre, estoico. Está olhando o nada; nunca mais vai olhar nada. Quando vi essa fotografia, toda a fascinação que me conduzia pela exposição de repente se foi, como um grande mar, para dar lugar ao sentimento. Tinha algo a ver com a solenidade da encenação, como aquele cuidado sugeria uma ânsia para pôr ordem no grande caos da guerra. E tinha algo a ver com os rostos sem expressão daqueles homens, como a recusa deles em mostrar tristeza me convidava a preencher o vazio, fazer a diferença, obedecer a hidráulica da solidariedade compensatória. Tinha algo a ver com a *boca* do cego, em particular, fixa em uma linha rígida cujo efeito eu não conseguia precisar: determinada? Brava? Esperançosa? Porque eu não conseguia ler a expressão em seus olhos, porque ele não tinha olhos para serem lidos.

Toda essa dissecação de minha repentina solidariedade é precisa, mas seria mais honesto dizer simplesmente: algo *aconteceu*. Quando olhei para aquela foto, algo aconteceu. Um corpo chegou. Não tinha olhos. Pertencia a William R. Mudge. Soldado da União. Antes da guerra, em Massachusetts, trabalhava como fotógrafo.

Deixe que grite, deixe que queime

No verão de 1929, após completar seu primeiro ano em Harvard, James Agee seguiu para o Oeste para passar alguns meses trabalhando como agricultor migrante. Conforme escreveu para Dwight Macdonald, seu colega de Exeter, amigo de longa data e depois patrão na revista *Fortune*, ele tinha grandes visões sobre o que o verão traria:

> *Vou passar o verão trabalhando nos campos de trigo, começando em Oklahoma em junho. As coisas parecem boas de todos os modos. Nunca trabalhei e prefiro muito um trabalho assim; gosto de me embebedar e vou; gosto de cantar e aprender tanto músicas sujas quanto de vagabundos — e vou; gosto de ficar sozinho — quanto mais longe de casa, melhor — e vou.*

É uma carta divertida. Agee nunca havia trabalhado, mas sabia que ia gostar. Ele *já* tinha ficado bêbado, e sabia que ia gostar também. Há uma noção de destino manifesto em sua sintaxe hipnótica; uma insistência gramatical na satisfação do desejo: *eu gosto de... e vou; eu gosto de... e vou; eu gosto de... e vou.* Ele fantasia sobre camaradagem e distração. Quer ser liberto de sua própria vida interior. Tinha tido dificuldades demais com muitos escritores de sonetos em Harvard. Quer sair. A coisa parecia boa em todos os aspectos. Como se revelou, não foi.

"Kansas é o estado mais bagunçado que já vi", escreveu para Macdonald em "talvez 1º de agosto". Ele continuou: "Estou agora trabalhando transportando e revirando grãos em uma equipe de 'colheitadeira'... enfiei um forcado em meu tendão de Aquiles". Agee pinta um retrato vivo do sofrimento dele sob o calor da mãe-terra, sacolejando por uma estrada empoeirada, levantando dedos empoeirados pelos grãos para colocar citações assustadoras ao redor de sua nova vida, mas também é claro que tem prazer na dureza que descreveu, ou pelo menos tem prazer em descrevê-la. Ele termina: "Preciso levar uma carga agora, Jim".

Naquele ponto em sua vida, o trabalho manual de Agee não tinha muito a ver com o trabalho criativo em casa. Em Harvard, no outono, ele tinha se dedicado principalmente a ser eleito para o conselho editorial da *Advocate*, a revista literária do campus, e a compor poemas amorosos dúbios para sua distante namorada, a quem ele estava (dolorosamente, pelo que parece) tentando permanecer fiel: "Matei o prazer, que seu amor poderia prover; um valoroso esqueleto deita a meu lado".

Foi em grande parte a ansiedade com relação à namorada, e o relacionamento que acabava com o prazer, que deixou Agee tão ansioso em trabalhar nos campos, inicialmente "Será um trabalho infernal, então, para variar, não vou ter a chance de me preocupar e de me sentir um desgraçado o verão todo", escreveu.

Suas cartas imaginam o trabalho duro como uma libertação. É absurdo, claro, mas Agee reconheceu o próprio absurdo antes que alguém mais pudesse apontar o dedo. "Temo que soe um pouco como se eu fosse um boêmio perdido e amante da terra concreta, mas suponho que eu não seja algo tão torpe assim." Ele tem consciência de como parece ingênuo logo que diz isso. No entanto, a autodepreciação preventiva acabaria se tornando uma de suas marcas registradas.

As primeiras cartas de Agee trazem muitos traços de sua voz posterior: uma fascinação com mundos bem distantes do seu; uma relutância angustiada entre julgar e valorizar seus encontros; e uma obsessão permanente com o relacionamento entre trabalho duro e vida interior. Como o sentimento reside dentro de um corpo que trabalha o dia todo? Esse tipo de monotonia brutal bane a consciência? É degradante sugerir que sim? E negar?

A coisa parece boa de cada ângulo. Sete anos depois, Agee iria revirar a coisa a partir de cada ângulo possível.

Pesquisado em 1936 e finalmente publicado em 1941, *Elogiemos os homens ilustres*, a obra *sui generis* de Agee de ampla reportagem literária, tem como material a vida de três famílias arrendatárias do Alabama rural. O livro descreve seus lares e a necessidade do trabalho diário. Cataloga suas roupas, refeições e posses, suas doenças e seus gastos. Mas também nos impõe a angústia da tentativa de Agee em fazer essa descrição, como se sua tentativa fosse outra casa, uma arquitetura labiríntica de narrativas frustradas e jornalismo de autossabotagem, construída com sintaxe intrincada e abstrações tortuosas, carregada de sentimentos de apego e, por trás e por cima de tudo, culpa. O livro é extenso e exaustivo. É atormentado com o que acha belo. Às vezes, nem quer existir. "Se eu pudesse, não escreveria nada aqui", anuncia Agee no começo do livro. "Seriam fotos; o resto seriam fragmentos de roupas, pedaços de algodão, grãos de terra, registros de fala, pedaços de madeira e ferro, frascos de odores, pratos de comida e excremento... Um pedaço de corpo arrancado pelas raízes seria mais preciso." Ele não escreveria nada, além das quatrocentas páginas que acabou escrevendo. Ele não trabalhava, mas sabia que gostaria. Agora *havia* trabalhado — escrevendo esse livro, um trabalho sem agradecimentos — e sabia que não ia gostar do resultado, mas o ofereceu mesmo assim, por que o que mais ele poderia fazer? Foi o que ele fez.

O projeto do *Elogiemos* começou quando a *Fortune* mandou Agee ao Alabama a trabalho durante o verão de 1936. Ele viajou com Walker Evans, cujas fotos que acompanharam o livro se tornariam tão famosas quanto as palavras de Agee. "Melhor descanso que já tive na *Fortune*", escreveu Agee em uma carta. "Sinto uma responsabilidade pessoal terrível com a história; dúvidas consideráveis sobre minha habilidade de fazer isso; levo mais em consideração a vontade final da *Fortune* de usar isso ao que parece (em teoria) para mim." Evans descreveu como sua noção da "responsabilidade pessoal terrível" moldou a pesquisa de Agee: "Agee trabalhou com o que pareceu ser pressa e raiva. No Alabama, ele foi possuído pelo trabalho, mergulhado nele dias e noites. Não deve ter dormido".

As dúvidas de Agee sobre sua "habilidade em conseguir fazer isso" apenas se aprofundaram quando o trabalho em si foi feito. Enquanto isso, escrevia para o padre James Harold Flye, professor da escola episcopal para meninos em Sewanee e um dos mentores de toda a sua vida:

> *Tudo lá era imprevisível de um dia para o outro; fiquei quase louco com o calor e a comida... A viagem foi muito dura e, certamente, uma das melhores coisas que já aconteceram comigo. Escrever sobre o que encontramos é outra coisa. Impossível de todos os ângulos que a* Fortune *possa usar; e agora estou tão embrutecido tentando fazer isso, que temo ter perdido a habilidade de tornar correto da minha forma.*

Agee fazia parte da equipe da *Fortune*, provido de um escritório no Chrysler Building em Manhattan, onde ele virava noites entregando textos sobre brigas de galo e a Tennessee Valley Authority. Mas estava certo sobre a "vontade final" deles em publicar. A revista engavetou a matéria no fim de 1936. Naquele ponto, Agee começou a buscar outras formas de escrever e publicar o material. Ele se inscreveu para uma bolsa do Guggenheim, chamando seu projeto de "Um registro do Alabama" e descrevendo-o como uma tentativa de "contar todo o possível, o mais preciso possível, com uma total suspeita do 'criativo' e do 'artístico', assim como das atitudes e métodos 'de reportagem'", e (humildemente) "propenso a utilizar o desenvolvimento de formas mais ou menos novas de escrita". Ele não conseguiu a bolsa. Acabou conseguindo um pequeno adiantamento de uma editora; então se entocou em Nova Jersey e começou a expandir a matéria original na gloriosa extensão que acabaria se tornando *Elogiemos*. O livro foi publicado com pouca pompa em 1941, vendeu por volta de seiscentas cópias, algumas poucas a mais como queima de estoque, e foi, nas palavras de Macdonald, "um fracasso comercial em todos os sentidos".

Só com o relançamento nos anos 1960 que seu livro decolou, impulsionado pela energia do movimento dos direitos civis e apreciado por leitores cativados por sua rica textura narrativa do Novo Jornalismo. Lionel Trilling acabaria chamando *Elogiemos* de "a iniciativa moral mais realista e mais importante de nossa geração americana", defendendo não apenas sua estatura cultural, mas também as formas com as quais poderia alterar nossas expectativas sobre o que "realismo" significa e os tipos de textura emotiva bagunçada que retratos "realistas" da existência humana poderiam requerer. No meio-tempo, geralmente se acreditava que o original da matéria de revista de Agee tivesse sido destruído, ou perdido de vez — até que sua filha o descobriu em uma coleção de manuscritos guardados na casa deles em Greenwich Village havia anos: um texto datilografado de 30 mil palavras, chamado simplesmente de "Cotton Tenants" [Arrendatários do algodão].

Ler esse rascunho original cuidadosamente estruturado, junto ao livro que se desdobrou dele, oferece um vislumbre de dois planos no processo de testemunho em si. Como a mente moralmente ultrajada começa a arrumar seus materiais? Então, quando começa a duvidar de si, como se arranja novamente?

À primeira vista, é tentador compreender "Cotton Tenants" e *Elogiemos* em oposições binárias: a matéria não publicada e o livro publicado; um preso pelo capital, o outro liberado pela forma. Mas não há nada binário no processo de Agee, apenas a busca que se desdobra e se frustra em capturar o que ele viu, para fazer justiça — o que sabia que nunca faria e que continuaria tentando mesmo assim. *Elogiemos* utiliza-se de uma sintaxe mais inflada, mais complexa, com mais opacidade metafórica, mais levantes ritmados, mas tais diferenças acabam sendo sintomáticas de uma divergência maior quanto ao tema. A matéria registra a vida de outros, enquanto o livro faz o processo da documentação em si.

Em certo sentido, *Elogiemos* não é nada além de uma confissão infinita de tudo o que Agee sentia e pensava e questionava enquanto tentava contar as histórias dessas famílias do Alabama. Vimos muito do conteúdo da matéria original reproduzido, mas seus nódulos de particularidade física, descrições de casas e objetos, roupas e refeições, são irremediavelmente envoltos em um dilema dominador de uma tirânica consciência de narrativa: o desejo sem fim, mas sempre mal-direcionado de Agee por proximidade. Imagine uma versão do diretor cinco vezes maior do que o filme em si, com a câmera constantemente virando seu olhar para o próprio diretor, explicando como ele se sentiu ao gravar cada cena, como feriu os sentimentos dos atores ou como o filme estendido que estamos vendo agora não chega nem perto do quanto ele pensou que ficaria bom.

Enquanto uma olhada no índice de "Cotton Tenants" sugere uma moldura cujas regras já são familiares — capítulos intitulados "Abrigo", "Comida", "Saúde", e por aí vai —, o índice em *Elogiemos* joga as mãos para o alto desde o início com seções estranhas e desordenadas. Três "partes" são intercaladas com seções não paralelas: "(Na varanda: 1" e "(Na varanda 2", ambas abertas com parênteses misteriosamente não fechados — como se fosse semiparentético, semi-incluído — junto a uma seção chamada "Dois-pontos" e uma seção chamada "Interlúdio: conversa no saguão", todas precedidas por várias tentativas de defesa: abrindo prólogos chamados "Versos", "Preâmbulo" e "Por todo o Alabama". Esse índice chama-se "Design do livro", o que sugere uma inescapável autoconsciência: o artefato é produto de uma preocupação excessiva sobre como tal artefato poderia ou deveria ser elaborado. Suas várias partes nunca podem legar vista total, e a recusa em organizá-las consistentemente é uma insistência em tornar a dificuldade de sua própria construção legível.

Os dois textos oferecem visões completamente diferentes do acesso jornalístico: em "Cotton Tenants", está implícito, enquanto em *Elogiemos* é compreendido como constantemente poluído. Em "Cotton Tenants", sentimos os corpos físicos do tema de Agee, esbugalhados e exaustos, cobertos de sorgo e furúnculos, mas em *Elogiemos* temos de lidar também com o corpo de Agee. Um "eu" ultrajado e ultrajante nos dá tudo o que vemos; e dá tendencioso, receoso. Ouvimos sobre o relacionamento emocional de Agee com seus temas ("gosto de Emma e sinto muito por ela"); e ouvimos declarações de personalidade que frequentemente parecem gratuitas. Quando Agee confessa, "sou o tipo de pessoa que generaliza", pensamos: *Sim, sabemos disso.* Reconhecemos o Agee que ficou "quase louco com o calor e a comida", cuja goela e intestino protestaram contra o que lhe era servido, cuja pele protestou contra a cama que lhe foi oferecida. Quando descreve a noite que passou com uma das famílias, dormindo na varanda, ele usa por engano o pronome "você", como se falasse com um eu separado que dormia lá:

> *Acordando, sentindo em seu rosto a suavidade quase gosmenta de fibra de algodão solta e do frágil, tão lavado tecido de algodão rasgado e imediatamente se lembrando de seu medo das pragas que podem estar abrigando, sua primeira reação é de leve nojo e medo, por seu rosto, que está inchado e úmido do sono e marcado pelos fios, que se sente sujo, secreta e asquerosamente picado e sugado de sangue, insultado.*

Esse vacilo visceral é típico da voz narrativa em Elogiemos. O orador emerge como um conjunto de terminações nervosas, enojado e com nojo de seu próprio nojo, catalogando particularidades físicas mesmo assim, sem medo da banalidade e da repetição em suas descrições ("fio de algodão solto... tecido de algodão rasgado"), sentindo-se violado pelo próprio lugar em que deseja entrar.

Ele se compreende como sujo e distante ao mesmo tempo. Começa a frase com algo externo, a textura dos fios, e termina dentro de sua própria vida interior, "insultado", a declaração isolada no fim da frase — um momento de pausa, um beco sem saída experimental.

O "eu" mutante de Elogiemos foi prenunciado em um desajeitado "você" em "Cotton Tenants", que muda do leitor para o escritor e para o tema. Com frequência funciona como um convite imperativo. "É um ano bem incomum quando você se dá bem com as colheitas mais importantes", escreve Agee, tornando seus leitores fazendeiros. Aqui, ele descreve a praga das pestes: "Elas entram nas folhas e se tornam moscas; as moscas põem ovos; os ovos se tornam um exército de vermes aos milhões e você pode ouvir o farfalhar deles comendo, como fogo". Você pode ouvi-los comendo, não apenas *pode*, mas *deve*. É um pedido moral por meio de um feitiço pirotécnico. O fogo queima tudo ao redor.

Em outros lugares, Agee usa "você" para fazer seus leitores ocuparem outra posição: a sua própria. Observando os filhos dos arrendatários, ele parece se esquivar da força de sua reação: "Você provavelmente vai ter a sensação de que carregam neles, como o lento queimar do enxofre, uma precocidade sexual". É claro, não é *você*, mas Agee em si que notou essa "precocidade sexual", mas Agee não está pronto para confessar a carga sexual da própria atenção. Ainda não está pronto para assumir o "eu".

Quando enfim habita o "eu" em *Elogiemos*, ele com frequência está punindo ou apontando suas falhas. Parte da claustrofobia de *Elogiemos* é sua sugestão de que toda estratégia de representação se mostra algo tendencioso ou errado. É um tipo de paralisia. O que dizer se nada é bom o suficiente? Vemos uma interessante pré-configuração de seu ceticismo em "Cotton Tenants", no qual Agee continuamente imagina formas problemáticas com que alguém mais poderia reagir ao mesmo material. Ele continua definindo sua voz articulando o que ela não é. Avista uma fotografia colorizada de Roosevelt em uma moldura em um cavalete e imagina que um "Publicitário de Projetos Federais" poderia "apresentar uma boa matéria sobre Ikon na Choupana dos Lavradores". Ele discute sobre um "idiota", mas amplamente acreditado "exagero sobre trabalho infantil nos campos de algodão"; descreve um "um sofá torto rústico", mas coloca em "rústico" irônicas aspas. Todas essas negações evocam formas que testemunhas podem ter testemunhado errado: por meio de matérias sensacionalistas, exagerando a tragédia ou romantizando a pobreza. Agee quer estabelecer que seu trabalho de documentário não é ser relações públicas para Roosevelt ou seu New Deal; ele quer afastar o embelezamento da pobreza; quer evitar sensacionalismo com a brutalidade da vida agrícola para que sua verdadeira brutalidade possa ser mais bem compreendida.

Aqui encontramos outra diferença importante entre artigo e livro: em "Cotton Tenants", Agee projeta reações problemáticas em observadores hipotéticos; em *Elogiemos*, toma-as como suas próprias. Ele descarta uma noção de realismo: a ilusão de apresentar verdades sem mediação e sem alteração — e a substitui por outra: confessar a mediação, toda a maquiagem, todo o artifício e a subjetividade, o contágio inescapável de alguém fazendo a documentação: ele mesmo.

Se Sontag se perguntou sobre a ânsia pública pelo "peso do testemunho sem a mácula do artístico", então Agee mede o "peso do testemunho" de todas as formas possíveis. Ele protesta contra a fantasia da objetividade. Mapeia a "mácula do artístico" expondo a si mesmo como um autor enojado e traído por seu próprio material representativo. Rejeita as estratégias tanto da ficção narrativa (trama, personagem, ritmo) quanto do jornalismo padrão (a ilusão de objetividade ou de um "eu" submerso em invisibilidade). Agee resiste em transformar seus personagens em arquétipos glorificados, sugerindo que a pobreza é "inevitavelmente destrutiva" da consciência como a entendemos. Resiste à narrativa dramática continuamente enfatizando a monotonia das vidas de seus temas. E, entre suas mil e uma metáforas, sugere a inadequação da metáfora em si.

Ao descrever a partida de Emma, uma jovem mulher casada a quem ficou apegado e atraído, que está se mudando com o marido, ele nos dá uma frase de parágrafo inteiro que se afasta da compreensão assim como Emma se afasta de vista. Perdemos Emma como Agee o faz. Começando em pleno fluxo, vemos Agee observando a caminhonete de Emma desaparecer ao longe:

> [...] *rastejando constante, uma perdida, determinada e carrancuda formiga, ao Oeste em estradas rubras e no branco, no sol febril sem suporte, suspensa, sustentada da queda pela única força de seu crescimento externo, como aquele longo, esguio, incongruente corredor, que passava velozmente no vasto muro branco da terra, como a cabeça da serpente e um córrego estreito buscando seu caminho, para encaixar, para ancorar, tão distante, tão amplo do forte e imóvel caule: e isso é a Emma.*

O fechamento soa como piada: *isso é a Emma.* Mas o que é *isso*? É Emma o "corredor esguio", a "cabeça da serpente", o "córrego estreito" e o "forte e imóvel caule"? O "imóvel caule" é a família de onde ela está sendo tirada? A partida dela guarda esperança ou simplesmente perda? Se ela é uma *serpente* e um *córrego estreito* e um *corredor esguio*, tudo ao mesmo tempo, a sibilação em si espalha-se como algo longo e leve pela língua. Esse monte de figurações sugere um tipo de apego frenético, camada após camada, como se nunca fossem o suficiente para trazer Emma de volta ou para estabelecer o *isso* que é ela, o *isso* de qualquer vida.

Por vezes, Agee evoca a fotografia como um contraponto do fracasso da língua e suas distorções inevitáveis, sugerindo que fotos são "incapazes de registrar qualquer coisa além da absoluta e seca verdade", apesar de isso ser só outra mitologia de homem-espantalho: todas as fotos são construídas por enquadramento e seleção. Para as fotografias que tirou com Agee no Alabama, Evans removeu e rearranjou objetos nos chalés dos arrendatários, colocando cadeiras de balanço à luz natural ou retirando o entulho para provocar uma austeridade agradável da dureza dos outros, da mesma forma que Gardner moveu o corpo do atirador rebelde para criar um emblema de tragédia mais poderoso esteticamente. Os casebres eram rascunhos brutos que Evans revisou em um emblema icônico: um par de botas deixadas de forma fotogênica ao sol, uma pequena cozinha emoldurada por ripas de madeira, um pano de prato branco pendurado ecoando uma luz branca refletida do bulbo de vidro de um lampião a óleo.

Em uma resenha das fotografias de Evans chamada "Sermon with a Camera" [Sermão com uma câmera], o poeta William Carlos Williams, que era ele mesmo, por sua própria declaração, "obcecado pelo apelo dos pobres", elogiou o trabalho de Evans não por sua "seca verdade absoluta", mas pelas formas que trazia universalidade ao extrair eloquência e desespero de materiais brutos. "Somos nós mesmos que vemos, erguidos de um cenário paroquial... tornados dignos em nosso anonimato", escreve Williams. "O que o artista faz se aplica a tudo, todo dia, em todo lugar para despertar e elucidar, fortificar e aumentar a vida nele e torná-la eloquente: fazê-la gritar, como Evans faz."

"Há coisas 'belas', que não são pretendidas assim, mas que são criadas em uma convergência de acaso, necessidade, inocência ou ignorância?", pergunta Agee. Em cartas, preocupa-se continuamente sobre sua tendência de glorificar a pobreza, incomodado com sua "forma de esnobismo invertido... um respeito inato e automático em direção a todos que são muito pobres". Às vezes, confessa esse esnobismo ("não posso me empolgar desqualificadamente a favor da eletrificação rural, porque gosto demais da luz do lampião") e, às vezes, simplesmente encena, notando "uma mula branca pura, cuja presença entre eles nessa luz mágica é de um unicórnio escravizado". A voz de Agee é cheia de sentimento e revolta. Ele fala e não fala sério sobre o unicórnio. Seu olhar para a beleza revira o estômago, mas ele o honra mesmo assim, insistindo que "a parede divisória" do quarto da frente dos Gudger *é* de forma importante, entre outras coisas, "um grande poema trágico".

Apesar de poder ser intuitivo supor que o excesso lírico de *Elogiemos* tenha se tornado possível para Agee apenas quando se desprendeu da âncora financeira da *Fortune* e de sua estética puritana, não é de fato verdade. Na verdade, a *Fortune* geralmente encorajava uma certa marca de desprendimento metafórico. Seu proprietário, o magnata da mídia Henry Luce, fundou a revista com a crença de que seria mais fácil ensinar poetas a escrever sobre negócios do que ensinar executivos a escrever. Agee dedicou muito espaço a lirismos melodramáticos em sua matéria original não publicada, descrevendo moscas "vibrando até a morte em leite amanteigado" e vegetais "cozidos muito além do verde para uma profunda morte azeitonada". O jantar não é apenas *gorduroso*, é *sepulcral*. Os vegetais de Collard não são apenas *fritos*, são *martirizados*.

Apenas em *Elogiemos* vemos Agee questionar explicitamente seu excesso lírico. Mas, se *Elogiemos* questiona as prerrogativas metafóricas e resiste às técnicas estéticas da ficção narrativa, lastima abertamente as estratégias de jornalismo. Como o comitê do Guggenheim já sabia, Agee tinha uma "suspeita" de métodos criativos, artísticos e jornalísticos na mesma medida. Em *Elogiemos*, ele critica vários "ismos", capitalismo, consumismo, comunismo, otimismo, mas a crítica ao jornalismo parece mais pontual. Carrega o sentimento de uma criança rejeitada desprezando os pais ausentes. "O próprio cerne do jornalismo é uma forma de mentira ampla e bem-sucedida", escreve Agee. Em outro ponto, a crítica é mais especificamente direcionada à *Fortune*:

> *Parece-me curioso, para não dizer obsceno e totalmente aterrorizante, que poderia ocorrer a uma associação de seres humanos juntos através da necessidade e do acaso e para obter lucro com uma empresa, um órgão de jornalismo, sondar intimamente as vidas de grupos de seres humanos indefesos e terrivelmente prejudicados, uma família rural ignorante e perdida, com o propósito de exibir a nudez, a desvantagem e a humilhação dessas vidas diante de outro grupo de seres humanos... e*

> *que essa gente poderia ser capaz de refletir sobre essa ideia sem a menor dúvida da qualificação dela em fazer um trabalho "honesto" e com uma consciência mais do que limpa.*

Enquanto *Elogiemos* ainda está fazendo exatamente o que condena o padrão jornalístico por solicitar — essa "exibição" de "nudez, desvantagem e humilhação" —, certamente não orquestra isso com uma "consciência mais do que limpa". É nessa consciência deliberadamente turva que Agee se distingue do padrão jornalístico. É como se ele acumulasse uma dívida moral escrevendo sobre uma população vulnerável. Aí, quer pagar de volta confessando sua própria invasão. A forte aparição do "eu" em *Elogiemos* talvez seja menos um fracasso em sair de si mesmo, ou uma indisposição em conceder propriedade textual ao outro, do que uma forma deliberada de escolha para evitar as falhas morais do jornalismo. E o drama do relacionamento vexatório de Agee com a possibilidade do fracasso moral, mais do que a condição das famílias em si, é a coisa mais próxima de uma trama a que o livro chega.

O "eu" documental raramente registra sem provocar certo dano. *How the Other Half Lives* [Como a outra metade vive], o texto clássico sobre exposição social, narra a época em que Jacob Riis, um dos padrinhos de Agee no cânone da pobreza norte-americana, sai do sermão cívico para dar lugar a uma breve revelação de inaptidão:

> *Uma ideia do que seria uma "faxina" sanitária nessas favelas pode ser ilustrada com o relato de um contratempo com que me deparei uma vez, tirando um retrato com flash de um grupo de mendigos cegos em um dos arrendamentos por lá. Com mãos inábeis, consegui pôr fogo na casa.*

Riis publicou *How the Other Half Lives* em 1890, poucos anos depois do surgimento da câmera portátil (a chamada "câmera detetive"). Mas em vez de simplesmente comemorar a nova ferramenta, a narrativa de Riis revela um momento no qual as fotos ameaçam destruir o que tentavam capturar. Imaginamos a trêmula testemunha metendo os pés pelas mãos e disparando cartuchos de um revólver, tão ansiosa em salvar essa gente que quase os matou. "Descobri que um monte de papel e trapos pendurados na parede estavam em chamas", continua Riis. "Havia seis de nós, cinco cegos e mulheres que não sabiam nada do perigo, e eu." A confissão de Riis carrega o fedor do paternalismo mesmo quando admite o erro: ele deixa claro que "apagou o fogo" sozinho, "com muito trabalho". Ele é o agente do problema, mas também é o único que pode reconhecê-lo, e o único que tem o poder de repará-lo. Ele elucida. Ele provoca o grito. Ele provoca o fogo. Ele o apaga.

Agee nunca incendiou nenhuma casa, mas sua prosa confessa uma preocupação constante com a possibilidade de fazer mal — mais especificamente com a possibilidade de que sua reportagem possa trair seus temas, aqueles cuja dor ele transformou em lirismo. Sempre sentiu a força e o perigo de sua própria intrusão. Uma das fotografias de Evans mostra a placa pendurada acima de uma lareira: "POR FAVOR, *fale bacho. Todos são bem-vindos*". E Agee esforçou-se para falar baixo. Ele descreve escutar a família Gudger caminhando de manhã:

> *Quando escuto longamente a inocência de seus movimentos no fim do corredor, o ruído da rude água e do escavador, estou sentado na varanda da frente com um lápis e um caderno aberto, e eu me levanto e vou em direção a eles. Com certa confusão, eles ainda me amam e eu os amo, com tanto afeto, e confiam em mim, apesar da dor e do mistério, muito além de fazer da palavra uma confiança. Não será fácil olhá-los nos olhos.*

Aqui, a culpa de Agee está ligada à "inocência" de seu tema, e da ameaça de sua própria pena, o caderno aberto como uma confissão entre eles, e sua evocação de algo "muito além de fazer da palavra uma confiança" revela o medo de que a confiança em si nunca pode se aplicar, nem o amor. Não importa como ele sente próximo de seus temas ("com tanto afeto"), Agee também confessa o lado sombrio dessa intimidade. Não será fácil olhar nos olhos deles.

Se não pode mirar nos olhos deles, Agee quer fazer outras coisas. Quer a comida deles e dormir em suas camas. Quer "abraçar e beijar seus pés". Quer conhecê-los, entendê-los, explicá-los, ser amado por eles e amá-los de volta; por vezes, até quer fazer amor com eles. Em um ponto, imagina ter uma orgia de vários dias com Emma, a jovem noiva que acaba desaparecendo em uma longa estrada de terra:

> *Se ao menos Emma pudesse passar seus últimos dias viva tendo momentos incríveis na cama, com George, um tipo de homem com quem ela está acostumada, e com Walker e comigo, por quem está curiosa e atraída, e que é ao mesmo tempo tangível e simpático e que não deve ser nada temido, e por outro lado pudesse ter com ela o mistério ou o glamour quase de criaturas mitológicas...*

A fantasia de uma orgia é tão intrigante em si que pode ser fácil desconsiderar quando ocorre — "seus últimos dias viva" —, o que parece sugerir que Agee não consegue imaginar um tipo diferente de vida para Emma. Só um tipo diferente de papel que ela pudesse desempenhar. Agee não apenas confessa seu próprio desejo, mas também projeta esse desejo em Emma, imaginando o que pensa dele, revelando uma fatia divertida de humildade em colocar um "quase" antes de "criaturas mitológicas".

Para Agee, essa orgia representa uma alternativa à procriação amarga (ele chama a concepção em um casamento de arrendatários de "uma crucificação de células e esperma a chicotadas") e uma proximidade jornalística consumada: sujeito e objeto do retrato enfim reunidos. Agee fantasia que essa consumação poderia conceder a Emma, enclausurada e degradada pelas circunstâncias, alguma liberdade e prazer. "Quase qualquer pessoa, não importa quão danificada, envenenada e cega, é infinitamente mais capaz de inteligência e de prazer do que se permite ser ou do que geralmente sabe", escreve Agee. O sexo representa o derradeiro acesso. Ressuscita a capacidade. Desabrocha contra os danos. Mas a intimidade sexual também evoca o oposto: o perigo da profanação. Não é mera coincidência que Agee tenha identificado fraude no "sêmen" do jornalismo. Se Agee conjura a orgia como uma fantasia de reciprocidade e proximidade, também teme que o jornalismo seja mais como um derramamento masturbatório, um observador saciando-se às custas de seu tema.

Quando Agee finalmente passa uma noite na casa de seus temas, não é nada como uma orgia. "Tentei imaginar uma relação nessa cama", escreve Agee. E (sem surpresas) "consegui imaginar muito bem". Mas essa fantasia sexual rapidamente dá espaço à realidade corporal: "Comecei a sentir picadinhas afiadas e formigamentos por toda a superfície do meu corpo". É algo próximo ao "insulto" da violação em que ele é explorado.

Imaginação e insulto nunca estão muito distantes para Agee. O segundo assombra o primeiro como culpa e espectro. Depois da impossível orgia, ele sabe, todos ainda estarão separados pela velha divisão de sujeito/objeto, e Agee não consegue se fazer imaginar "o momento incrível" sem imaginar o que aconteceria depois que fosse concluído: "O quanto as partes condicionadas e inferiores de cada um de nossos seres se apressaria loucamente e se vingaria". Qualquer prazer fugidio ou proximidade que uma orgia pudesse fornecer seria inevitavelmente seguido pela entrega do contexto de retorno. Agee novamente seria o jornalista. Emma seria novamente o tema. Eles não poderiam ficar na cama para sempre.

Jacob Riis descreve como ele outrora lutou contra o impulso de berrar em uma reunião de planejamento da cidade quando um construtor exigiu a criação de apartamentos mais humanos. "Eu queria saltar no meu banco e gritar amém", escreveu Riis. "Mas eu me lembrei de que era um repórter e fiquei parado." Em vez disso, escreveu *The Other Half*. Era sua forma de tentar tornar o mundo o lugar que poderia merecer um *amém*, uma acusação e uma exortação, uma reza direcionada a toda a cidade.

Elogiemos é uma reza, mas também uma repreensão. Como diz o escritor William T. Vollmann, lê-lo é "um tapa na cara". Agee não estava pensando apenas em si mesmo — sua própria culpa, seu próprio amor, seus próprios braços jogados perdidos sobre seu tema. Ele pensava em você lendo essas palavras, o que você poderia ver e o que não poderia. Queria jogar uma pilha de excremento em seu caderno aberto e deixar que você se virasse. O dilema da impotência: a missão de continuar falando, a inevitabilidade de dizer o suficiente, é um dos grandes legados de Agee. Isso chocou e motivou seu discurso.

Mas o legado de Agee não é somente a sublime articulação da futilidade. Seu legado não é apenas o ceticismo jornalístico. É a tentativa de encontrar uma linguagem para o ceticismo e reescrever o jornalismo nessa língua, insistir em uma sinceridade que se apoia no lado mais distante do autoquestionamento. Nas quatrocentas e tantas página de *Elogiemos*, encontramos muita culpa, mas também muita pesquisa. O rascunho de *Cotton Tenants* ajuda-nos a lembrar disso. Permite-nos testemunhar o que Agee fez primeiro e examiná-lo junto ao épico que se tornou depois de digerido pelos órgãos da autodepreciação infinita.

Em *Cotton Tenants*, temos o primeiro fracasso em uma longa fila de fracassos, todos tomados de pressa e ira, todos belos. Temos o primeiro registro de eloquência antes de aprender a gritar. *Cotton Tenants* provoca um *você* e estende o convite que se torna uma ordem: você pode olhar. Você deve. Veja o que Agee escreveu quando ele se lembrou de que era um repórter, e não ficaria quieto, não falaria *bacho*. Olhe o que aconteceu quando ele buscou um *amém* e, no lugar, encontrou essas palavras. Agora olhe mais de perto. Você pode vê-lo se desdobrar. Você pode ouvir o farfalhar de sua culpa como o início de um incêndio.

Exposição máxima

Em um dia quente de outono de 1993, dois homens encontraram-se perto de uma favela em Baja California. Annie era uma fotógrafa norte-americana de férias, hospedada com a namorada no trailer de um amigo. María subia um morro no calor do meio-dia com as duas filhas, levando o almoço para o marido, Jaime, um pedreiro, que estava tirando argila de lá. Estava grávida de quase oito meses. Suas filhas tinham acabado de encontrar uma prancheta largada no meio dos arbustos. Annie deu a elas lápis. Sentiu uma conexão imediata com María, que tinha algo a ver com sua simpatia e sua energia com as filhas, e também com o esplendor gritante da terra ao redor delas: a favela, contra o Pacífico radiante, aquele soco de pobreza junto à beleza, com nenhuma cancelando a outra.

Annie levara apenas uma câmera automática com ela na viagem, mas mesmo assim perguntou se poderia tirar algumas fotos de María. Ela disse sim. Essa parte pode não parecer importante: o pedido, o sim pronunciado. Mas essa corrente de pedido e aceitação foi o cerne de tudo o que se desdobrou entre as duas mulheres pelas décadas que se seguiram.

Posso pegar esse momento de sua vida e fazer minha arte com ele? Annie fotografou María parada com as filhas contra o horizonte marrom, gramado, e então a família toda na porta da casa de tijolos rústicos de dois cômodos — pais exaustos, crianças sorrindo.

Annie não fora a primeira mulher branca que pediu para fotografar María.

Mas foi a primeira que voltou. De volta à sua casa em Los Angeles, algumas semanas depois de elas se conhecerem, presa no trânsito indo tirar fotos de um evento escolar, Annie fez uma descoberta que causou um ataque de pânico. Não era apenas pelo fato de que ela iria perder o trabalho na escola, um de seus primeiros remunerados como fotógrafa: era o mundo que parecia estar vindo abaixo. O rádio falava sobre limpeza étnica na Bósnia. Sua melhor amiga da escola de artes tinha morrido recentemente em um atropelamento depois de voltar de uma viagem fotográfica no Kuwait. Tudo parecia ao mesmo tempo frágil e pesado. Naquela estrada congestionada, batendo no volante com frustração, Annie estava determinada a não gastar mais tempo. Viu sua mente remetendo-se à família que ela conheceu no México. Prometeu a si mesma, naquele dia, naquela hora do rush, que continuaria fotografando-os por dez anos.

Dez anos tornaram-se 15. Depois, 20. Então, 25. Até Annie fazer 26 viagens ao longo de um quarto de século.

Na primeira vez que Annie voltou a Baja, María chegou à porta do barraco deles em pânico, dizendo que sua bebê estava doente. Tinha diarreia e febre. María teve medo de que ela morresse. Era Carmelita, de quem estava grávida quando ela e Annie se conheceram no morro. Annie não entendeu o pânico de María até saber que outro de seus bebês havia morrido depois de ter diarreia, anos antes.

Seria assim sempre que Annie voltava: mergulhava no fluxo da vida deles. Provas das primeiras visitas mostram todos os percalços e a glória de uma existência cotidiana: um carrinho de mão cheio de louça suja, um estrado colocado como cerca, duas meninas sentadas sobre uma torre alta de tijolos como uma casa de dois andares, um garoto esperando por trás de uma mesa cheia de chaves de fenda. Suas fotos reviravam os sentimentos atormentados efervescendo por baixo de momentos comuns: uma mãe rindo, inadvertidamente mostrando um vislumbre de dentes podres de que ela tem vergonha; um pai acendendo o cigarro contra o vento do oceano, assentando tijolos às quatro da manhã; o mesmo pai tomando banho com uma caneca e um balde de plástico, olhando tímido ou fungando o cangote de sua filhinha pequena, inebriado de amor.

Durante uma das primeiras visitas, Annie observou as crianças fazerem o dever de casa à luz de velas depois que o vizinho cortou a rede elétrica ilegal deles. Então, negociou impressões de suas fotos para convencer o vizinho a refazer a ligação. Durante outra visita, Jaime ajudava Annie a dar partida em seu velho Oldsmobile, aquele que todos chamavam de burro vermelho, *burro rojo*, quando os policiais chegaram, revistaram Jaime e o colocaram na patrulha. Quando Annie reclamou, dizendo que Jaime só a estava ajudando, os policiais disseram que sabiam exatamente quem ele era. Tirar fotos era a única coisa que Annie poderia fazer para protestar contra a prisão dele, mas as fotos não impediram a polícia de levá-lo.

— Não tire fotos nossas, gatinha — disseram com seus megafones, enquanto se afastavam do enquadramento dela. Mas mesmo assim ela tirou, por 25 anos.

Pode-se chamar Annie de focada ou de obcecada. Obcecada em ver María e sua família evoluindo no decorrer das décadas; e obcecada com o horizonte enganador de um olhar completo.

Ela continuou visitando-os até as crianças de colo começarem a andar; então, se tornarem adolescentes; então, pais com filhos próprios. Continuou visitando-os quando Jaime passou a beber mais e batia em María; depois que um incêndio devastou o barraco de dois cômodos deles e Jaime trocou a bebida por heroína; depois que María o deixou e se mudou para a cidade onde sua mãe vivia; depois que ela encontrou um novo parceiro e um novo lar, um novo trabalho em uma fábrica de sandálias.

Vinte e cinco anos era o suficiente para a humanidade e tempo demais para santidade. Era tempo demais para crianças descartarem a casca de cobra da inocência: criar o hábito de beber, ter brigas, engravidar, cruzar a fronteira. Seguidamente, Annie foi forçada a ver seus focos em termos mais complicados. No dia em que Jaime foi preso, por exemplo, Annie correu até o alto do morro para dizer a María que ele tinha sido levado, e María disse que ela é que chamara a polícia. Jaime havia batido na sua cara com o cinto durante uma discussão sobre o batismo de Carmelita.

A obra documental de Annie é um processo de envolvimento íntimo. Quando ela diz "eu fotografo onde meu coração vive", a frase dela é construída sobre décadas de viagens rodoviárias e de avião e de tempo longe de seus trabalhos diários; décadas de picadas de pulga, dores de barriga e febres, dormindo no chão e aprendendo técnicas de estilingue com especialistas de um metro e vinte; décadas de aconselhamento de uma mulher em dois relacionamentos abusivos; décadas para encontrar o momento certo, a luz certa do ocaso, o olhar certo de mãe para filho; ou não encontrar o momento certo e aparecer de novo mesmo assim.

— Agora que penso nisso, essa obra sobreviveu e prosperou quase o dobro do tempo do meu namoro mais longo — disse-me ela uma vez.

Annie Appel não é famosa, mas sua obra faz parte de uma poderosa tradição documental. É uma linha que se estende do ensaio seminal de W. Eugene Smith na *Life* em 1951, sobre uma parteira negra da Carolina do Sul que atendia pacientes da zona rural, às fotografias de Mary Ellen Mark de adolescentes sem-teto na Seattle dos anos 1980. Recua até os *folk studies* de Bayard Wootten da Carolina do Norte, mãe solteira que pegou uma câmera emprestada em 1904 para tirar fotos e sustentar os dois filhos, e chega até os retratos contemporâneos que a fotógrafa galiciana Lua Ribeira tirou de viciados em *spice* nas ruas de Bristol.

— Fiquei próxima de alguns deles, mas... esse confronto é doloroso e complicado — disse Ribeira sobre seus temas,

São todos fotógrafos que pegam gente comum como assunto e insistem na importância de vidas "comuns", que não estão interessados em fazer de suas fotos contos de fadas redentores ou de seu olhar a objetividade, que forjam relações emocionais intensas com seus temas e criam imagens moldadas por essa intensidade. Ribeira uma vez refletiu sobre os sem-teto que eram seu tema:

— Nessa estrutura em que existimos, eles têm de estar *lá* para nós estarmos *aqui* — disse. E suas fotos momentaneamente derrubam essa distância, sem fingir que foi construída uma ponte sobre a distância, mas insistindo em olhar além dela.

De várias formas, Annie assume a identidade de uma artista *outsider* com orgulho. Sua obra foi exibida sobretudo em galerias pequenas ao redor de San Pedro, a cidade portuária de Los Angeles onde ela vive em um apartamento espremido atrás de um estúdio de dança no qual sua esposa dá aulas de tango. Por uma década, Annie teve um trabalho diário como supervisora de um laboratório de fotos para poder sustentar seus projetos: viajando pelo país para fazer retratos de ativistas do movimento Occupy; fotografando uma freira enclausurada em um mosteiro de Hollywood; montando um estúdio portátil no gramado da Pershing Square no centro de Los Angeles — convidando qualquer um para se sentar para fazer um retrato, inclusive os sem-teto, convencendo a polícia a deixá-la ficar quando chegaram para mandá-la embora —; e, então, voltando 23 anos depois para repetir o projeto. Mas por quase três décadas a pedra fundamental de sua vida criativa foi o projeto do México. Toda vez que Annie liga para a mãe para dizer que está voltando ao México, a mãe faz, sempre com gentileza, alguma versão da mesma pergunta: "De novo? Você ainda não tem fotos suficientes dessa família?". Investigando sempre com uma preocupação de mãe: "Alguém está te pagando?".

O fato de Annie não ter apoio substancial de uma instituição em seu trabalho ao menos traz ao próprio investimento um foco mais acentuado. Ela não apenas se dedicou ao projeto do México por um quarto de século sem reconhecimento oficial sério, ela também se dedicou a financiá-lo — e a lutar por seu trabalho, seguidamente.

Quando o Smithsonian adquiriu uma série de seus retratos do Occupy para sua coleção permanente em 2015, representou uma poderosa tábua de salvação para sua assertividade. Annie voou com suas fotos para Washington, gravando na memória como foi carregar seu portfólio para dentro do museu e a sensação, vertiginosa, flutuante, de carregar um portfólio vazio porta afora. Significava muito para ela que o mundo finalmente tivesse dito: *Seu trabalho importa.*

Seu trabalho importa, sim. Importa porque suas fotografias estão cheias de vida humana em sua bagunça e em sua complexidade, pois iluminam a intimidade como um monte de adubo fumegante com camadas de medo, distância e anseio. Seu trabalho importa porque evoca as maneiras com que a vida cotidiana simultaneamente traz tédio e espanto, trabalho pesado junto a levantes repentinos de encanto.

Em uma foto de 2003 de Doña Lupe, a mãe de María, sentada com os três netos, é muito visível, ao mesmo tempo, o esforço de cuidar das crianças e o amor que impulsiona o cuidado. Lupe senta-se em um banquinho, segurando o pulso da neta mais nova, com uma pilha de pratos na bancada atrás de si. Os traços dos rostos das crianças estão iluminados pelo sol, expostos em sua ordinária santidade. O neto de Lupe, Joelle, parece desengonçado e esperançoso vestindo camiseta listrada e jeans largo, segurando um pombo com as duas mãos, as penas escapando dos dedos. É como se ele estivesse oferecendo o pássaro para uma pessoa atrás da câmera, como um presente, algo precioso se debatendo em suas mãos, que poderia fugir voando a qualquer momento. Sua expressão é repleta de uma esperança frágil e uma incerteza sondadora. Ele está na fronteira da juventude, ainda não envergonhado de achar o mundo fantástico.

Mas o que torna mesmo a foto extraordinária é precisamente o que parece *não* fantástico nela. Um corte mais previsível da foto poderia ter enquadrado mais em volta de Joelle e o pássaro, tornando a imagem mais lírica, mais icônica e mais simbólica, o jovem com seu símbolo de esperança e luta, mas a composição de Annie faz outra coisa. Ela enquadra a foto para que inclua não apenas Joelle e o pássaro, mas também sua avó e dois de seus jovens primos, junto da bagunça da cozinha atrás: um saco de lixo fora de foco em primeiro plano, um cabo de vassoura atraindo o olhar para um canto da foto; todos esses elementos visuais dificultando que o olhar saiba onde pousar. É parecido com o que poderíamos ter visto se Walker Evans não tivesse rearrumado os lares de seus arrendatários para evocar da pobreza uma restrição sem entulho, só linhas limpas e simplicidade. Annie recusa-se a fazer isso. Insiste em deixar a bagunça da vida diária em seu enquadramento, junto aos comoventes levantes. Insiste que cada um é parte do outro.

Muitas de suas imagens são anticonvencionais na composição, como o fotógrafo Ryan Spencer apontou para mim, de uma forma que as torna mais surpreendentes visualmente, flagradas em um purgatório entre serem centralizadas e descentralizadas. É uma manifestação visual do interesse de

Annie em capturar momentos intermediários, não necessariamente momentos de grande drama, mas momentos de humanidade ordinária. Essa qualidade gritante evoca a estética francesa de *jolie laide*: a ideia de que algo é belo por causa de suas imperfeições, não apesar delas. Em uma foto da filha de María, Angelica, e seus quatro filhos, a composição vibra com humanidade não apesar do fato de o bebê mais novo de Angelica estar chorando, mas *porque* ele está chorando. O quadro é eletrizado por essa ruptura.

Esses elementos da obra de Annie — composições irregulares e a propensão a permitir o caos visual — são manifestações formais de seu comprometimento em retratar a vida em toda sua complexidade, assim como a duração do projeto manifesta o comprometimento em possibilitar que a complexidade humana de seus temas se desdobre por décadas. Quando você se torna obcecado em registrar, pode ser impossível parar. Nenhum fim parece honesto ou adequado. O que significa fazer arte da vida dos outros? O que distingue exploração de testemunho, e quando o testemunho está completo? Alguma vez está? É o problema do mapa imaginado de Borges: para poder mostrar cada detalhe do mundo, um mapa teria de ser tão grande quanto o mundo em si. Não teria limites. Nunca seria feito. O que quer dizer: uma família continua vivendo; você continua testemunhando. Uma mulher continua envelhecendo. Os filhos dela têm filhos. Você continua testemunhando. A mulher que você está testemunhando fica chateada com você. Você continua testemunhando. A vida dela parece estar desmoronando. Sua vida parece estar desmoronando. Você continua testemunhando. É infinito. Esse é o problema, e a questão.

Annie cresceu em El Paso durante os anos 1960 e 1970, bem do outro lado da fronteira de Ciudad Juárez. "Nascida e criada em cidades gêmeas divididas por um rio", como ela a descreve. De sua casa de infância em Thunderbird Drive, uma montanha acima no lado oeste da cidade, em uma das partes mais endinheiradas do local, o México era um horizonte distante. Nana, a empregada da família, que morava na casa, cruzava a fronteira todo fim de semana para estar com a própria família. Sempre que Nana era detida no caminho de volta a El Paso, ela sumia por dias. Se estava do lado de fora quando o carro verde da imigração passava por Thunderbid Drive em um dia de semana, ela corria para dentro da casa.

A fronteira estava sempre lá, e Annie sempre teve consciência de estar de um lado dela — sua vida construída com a culpa do privilégio, a vergonha contínua que ela chama de "meu pedido de desculpas de anos por ter nascido em uma casa abastada em El Paso". Sempre que os parentes de Annie a visitavam, vindos da Costa Leste, todos cruzavam a fronteira para comprar vestidos bordados e bebidas baratas. Annie e seu irmão atravessavam para comprar um saco do que se revelou ser uma erva misturada com um monte de porcarias, o troço que os gringos eram persuadidos a comprar. Annie não sabia que garotas estavam desaparecendo de Juárez quando ela cruzava a fronteira como uma menina masculinizada de catorze anos, com um grupo de amigos mais velhos, para ficar bêbada de tequila em bares onde só era preciso ser alta o suficiente para alcançar o balcão. Uma das professoras de Annie explicou que El Paso tinha as maiores taxas de morte no trânsito do país por causa de imigrantes correndo pela rodovia. Durante as aulas de direção, Annie foi alertada para ficar de olho neles. Assim que fez dezesseis anos, começou a levar de carro as empregadas da vizinhança em suas viagens semanais cruzando a fronteira, às sextas-feiras.

Quando criança, Annie forçava a vista para Juárez do outro lado do rio sempre que a família dirigia pela interestadual, esperando ver uma pessoa de fato entre os barracos com telhado de papelão. Mas era longe demais. A escala não era certa.

— De noite, sem eletricidade, a escuridão do lado deles do rio era completa — lembra-se ela. — Era como se eu estivesse encarando o horizonte vazio sobre o mar aberto.

Mas o horizonte não era vazio. Annie sabia disso quando criança; e passou 26 viagens e 23 mil quadros rejeitando essa ilusão. Em vez disso, impõe sua revelação.

Em todo o seu projeto México, Annie carregou as mesmas três câmeras: todas Nikon, todas totalmente manuais; uma carregada de filme colorido, duas com preto e branco. Ela nunca usa *zoom* ou lentes de teleobjetiva. Para um close, precisa chegar perto. Nunca usa flash, apenas luz ambiente. Nunca corta suas fotos no estúdio, o que significa se forçar a confiar na forma como o olho compõe a imagem no momento da captura.

A regra de Annie funciona como restrições de forma em um poema, fornecendo fronteiras geradoras que animam seu impulso criativo. Mas também evocam os procedimentos de um ritual. Para Spencer, fotógrafos são "os equivalentes no mundo das artes aos lançadores de beisebol", por todas as superstições sobre processos que lembram jogadores usando bonés que não são lavados ou beijando suas cruzes douradas, mastigando uma marca específica de tabaco ou desenhando figuras da sorte na terra com a ponta dos sapatos.

As restrições de forma de Annie criam a textura do imediatismo nas composições, mas não seriam possíveis sem os comprometimentos emocionais incutidos no processo: a imersão profunda nas vidas dos temas, o arco de longo prazo construindo os relacionamentos. Annie só aprendeu a expressão *observador participante* depois de já ter sido uma por anos. Ela não consegue planejar suas fotos; tem de estar lá quando o momento certo acontece, o que significa estar lá em todos os outros momentos também. Toda grande tomada não se baseia em uma luz particular, ângulo ou composição. É também fundamentada nos anos que vieram antes, os que levaram Annie e seus temas àquele instante no tempo.

O que suas fotos mostram? Um garoto segurando um pombo. Uma menina segurando a mão da avó. Um grupo de meninos brincando de pega-pega com mãos sangrentas depois de ter enfiado os dedos em um crânio de touro ainda úmido, deixado em um carrinho de mão com a língua morta pendurada para fora. Suas fotos mostram Carmelita quando criança, como uma menininha emburrada, e depois adolescente em seu primeiro emprego, montando uma barraca de feira, a lona laranja filtrando a luz do sol como a pele venosa de um órgão interno. As fotos de Annie não excluem seus temas de suas circunstâncias, mas também não os reduzem às suas circunstâncias. Ela não os alista a serviço de argumentos fáceis sobre desigualdade ou culpa. Deixa seus rostos ocuparem seus quadros de várias formas: às vezes tão grandes que seus traços particulares borram totalmente o pano de fundo; às vezes vagos em uma luz fraca; às vezes colocados parcialmente fora de visão.

Em uma das fotos, tirada em um ônibus no México, o filho de María, Carlos, está olhando direto para a câmera, o olhar desarmado e penetrante, o rosto bem em foco enquanto os dos outros passageiros estão borrados. Essa composição captura a essência de todo o projeto de Annie porque sublinha a forma como ela observa seus temas em situações de anonimato, como uma viagem comum de ônibus, de maneira a dramatizar a iluminação da humanidade particular deles, nesse caso, o olhar de Carlos trazido a uma claridade surpreendente.

Uma antiga foto de 1995 mostra Annie sentada com María e Jaime à mesa da cozinha deles. Jaime está comendo, sua mão pairando sobre os feijões. Há uma pilha de *tortillas* ao fundo, uma garrafa de Coca quase no fim, um retrato de Jesus observando todos. Na parede atrás de Jaime, oito buracos são visíveis, resultantes das noites em que ele socou a argamassa durante ataques de fúria. Annie parece exausta, um pouco desanimada, mas não nervosa ou desconfortável. Ela não está interpretando afeto ou proximidade. Duas de suas câmeras estão a seu lado na mesa.

O que mais me chama a atenção nessa mesa é o fato de que essa gente não está olhando uma para a outra. Estão olhando além do outro, de uma forma que sugere tanto familiaridade quanto displicência. As fotos de Annie estão interessadas em dar espaço para esses momentos não maquiados, para as formas com que as pessoas veem além de umas às outras — como não podem fazer contato visual direto porque estão cansadas demais para se conectarem, receosas demais para confiar totalmente, esgotadas demais para se revelarem. Suas fotos recusam histórias reducionistas de conexão que omitem essas fendas constitutivas, furtivas e persistentes entre as pessoas. Em vez disso, declaram que o mundo é que *é* — no qual essas rupturas são tanto parte de uma intimidade quanto um abraço.

Essa tomada na mesa da cozinha, claro, também é uma foto da fotógrafa, sua câmera descansando na mesa. Outra foto mostra a sombra de Annie caindo sobre uma pilha de tijolos, e essa imagem parece uma confissão: eu estava *lá*. Era parte disso. Suas fotografias insistem na bagunça da subjetividade, no enredo de cuidado e de cuidar, de ficar brava e voltar.

Em uma fotografia de 2000 tirada na casa de Doña Lupe, Annie está abaixada na frente de Carlos com a câmera na altura de seu seu rosto enquanto ele ri e o resto da família observa. Ela está no centro do enquadramento. Mas, de todas as pessoas na foto, o rosto dela é o único que não se pode ver, como se confessasse o desejo de apagar a si mesma, assim como a compreensão de que isso nunca vai acontecer totalmente.

Annie transcreveu suas jornadas ao México em uma série de diários que agora totalizam mais de mil páginas. Eles descrevem longos cochilos no sofá com o bebê mais novo, Viviana, dormindo no peito dela, sentindo seu minúsculo coração bater no dobro da velocidade do dela; ou tardes abafadas passadas no rio com Carlos, observando-o pegar um peixe de cinco centímetros em uma lata vazia de Fanta Laranja, deixando-o passar algas verdes na testa dela, e, depois, Annie descontando, esfregando a alga entre as escápulas dele. Esses registros no diário são um lembrete de que a documentarista também era sempre uma mulher secando as meias à janela e sendo comida viva pelo "turno da noite" dos mosquitos, uma mulher que ficou irritada e cansada, que bebia cervejas geladas sozinha quando estava exausta da comunhão implacável que buscava, que estava com o coração partido pela traição de uma namorada lá na Califórnia ou pela morte do pai no Texas — que trazia essas dores consigo. Elas suavizam as páginas do diário como a umidade.

Annie sempre soube o quanto era absurdo chegar em Baja ou San Martín ou Tijuana e reclamar sobre seu "patrão mal-humorado" diante de tudo o que María e seus filhos enfrentavam. Seus diários confessam como a lente às vezes era como uma barreira necessária entre as vidas deles e sua própria culpa: "Sem eletricidade, por algum motivo, hoje de noite na Lupe, fui oficialmente liberada de tirar fotos e não pude ficar de bobeira na casa dela sem a distração do trabalho para não me deixar pensar demais sobre se é mesmo possível viver como eles". Não era sempre romântico observar as crianças fazerem o dever de casa à luz de velas.

Envolver-se nunca pareceu suficiente, mas começou a parecer necessário. Depois que o irmão mais novo de María, Guillermo, atravessou a fronteira com a família, Annie começou a tirar fotos da nova vida deles nos Estados Unidos. E, quando Guillermo se deparou com a deportação, Annie escreveu uma carta a favor dele e ajudou sua esposa, Gloria, a procurar uma casa para alugar em uma outra cidade. Após tirar fotos de Gloria no trabalho, colhendo uvas em um vinhedo, seu rosto envolto em um lenço, quase escondido entre as vinhas, Annie deixou de propósito pegadas de lama pelo chão do elegante cômodo de prova do vinhedo. Queria trazer terra a um cômodo que esquecera as mãos pegando as uvas lá fora ou que nunca se importou. Nunca se importou com uma mulher que cruzou o deserto grávida, que sustentou uma filha pequena com uma doença crônica de pulmão enquanto vivia o terror diário de que o marido pudesse ser deportado. Annie entendia suas próprias pegadas lamacentas como um ato de insistência, como suas fotos eram um ato de insistência: que essa mulher existia, que sua vida importava.

Dá para acreditar que um projeto documental requer ausência, para que o trabalho seja mais eficiente: que o escritor, fotógrafo ou cineasta deve sair do quadro para deixar espaço para seus temas. No começo do projeto México, Annie fantasiou sobre esse tipo de invisibilidade: "abrir mão de 100% do eu para me tornar um tipo de tela em branco, na qual eu pudesse registrar as verdadeiras cores da situação em mãos". Mas, para mim, a obra de Annie é bem-sucedida porque fracassa em mantê-la ausente. Ela está na mesa da cozinha. Sua sombra estende-se pelos tijolos. Suas fotos são saturadas pela gama completa de seus sentimentos: admiração pela curiosidade de Jaime, raiva com sua violência bêbada. Sua presença não é uma bagagem sobrando, mas parte da obra em si. "Eu" e "outro" não são forças flagradas em um jogo com resultado zero. O fracasso de Annie em se retirar totalmente não obstrui o que ela documenta. Amplia o escopo do que ela está documentando: não apenas seus temas, mas a complexidade emocional de fotografá-los. Ela confessa seu próprio resíduo. Ela tem a mácula do artístico.

***

A linguagem da fotografia conjura agressão e roubo: você *tira* um retrato. *Bate* uma fotografia. *Captura* uma imagem ou momento. É como se a vida, ou o mundo, ou outras pessoas, ou o tempo em si, tivesse de ser pego à força ou roubado.

Se você tira uma foto, o que dá em troca? Nos primeiros anos, Annie sabia que apenas um salário de seu trabalho poderia pagar por um ano de livros didáticos para os filhos de María ou até alguns meses de aluguel. Ela deu o que pôde: dinheiro, materiais de arte, mochilas, novos calçados, bananas, grãos. Seu orçamento lista os pesos que ela podia gastar em cada viagem: para um passeio a um parque aquático com os filhos de María, para *jícama* e pasta de dente, para mangas e *tortillas*, para uma gaiola para Doña Lupe, para ingressos para o hipnólogo e pipoca no espetáculo. Cada vez que voltava, trazia fotos impressas para todos na família, devolvendo-as a eles.

Quando María precisou extrair um dente podre — deixava-a constrangida demais para sorrir —, ela pediu a Annie dinheiro emprestado. Annie disse que daria o dinheiro se María começasse a sorrir nas fotos. Era uma piada, e também algo mais complicado do que uma piada: o reconhecimento da transação em curso que enquadrava a intimidade aprofundada delas. Quando Annie enfim deu o dinheiro a María, ela não usou para o dente. Cinco anos depois, María pediu de novo, e conseguiu o dinheiro de novo, e de novo não usou para o dente. Annie sentiu-se traída ambas as vezes e julgou-se ambas as vezes por se sentir assim. Para o que María usou o dinheiro? Roupas para os filhos. *Tortillas*. Gás de cozinha. Depois que Jaime foi da tequila para a heroína e o abuso se tornou intolerável, María pediu a Annie dinheiro para deixá-lo. Anos depois, Annie lembrou-se da conversa delas assim:

— María me ligou pedindo ajuda depois que finalmente decidiu fugir da violência de Jaime contra ela e as crianças. Cem dólares para seis passagens de ônibus e uma viagem de 36 horas de ônibus para casa. Era certo? E se eu negasse o pedido por ajuda? Uma vida diferente para eles todos. Há dez anos que me pergunto se fiz a coisa certa. Olhando as fotos daquela época, identifiquei uma garrafa na mão de Jaime na maioria das imagens. Eu havia esquecido dessa parte: o sentimento de medo quando Jaime batia nela na minha frente naquela época.

Quando Annie ficou próxima o suficiente de María e sua família, *não* fazer nada começou a se parecer com fazer algo. Quando as filhas mais velhas de María acusaram seu segundo parceiro, Andres, de bater nelas quando recusaram suas investidas sexuais, Annie pensou em dar a María um mês de aluguel para que ela pudesse arrumar um lugar próximo.

"Descobri que uma casa do tamanho da casa atual da María custa US$ 30 por mês", escreveu Annie em seu diário. "Apesar de eu poder pagar seu aluguel adiantado se ela quiser deixar esse homem abusivo... O que devo fazer? O que não devo fazer?" Ela acabou não oferecendo o aluguel para um novo lugar, mas contou a Andres que sabia do abuso e que estava disposta a defender María: "Fiquei a um passo dele e sussurrei cara a cara: 'Devo te bater com meu novo cinto? Que ponta devo usar, a de metal ou a parte lisa? Me mostre como fazer direitinho, Andres'".

Em um registro do diário, Annie autoinstrui-se: "Sempre diga sim", mas seus diários também confessam as vezes em que ela não disse: a vez que ela não pagou pelo botijão de gás de Doña Lupe, a vez que ela não deu a María seu suéter verde favorito, as vezes em que precisou passar o dia sozinha. Nunca deu a ninguém na família seu endereço porque sabia que, se cruzassem a fronteira e aparecessem em sua casa, ela não seria capaz de mandá-los embora.

Quando a fotógrafa Mary Ellen Mark e o marido, Martin Bell, faziam seu documentário de 1983, *Streetwise* [Malandragem de rua], centrado em uma prostituta de Seattle de treze anos, chamada Tiny, eles ficavam constantemente divididos sobre quanta ajuda oferecer. Pode parecer desumano registrar a dor sem tentar acalmá-la. Mas um projeto de documentário pode se tornar insustentável quando assume a responsabilidade adicional de ajudar. E também é verdade que, para alguns sujeitos, jamais qualquer ajuda será o bastante. Mark e Bell nunca deram dinheiro aos jovens que filmavam, mas deram comida, jaquetas e sapatos. Quando voltaram a Nova York depois de fazer as filmagens, ofereceram-se para levar Tiny com eles. "Essencialmente adotá-la", como Bell colocou. A única condição era que fosse à escola, o que ela não queria fazer. Então, ela não foi com os dois. Mantiveram contato com ela por décadas e, dezenove anos depois, Tiny disse a eles: "Penso sempre nisso. No fato de não ter ido".

Em 1993, quando Kevin Carter, fotojornalista sul-africano, tirava fotos de rebeldes no Sudão, capturou uma imagem que se tornaria famosa: um bebê esquelético engatinhando na terra em direção a um posto de alimentos enquanto um abutre se empoleirava atrás dele. Carter abaixou-se cuidadosamente — sem querer assustar o pássaro, para que pudesse tirar a melhor tomada possível. Então, esperou vinte minutos para o pássaro sair voando; quando o pássaro não voou, ele o espantou e deixou o garoto continuar sua jornada. Carter não levou comida ao garotinho. Não o levou ao posto de alimentos. Simplesmente sentou-se sob uma árvore, fumou e chorou. "Ele ficou deprimido depois disso", relatou um amigo. "Ficava dizendo que queria abraçar sua filha." Catorze meses depois, a fotografia conferiu-lhe um prêmio Pulitzer. "Juro que recebi mais aplauso do que todos", escreveu aos pais depois da cerimônia, mas dois meses depois se matou, aos trinta e três anos de idade. No bilhete que deixou, ele disse: "A dor da vida supera o prazer ao ponto em que o prazer deixa de existir".

Em seu diário, Annie interroga todas as versões míticas de si mesma em que ela queria acreditar. "Que verdades devo contar?", pergunta-se. "Me pintar como uma salvadora?" Por décadas, lutou contra o desejo de se tornar uma. Em uma página, descreve-se como "uma artista nua, vulnerável, egoísta, autocentrada, mascarada como uma bem-intencionada boa samaritana, uma máscara tão eficaz que convenci até a mim mesma". Após anos, finalmente disse a si mesma: "Não é minha função bancar a patrulha da moral".

Descobri o trabalho de Annie cinco anos atrás, quando ela me escreveu um e-mail dizendo que via um parentesco entre suas fotos e minha escrita, em particular um ensaio que escrevi sobre James Agee e seu extenso, implacável e culpado livro sobre famílias arrendatárias no Alabama. Quando Annie descreveu a duração de seu próprio projeto documental, senti-me rebaixada. Naquele ponto, já passava de mais de vinte visitas. Deixou-me envergonhada pelas formas com que escrevi sobre a vida dos outros depois de conhecê-los por um ano ou até um mês. Quão inconsistente parecia em face do olhar contínuo de Annie. A divisão ética entre aparecer e voltar impunha-se forte; fez-me sentir acusada. Isso era respeito, pensei: olhar e *continuar* olhando, não desviar o olhar assim que consegui o que precisava. Respeito significava deixar seus sujeitos envelhecerem, ficarem mais complicados, subverterem a narrativa que você escreveu para eles. Significava ter resistência e humildade o suficiente para dizer: *Não terminei. Não vi o bastante.* Em um registro do diário, com nove anos de projeto, Annie escreveu: "Não entendo nada".

Desde o começo, o projeto de Annie no México pareceu-me como um descendente espiritual de *Elogiemos os homens ilustres*, não apenas porque ambos os trabalhos envolviam artistas brancos privilegiados documentando famílias pobres, mas porque os dois foram levados por uma noção persistente de sua própria incompletude. Quando se trata de persistência, Annie bate Agee. Enquanto ele registrou por meses, Annie voltava havia décadas. Mas ambos foram acossados pela suspeita de que, não importa o quanto dissessem ou mostrassem, nunca seria o suficiente para conjurar totalmente seus temas. A parte de Annie que confessava que ela não entendia nada poderia estar falando diretamente para a parte de Agee que se preocupava que seus esforços seriam fracassos, ou pelo menos queria aquela confissão contida em seu projeto. A parte dele que se preocupava que suas palavras não eram o suficiente, que queria pratos quebrados e excremento em vez de frases e parágrafos.

Enquanto eu continuava me correspondendo com Annie, senti-me frequentemente inundada pelo desejo dela de conexão e comunhão. Para cada nota que enviava a ela, recebia três de volta; para cada resposta, mais três. (Depois que mencionei isso para ela, recebi um e-mail com o seguinte título no assunto: *Minha terceira resposta.*) Não era alheia a mim sua avidez, e sim profundamente intuitiva: comunicava-se com minha parte que ficava no telefone com as amigas de escola por horas a cada noite, mesmo que já tivéssemos passado o dia todo juntas; aquela emoção de não sentir barreiras entre nós, a tentativa vã de chegar a um estado de saturação de proximidade, no qual não havia nada que não compartilhássemos.

A primeira vez que Annie e eu nos encontramos pessoalmente foi para tomar um café em um saguão de hotel, e cheguei para descobrir que ela havia trazido duas enormes malas e começou a descarregar o conteúdo em várias mesinhas. Era uma exibição de suas próprias fotos junto a um grupo de livros que a haviam inspirado. Ela montou uma luz para que pudesse tirar um retrato meu. Era excessivo. Estava ocupando espaço. Adorei. Ela era uma mulher ágil, de movimentos rápidos, de cabelo louro-areia cortado curtinho em volta das orelhas. Irradiava energia e apetite.

Em uma de suas cartas para mim, Annie disse que sentia falta em si de uma "noção de fronteiras internas que queria entender desde a infância". Com o passar dos anos, comecei a suspeitar de que qualquer que fosse essa força que afastasse essas fronteiras de se estabelecerem dentro dela — sua curiosidade insaciável, sua permeabilidade, sua ânsia pela troca —, era também precisamente o que a levava de volta ao México seguidamente. Uma vez ela me contou sobre sua fascinação pela equipe de obras que perpetuamente pintava e repintava a ponte Long Beach. Podia vê-los da janela de seu estúdio. Passavam um ano pintando um lado; depois um ano repintando o outro, em um círculo infinito.

— Depois de todos esses anos, enxergo minha obsessão desde o início com a ideia do "processo" tomando forma — contou, lembrando-se de sua fascinação com os pintores e seu trabalho infinito. — Pouco sabia eu na época que isso um dia também iria me descrever.

Quando enfim escrevi sobre o trabalho de Annie em um breve ensaio para acompanhar uma revista de portfólio de suas fotos no México, o artigo incomodou-a. Perguntei-me se a distância crítica de escrever sobre ela em vez de *para* ela pareceu uma fronteira erguida entre nós. Ela disse que a escrita a fez se sentir traída e exposta, e articulou essa reação como um tipo de abandono, como se eu a tivesse deixado retirando demais de minha própria subjetividade.

"Onde você está nisso, Leslie?", escreveu ela. "Nem parece sua voz." Desculpando-se alguns meses depois, ela disse: "Foi minha própria incapacidade de lidar com a intensidade do seu olhar, e a verdade nua".

Passei muito de minha vida de escritora buscando a sugestão da poeta C. D. Wright de que tentamos ver as pessoas "como elas escolhem ser vistas, em seus seres mais amplos". Mas é um sonho impossível. Fazer arte sobre os outros sempre significa vê-los como *você* os vê, mais do que espelhá-los do modo que escolhem ser vistos. E, ainda assim, eu me sentia defensiva com Annie. Frente ao modo como os outros podiam rejeitar a obsessão dela como uma patologia ou excesso, sentia-me protetora da motivação implacável dela em direção à conexão e à compulsão de se fazer vulnerável, de se comunicar totalmente, de dizer *tudo*, documentar tudo, capturar cada nuance, cada complexidade. Em um certo ponto, comecei a suspeitar de que minha obsessão com a obsessão de Annie derivava parcialmente de um complexo de salvador próprio — minha tentativa de defender uma artista *outsider* que era quase cafona de uma maneira teimosa em seus métodos e seu afeto, que era lindamente irrestrita e sentimental, que não se desculpava por ser sincera. Às vezes, o relacionamento entre o artista e seu tema pode ficar bagunçado e opressor. Agee sabia disso, assim como Annie, assim como eu.

O impulso de Annie de continuar expandindo seu projeto desempenha certa fantasia que senti em meu próprio trabalho: não colocar barreiras na evocação de meus temas, torná-los infinitos, mantê-los em continuidade para sempre. Representar pessoas sempre envolve reduzi-las, e chamar esse projeto de "feito" significa dar uma trégua desconfortável para essa redução.

Mas alguma parte de mim luta contra essa compressão. Alguma parte de mim quer continuar dizendo: *Há mais, há mais, há mais.* É por isso que com frequência escrevo dez mil palavras a mais do que me foi encomendado.

É a volta ao problema de Borges: para fazer justiça ao mundo, o mapa tem de reproduzir o mundo em sua totalidade. Mas fazer mais de algo sempre o torna mais verdadeiro? Se a duração média da exposição de uma foto é um sexto de segundo, Spencer observou, significa que, somando, Annie capturou apenas uns seis minutos das vidas de seus temas. Mas a força do trabalho de Annie não é a conquista de um olhar completo. É a busca por completar. Seu trabalho é mais bem-sucedido não como um relato extenso de uma família, mas como um relato da vontade dela de conhecê-la, como um depoimento, mais amplo, do desejo humano de testemunhar outras pessoas.

Há algo de contagioso nessa obsessão. Certamente me infectou — sua noção de que nenhum relato nunca pode ser completo ou *suficiente*. Se Annie sente isso em relação a María e sua família, então passei a sentir isso quanto a ela. Seu apetite começou a parecer tão extasiado, sua motivação em direção à conexão era quase whitmanesca: um superpoder gerador. E fico convencida de que a satisfação de sua ânsia só iria levar embora o motor de sua arte.

Toda vez que tenho notícias de Annie, ela me conta que o projeto do México ficou maior: outra viagem, outro conjunto de fotos, outra série de registros em seu diário sempre crescente. Nos anos recentes, essas viagens incluíram visitar o irmão de María, Guillermo, e sua família em várias cidades norte-americanas onde viveram. E, em cada viagem, ela mergulha direto no grão da vida deles: ir para a igreja com Guillermo para rezar que não seja deportado, ajudar Gloria a conseguir um reembolso de impostos, escutar a filha contar histórias sobre sua boneca da Fada Sininho e o filho contar que quer cursar medicina porque foi profundamente afetado pela doença de pulmão da irmã mais nova. Mesmo Annie tendo inicialmente decidido que não seria sábio dar a Guillermo o endereço de sua casa, ela acabou não apenas dando o endereço, mas convidando-o a visitá-la em San Pedro.

Quando liguei para Guillermo para perguntar diretamente a ele sobre seu relacionamento com Annie, peguei-o no meio do trabalho. Ele tinha acabado de comprar uma van para iniciar uma oficina mecânica móvel e estava indo a um ferro-velho buscar um motor. Ainda se lembrava da primeira vez que havia encontrado Annie, lá nos anos 1990, quando voltou para casa e encontrou uma estranha do lado de fora, tirando fotos, e não tinha ideia do que ela estava fazendo lá. Ele não tinha visto muitos norte-americanos. A primeira coisa que disse a ela foi: "Um dia eu vou chegar a seu país".

Agora que Guillermo estava aqui, ele insistia que, mesmo com Trump, era uma vida melhor para as crianças.

— Temos um pouco de medo — disse-me ele. Então, ouvi Gloria dizer algo no fundo, e ele se corrigiu: — Temos muito medo.

Ele disse que, sempre que saía de casa, Gloria fazia o sinal da cruz por sua segurança, e ele dizia a ela: "Se eu não voltar, você saberá o porquê".

Quando perguntei a Guillermo como seu relacionamento com Annie evoluiu durante os anos, ele fez uma pausa tão longa que me perguntei se a ligação havia caído. Mas acabou dizendo:

— Acho que... muito — e percebi que ele estava se esforçando para descrever um relacionamento que parecia muito abrangente. Annie havia fotografado sua vida inteira. — Quando não me lembro de algo da minha vida, pergunto a Annie, porque ela provavelmente fotografou — disse.

Guillermo explicou que, nas visitas dela, Annie estava constantemente tirando fotos.

— Quando estamos comendo, ela nos fotografa comendo. Quando

estamos trabalhando, ela nos fotografa trabalhando. Todo o tempo. Todos os momentos.

Ele olha para as fotos dela e vê seus filhos pequenos, ou ele mesmo como criança, vivendo na pobreza em San Martín. Quando Guillermo era apenas adolescente, Annie deu a ele o dinheiro de que precisava para se mudar da cidade natal. Ela sempre esteve lá para ouvi-lo. Sempre disse a ele que seria capaz de viver seus sonhos. Conforme conversávamos, continuei esperando que tons mais sombrios tomassem sua voz, por alguma sugestão de que talvez às vezes ele se sentisse invadido pela atenção de Annie ou traído por isso. Mas nunca ouvi essas notas. Eram simplesmente as tensões que criei quando imaginei a narrativa comigo mesma.

Quando perguntei a Guillermo qual era a única coisa que gostaria que alguém soubesse sobre Annie e o relacionamento dela com sua família, ele disse:

— Ela é uma boa pessoa — e então: — Ela é minha irmã.

Não *como*, mas *é*. E, para seus filhos, ela é *Tía Anita*. *Tía Anita*. Ele não disse uma vez, mas várias. Queria que eu entendesse.

Annie chama seu trabalho de uma forma de amor e considera amor uma forma focada de atenção. Nos programas acadêmicos em que estudei e ensinei, nos quais os clichês são Kryptonita e a presença de emoção deve gerar nota de rodapé, é sempre arriscado usar a palavra *amor* sem aspas de alerta. Mas é parte do motivo pelo qual continuo voltando a Annie: não há espaço para aspas medrosas em como ela fala. Ela tem o coração em seu trabalho. É outra forma de transgressão.

E, se o trabalho de Annie é conduzido pelo amor, então é uma forma de amor que não obstrui ou distorce seu olhar. O amor aguça sua visão. Seu trabalho me ajudou a confiar que um investimento emocional duradouro, mesmo com toda sua bagunça e erros, *por causa* de suas bagunças e erros, pode ajudá-lo a ver com mais precisão. Pode sensibilizar sua visão para os vetores concorrentes de emoção revirando por baixo de momentos comuns: o ângulo particular do corpo de uma mulher sobre sua roupa suja; a confusão de um pai enquanto ele encara sua filha chorando; a postura de um homem na entrada de sua nova casa, sorrindo enquanto segura seu filho cansado, logo antes de carregá-lo para dentro.

Quando olho para as primeiras provas de Annie, de suas primeiras visitas a Baja, vejo alguma versão do que ela viu na época: a mãe com o filho, um pai com suas enciclopédias, garrafas de tequila e enormes pilhas de tijolos. Mas também vejo as longas sombras feitas por tudo que não aconteceu ainda: anos de trabalhos diários, pedidos de bolsas rejeitados e namoros terminados; lutas com mães e gravidezes inesperadas; vícios, incêndios e viagens de ônibus para novas vidas. Vejo o horizonte de um projeto que manteria Annie partindo humilde, mais confusa do que quando começou. Após nove anos: *Eu não entendo nada*.

Nesses primeiros negativos, vejo flocos de milho e cigarro e o vento teimoso e a risada repentina. Vejo tudo o que as fotos sabiam junto a tudo o que não sabiam ainda, e esse desconhecimento é mais uma definição de amor: comprometer-se com uma história que você não pode imaginar totalmente quando começa.

III
PERMANÊNCIA

Ensaios

CASAMENTO É O SAGRADO E O EMBRIAGADO, suor sob o vestido, cobertura doce na boca. Uma enorme igreja de tarde, iluminada e salgada, dá espaço ao esplendor bêbado de um estábulo, e uma ilha toda de repente é *sua*, sua e de todos. Você sente a exaltação do vinho em você, você sente a exaltação do vinho em todos, e estão todos de acordo — não de acreditar no amor, mas em querer. Isso você pode fazer. Pode dançar com um estranho e pensar. *Nós temos isso em comum, a vontade de acreditar.* No que mesmo? Na possibilidade de que duas pessoas possam de fato trazer felicidade uma à outra, não apenas hoje, mas em dez mil dias que elas não conseguem ver ainda.

Casamento é incômodo. Incômodo é gastar dinheiro que você não tem para comemorar a vida de gente que tem mais dinheiro do que você. Incômodo é reservar uma viagem de ida e volta, Boston a Tulsa, e se perguntar: *Como isso aconteceu?* Incômodo é se dirigir a um centro de conferência em Oklahoma no meio da noite. Incômodo é ficar presa no trânsito na Brooklyn Bridge e escutar o namorado da amiga falar sobre conseguir um brevê. Incômodo é pegar o trem Path para Hoboken às duas da manhã, ombro a ombro com a multidão mais bêbada que cruza túneis e pontes, pensando: "Essa gente está bem bêbada e isso é degradante!". Casamento é pegar um avião, um trem, um ônibus, uma balsa, e depois jogar a mochila abarrotada em um cybercafé qualquer, verificar seu e-mail e encontrar uma mensagem de seu novo namorado dizendo que ele acabou de falar sobre você com o pai pela primeira vez. Isso faz o casamento à frente parecer tomado de possibilidades. Você é alguém que, um dia, talvez possa ser amada. Você está no jogo.

Casamento é ser deixada em uma agência dos correios em uma rua de terra no meio das montanhas e esperar por uma carona para seu alojamento. Há sempre um alojamento. Há sempre a hora dos drinques no alojamento, e atividades em grupo no alojamento, e uma caça apressada pelos sapatos perdidos de uma madrinha da noiva no alojamento. Cruzamos distâncias para comemorar o amor de gente que amamos, mas às vezes dói no coração ficar sozinha em uma estrada vazia e pensar: *O que estou fazendo aqui?*

Todos falam de casamentos como começos, mas a verdade é que também são términos. Dão um horizonte de encerramento a coisas que estiveram lentamente se dissolvendo há anos: flertes, amizades, inocência compartilhada, desprendimento compartilhado, solidão compartilhada.

Casamento baseia-se em ser solteiro e perguntar-se sobre estar apaixonado, e estar apaixonado e perguntar-se sobre estar apaixonado — como é para outras pessoas e se dói tanto quanto dói para você. Em cada casamento, de uma hora para outra, todas as apostas são feitas e todos estão perguntando quando seu namorado planeja fazer o pedido e você está vendo seu namorado conversar com a garota na mesa de queijos, e o vinho em você quer briga, e o vinho em você pensa: "Você nunca vai me amar como eu preciso que me ame".

Você achou que conhecia o choro bêbado antes de ir a casamentos. Ficou altinha de vinho barato no meio da tarde, sozinha, e chorou relendo e-mails que ex-namorados te enviaram antes de serem ex-namorados. Mas você não conhecia esse tipo de choro bêbado: sozinha no banheiro do casamento de seu irmão. E nem poderia explicar direito, pois estava feliz por eles, estava, mas também está sentindo algo mais, só que ficou bêbada demais para se lembrar do que era.

Você aprendeu que há um tipo de choro que era tranquilo, e outro tipo de choro que não era, um choro violento, raivoso, e, sem notar, passou de um para o outro.

Às vezes, os melhores casamentos são os de estranhos. Você é apenas uma acompanhante. Não são necessários sentimentos particulares. Chora quando o noivo se lembra da mãe, que morreu de câncer alguns anos antes; e, mesmo que nunca tenha visto esse cara, ele uma vez esteve em uma banda com seu namorado, você vê a forma como ele olha para a esposa e pensa que a mãe dele deve tê-lo amado muito. Quando você sai do galpão, o sol está se pondo no começo de junho e há campos sob a luz, e você pensa naquela música do Sting, aquela que você sempre tem vergonha de gostar, só que talvez não seja vergonhoso gostar. Você tem uma pequena quiche na mão, e sente os braços do seu namorado enlaçarem suas costas — ele só tem um terno, você conhece bem essa textura — e este momento pode ser meio doce demais, como bolo de casamento, mas é seu. Você evoca seus sonhos mais primitivos, vergonhosos, por algum tipo de vida que aprendeu a amar nas revistas — e os alimenta com quichezinhas, esses sonhos, e esperanças de que isso seja o bastante.

Pergunta-se sobre o que elas sentem, as pessoas que se casam, no momento preciso que fazem seus votos. É só prazer ou também medo? Você torce pelo medo. Porque basicamente não consegue se imaginar sentindo outra coisa. Exceto quando visualiza as pontas do terno de um homem contra suas costas, familiar, a mão dele em seu braço, a voz dele em seu ouvido.

Por *você*, quero dizer, *eu*, claro. Pergunto-me sobre o medo. Não quero ter medo.

Aos treze anos, peguei um voo de Los Angeles para São Francisco e perguntei-me o que meu pai amava na mulher com quem ele estava prestes a se casar e o que amava em minha mãe, e se havia algo que ele *ainda* amava em minha mãe e como esses círculos podem se sobrepor se eu colocasse um ao lado do outro. No aeroporto, minha mãe abraçou-me e esforçou-se ao máximo para fingir que não se sentia ameaçada por eu ter decidido ir, que ela não estava desabando sob o peso de trinta anos se acabando. Ou talvez fosse desabar quando eu partisse. Eu podia ver. Levei isso comigo.

No casamento, chorei o que minha mãe não havia chorado na minha frente. Chorei em uma sala cheia de parentes da esposa do meu pai. Eu era aquela enteada terrível, aquela de filmes terríveis, *fazendo uma cena* na frente de todo mundo. Sentei-me no canto das salas de recepção, e meus irmãos bateram nas minhas costas para que eu não me sentisse tão deslocada, tão desancorada. Na época, eles ainda não tinham esposas. Eu não queria que ninguém olhasse para mim. Foi parte do motivo pelo qual comecei a chorar ainda mais, o que deve ter parecido exatamente com o contrário, claro: um apelo pela atenção de todos.

Quando meus pais se separaram, meu pai mudou-se para um apartamento escuro em um prédio com cara empresarial, que dava para um bosque de eucaliptos. Lembro-me de que ele comprou uma máquina de sorvete para que pudéssemos fazer sorvete juntos. Lembro-me de que o sorvete tinha gosto de cubo de gelo. Lembro-me de encontrar a foto de uma mulher bonita com um rosto borrado na cômoda dele. Lembro-me de pensar que o lugar todo parecia incrivelmente solitário. Lembro-me de sentir pena dele.

Meses depois, quando me disse que ia se casar, com uma mulher que eu ainda não conhecia, pensei na mulher da foto e percebi que a solidão dele mentia para mim. Não era dele, mas minha, minha própria solidão refletida na jaula da nova vida dele, como um espaço no qual eu sentia que não pertencia.

Quando chorei em seu casamento, chorei pela traição daquele apartamento escuro — como o imaginei solitário quando, na verdade, ele estava feliz, e como minha solidariedade a ele me fez de boba, afinal.

O longo truque

QUANDO MEU AVÔ MORREU, perdi um homem que nunca conheci realmente. Eu tinha quase trinta anos e o havia visto talvez umas três vezes na vida. Ele existia basicamente como lenda: um bêbado e um piloto. Fora coronel da Força Aérea, alocado no Brasil durante a Segunda Guerra Mundial, e pelo resto da vida tomou aquele país como sua segunda casa: comprou um pedaço de terra no sertão, isolado, e acabou ficando sóbrio na cidade de Natal. Criou meu pai e minhas duas tias antes de largar a bebida e começar a tomar lítio; depois de fazer essas coisas, casou-se novamente e teve mais duas filhas. No decorrer dos anos, percebi que meu avô tinha sido um pai bem diferente para elas.

Quando eu era pequena, meu pai me contava histórias sobre ir às bases aéreas com o pai dele quando era menino. Adorava ver Marshall inspecionar o avião dele, circulando os pneus e verificando rachaduras na cobertura de vidro. Essas histórias não me faziam sentir próxima de meu avô tanto quanto me faziam sentir próxima de meu pai. Levavam-me aos receios dele. Uma vez, perguntei a meu pai se ele se orgulhava de meu avô por ele saber pilotar um avião. Ele foi rápido em especificar: não apenas um *avião*, um jato bombardeiro. Significava que sim, ele tivera orgulho. Significava que ainda tinha.

Sua voz ficava suave quando ele falava da forma como Marshall segurava o estojo do capacete como uma pasta em sua mão, como qualquer executivo indo trabalhar. Só que o escritório dele era uma base aérea, e seus negócios eram no céu.

Meu pai nunca aprendeu a pilotar um avião, mas passou muito tempo voando. Por toda a minha infância, o trabalho dele o levou por todo o mundo. A casualidade com que mencionava um bate-volta para Pequim era impressionante; a voz grave de autoridade e inatingível, a presença eletrizada pelo fato de que ele sempre tinha compromissos em outro lugar. Seu passaporte era um remendo de carimbos e vistos. Ele sempre tinha de pedir páginas extras.

Cresci venerando os homens da minha família, meu pai e meus dois irmãos mais velhos, mas quando fiz nove anos, todos começaram a partir. Meus irmãos para a faculdade. Meu pai se mudou para o outro lado do país para trabalhar. Não me lembro de ficar brava com isso. Antes disso ele já viajava com muita frequência. Eu sabia que seu trabalho era importante, mas não sabia por quê. Eu não sabia por que meus pais se divorciaram quando ele voltou. Também não fiquei brava por isso. Em vez disso, fiquei brava que meu irmão do meio, Eliot, foi à faculdade dois anos após Julian, meu irmão mais velho. Essas partidas comuns carregavam todo o peso da traição. Fizeram-me perceber que eu não era central na vida deles como eles eram na minha.

A casa ficou bem quieta nesses tempos. Era apenas eu e minha mãe. Alguns meses depois do primeiro ano de Eliot, fiz um desenho em nosso computador, usando um programa gráfico do início dos anos 1990, que fazia todo mundo parecer um desenho de lousa-mágica. Era um autorretrato meu sentada na cama às lágrimas e o punho sob meus olhos. Chamei de *Tristeza invejosa*.

Eu costumava ligar para Eliot em seu dormitório distante e me recusava a sair do telefone até ele dizer que me amava. *Te amo*, dizia eu. *Te amo te amo te amo*. Eu dizia até ele dizer de volta. Às vezes, ele dizia. Às vezes, não. Às vezes, havia apenas silêncio. Sentia-me muito ofendida. Na verdade, claro, sentia-me ofendida por meu pai. Na verdade, claro, implorando por aquela frase silenciosa, eu estava falando com meu pai.

Antes de meus irmãos partirem, e antes de meu pai partir, meu avô partiu. Ele foi o homem ausente original. A distância entre ele e meu pai, o fato de se verem muito raramente, quase nunca era discutido. Mas décadas depois, quando meu avô estava morrendo de câncer, meu pai me pediu para ir à cidadezinha pesqueira de Chesapeake Bay onde Marshall morava com sua segunda esposa. Eliot e eu nos sentamos com nosso pai em uma barraca de frutos do mar a cerca de dez minutos da casa onde meu avô estava morrendo. Atracou-se lá sobre um prato de bolinhos de siri porque não queria dar trabalho à sua madrasta e suas meias-irmãs. Fiquei triste ao pensar que meu pai poderia ser um intruso na morte do próprio pai.

Marshall morreu com seu neto mais novo, de apenas um mês de idade, aninhado na dobra de seu braço. Quando vi seu corpo uma hora depois, ainda deitado na cama, ele parecia frágil e ictérico: uma estátua lisa de cera, o rosto amarelado encimado por um boné azul-claro, olhos parcialmente abertos.

Nos dias após sua morte, a vida na casa pareceu concreta e próxima: cobertores macios nas cadeiras, sopa no fogão, bebês chorando. A madrasta de meu pai, Linda, e suas meias-irmãs, Danica e Kelda, eram graciosas no luto. Receberam-nos em uma casa que cheirava a xampu, óleo de cozinha e creme para bebê. Leram para nós o poema que leram para Marshall enquanto ele morria: *Preciso descer ao mar de novo, para a vida de cigano errante,/ ao caminho da gaivota e ao caminho da baleia, onde o vento é como uma faca amolada.* Minhas duas tias tinham filhos recém-nascidos que permaneciam alheios em face da mortalidade: ficavam com fome, com gases, confusos e divertidos com cada coisinha. Danica disse-me que por dias a vida naquela casa se baseava toda em corpos: cuidar do filho, virar o pai na cama para que não ficasse dolorido, ajudá-lo a ir ao banheiro quando ele podia caminhar, trocar seu penico quando não conseguia.

Eliot era reservado — era quase sempre reservado —, mas ficava confortável segurando os bebês. Sua postura com eles evocava toda sua vida lá em casa: tudo o que ele construiu, o tipo de pai que escolheu se tornar. Em Vancouver, ele tinha uma esposa, dois filhos pequenos, uma casa de dois andares e um trabalho em infraestrutura: pontes, ferrovias e rodovias. Nada no ar. Ele ia a parquinhos suburbanos nos fins de semana. Não tinha medo de participação. Foi o que eu disse a mim mesma na época. Agora penso que talvez ele tivesse medo de participação, assim como o restante de nós, e continuava aparecendo mesmo assim. Carregava uma pasta, mas não tinha capacete. Ele ficava na terra.

Do outro lado do continente, em Connecticut, eu fumava cigarros em minha condescendência e sentia pena de mim mesma por reviver discussões que tive com meu namorado antes de terminarmos. À beira dos meus trinta anos, recém-sóbria e recém-solteira e ainda viajando regularmente para os casamentos dos outros, eu havia acabado de romper o contrato de aluguel que dividia com meu ex e me mudei para um estúdio de um cômodo com uma geladeira cheia de água com gás e uma secadora cujo ventilador interno lançava minúsculas partículas no ar úmido. Sempre cheirava a menta por causa da essência que eu borrifava por todo lugar para afastar os ratos que continuavam voltando mesmo assim. A solidão daquele apartamento parecia uma devida punição por fugir de meu relacionamento em vez de batalhar mais por ele, por ser volúvel, instável, incerta; por ser carente, mas incapaz de retribuir o amor de que eu precisava. Minha mãe queria que eu tivesse filhos, e algo em mim também, uma parte minha enterrada fundo por baixo do medo de ser constantemente responsável por outra pessoa.

    Estava me contendo para me mostrar nessa velha casa de madeira na Virgínia, onde duas pessoas estavam casadas havia décadas e estabeleceram-se lá em uma cidadezinha pesqueira na ponta de uma península. A pesca local era savelha-do-atlântico, que não era um tipo de peixe que as pessoas comiam, mas um tipo de peixe que as pessoas moem como ração de galinha. A fábrica local de processamento chamava-se Omega Protein. Eliot descobriu tudo isso pela Wikipedia. Ele brincou com o nome *Omega Protein*. Soava sinistro. Mas me emocionava, de alguma forma, que Eliot tivesse o trabalho de pesquisar aquela cidadezinha. Ele queria saber algo sobre o lugar além de *alguém morreu aqui*. Entendi isso. Eu queria saber algo sobre meu avô que não fosse só sobre sua morte ou sua mítica vida. E não era só ele que eu queria conhecer melhor, mas também os traços dele deixados nos homens da família. Seu fantasma parecia uma forma de compreender essas partes deles que sempre foram misteriosas, opacas, que sempre pareceram distante, mesmo quando estavam bem à minha frente.

    A palavra em português *saudade* é celebremente intraduzível, mas sempre amei como descrevia algo mais misterioso do que pura nostalgia. É uma ânsia não pelo que você perdeu, mas pelo que nunca teve. É algo como sentir falta, mas pode significar sentir falta de um lugar em que você nunca esteve. Uma casa no Brasil, aonde o Marshall ia quando não estava com a família. Geralmente, é usada em uma construção gramatical que sugere posse ou companhia: você tem *saudade* ou pode estar com ela. Como se a falta pudesse se tornar um tipo de companhia. Como se pudesse compensar pela ausência em si. *Saudade* é o nome da dor que sinto quando me remeto àquela imagem de meu pai e o pai dele na base aérea. Um garoto impressionado pelo piloto preso aos céus, ajoelhado ao lado dele, ávido em ajudá-lo a verificar a cabine procurando rachaduras. Sinto falta dessa base aérea, mesmo nunca tendo estado lá. É uma lembrança que pulsa dentro de mim, mesmo não sendo minha. Brilha com o desejo de conhecer o homem e o garoto que vivem dentro dela.

Quando eu tinha seis anos e não conseguia dormir de noite, Eliot começou a dormir na cama de baixo do meu beliche. Chamávamos de seguro de sono. Ajudava apenas saber que seu corpo estava no quarto escuro com o meu.

Não consigo me lembrar da época em que eu não era obcecada com a vida de Eliot. Contava-me muito pouco sobre ela. Mantive a foto de sua formatura do ensino médio na minha escrivaninha por anos, sua acompanhante em um vestido dourado de renda com sapatinhos dourados. (Era 1992.) Era uma fascinação infinita para mim a questão de que tipo de mulher ele achava bonita. Bruce Springsteen era seu cantor favorito. Então, eu escutava "Human Touch" no *repeat* buscando pistas sobre sua vida interna. (Foi só anos depois que percebi que *talvez* não fosse sua música favorita.) Ele jogava tênis no time da escola, e eu adorava vê-lo praticar com sua dupla, Amir, enquanto fazia comentários das laterais. "Eliot arranca um *winner* na linha de base!", dizia eu. Ou: "Amir comete outro erro não forçado na rede!". Lembro-me de Amir perguntando: "Ela vai fazer isso o dia todo?". Eu saía de seus jogos de tênis com as mãos cobertas de marcas vermelhas, por enfiar as unhas em minha pele de tanto nervosismo com os pontos do jogo.

Minha mãe uma vez me disse que, quando eu era bebê, Eliot com frequência chorava quando eu chorava. Ele tinha nove anos de idade. Não se acalmava até eu me acalmar. Quando adulto, passou a manter seus sentimentos zelosamente privados, como se já tivesse chorado tudo o que planejava em sua vida. Mas eu precisava lembrar: ele já chorou por mim. Era uma prova de que eu tinha o poder de comovê-lo.

Quando meus pais se apaixonaram, meu pai já estava noivo de outra mulher. Ele e minha mãe estavam trabalhando juntos no Brasil, em um projeto de pesquisa que meu avô montara, focado na educação rural, e minha visão infantil do caso deles reluzia como um conto de fadas: os dois se beijando em praias brasileiras desertas, nadando no selvagem e espumoso Atlântico. Eu até adorava a parte da história sobre a noiva de meu pai ter ficado tão brava que jogou o bolo de aniversário que fez para ele na cara dele. Quando eu era criança, pensava em praias brasileiras porque era mais fácil imaginar essas paisagens de cartão-postal do que imaginar a noiva de meu pai perguntando-se o que poderia ter feito para que ele a amasse o suficiente para permanecer. Eu queria imaginar a história de minhas próprias origens como uma paixão épica em vez de uma traição comum. Na verdade, é claro, eram ambas as coisas. Identificava-me com minha mãe na história, pois ela era minha mãe. Mas por anos seria eu que me perguntaria — com meu pai, meus irmãos, meus namorados: "O que posso fazer para que ele me ame mais?".

Por um longo tempo, fiquei brava com meu pai por sua inquietação, suas ausências e suas incontáveis infidelidades. Na época em que Marshall morreu, comecei a reconhecer quantas similaridades existiam entre nós. Nós dois gostávamos de nosso trabalho. Gostávamos de nosso vinho. Eu não era totalmente diferente dele no que buscávamos no mundo — o que eu achava que tinha direito ou não devia a ninguém. Sempre jurei que não iria repetir os erros que passavam batido por minha família, mas me encontrei mais capaz de trair namorados — lá estava eu, na primeira vez, a boca com gosto de cigarros, refrigerante de laranja e licor, acordando ao lado de um irlandês que acabara de vir de moto da América Latina. Era quase libertador que eu não pudesse julgar meu pai por todas as vezes que ele fizera algo assim também. Não é que se ver se tornando seus pais signifique que você não possa ainda ficar brava com eles. Na verdade, pode deixá-la ainda mais brava. *Você me fez assim!* Mas incomodava meu julgamento como um fio de cabelo no fundo da língua.

Se passei pelos vinte anos me tornando mais como meu pai, Eliot passou os dele se tornando o oposto: um monogâmico comprometido com uma carreira em um banco de investimentos e criando uma casa com uma cerquinha branca. Via a identidade de Eliot como uma herança invertida: seu desejo de se tornar as coisas que o pai não fora.

Um mês após o casamento de Eliot, quando ele tinha trinta e poucos e eu tinha vinte e poucos, tivemos uma conversa sobre relacionamentos, uma das conversas mais reveladoras que já tivemos. Contei a ele minha teoria do quarto branco. Eu queria encontrar um cara com quem pudesse passar três dias em um quarto branco vazio e não ficar entediada. Havia terminado um relacionamento da forma como eu começava a terminar os relacionamentos, da forma como eu continuaria a terminar relacionamentos: caindo fora quando me entediava. Queria sair do quarto branco. Meu convite para o casamento de Eliot tinha o nome do meu ex-namorado, pois estávamos juntos quando foi enviado, mas eu iria ao casamento sozinha (e com *orgulho* de ir sozinha) porque ir sozinha significava que não estava acomodada, e eu achava que se acomodar era das piores coisas que poderia acontecer a um ser humano.

No dia em que conversamos, antes do casamento de Eliot, perguntei a ele o que ele queria. Por que estava se casando com a mulher com quem se casava? Ele disse que os dois tinham visões parecidas sobre a vida que queriam construir; tinham valores compatíveis e mentalidades próximas sobre coisas práticas, como finanças. Quando eu tinha 21 anos, isso soava como o oposto de um romance: *visões similares para a vida que queríamos construir.* Olhando para trás, aos 35 anos, parece tudo.

Fizeram o casamento em Yosemite, e terminei atrasando a cerimônia em meia hora porque meu corpete de madrinha rasgou enquanto eu puxava o zíper. Minha futura cunhada foi uma fofa. *Vamos consertar*, disse ela. E consertamos. Outra madrinha era costureira; fui literalmente costurada dentro de meu traje. Mesmo dizendo a todos que fiquei arrasada por atrasar a cerimônia, secretamente eu tinha um pouco de orgulho. Fui uma força para o caos; um distúrbio para qualquer que fosse o oposto de acomodação. Eu era desacomodada, difícil de controlar, recém--solteira, incontida.

Na verdade, a cerimônia foi linda. Lembro-me de ver como meu irmão parecia feliz, e minha cunhada; de perceber como eu sabia pouco do coração dos outros, como eu sabia pouco do meu próprio. Na festa, serviram torta de maçã em vez do bolo de casamento porque ambos preferiam torta. Outra visão compartilhada. Quando eu chorei naquela noite, transbordando de vodca e chardonnay, fiquei repetindo o nome do meu ex na conversa, para que todos soubessem que vir sozinha fora uma escolha que fiz. Usei a ponta do meu sapatinho brilhante de festa para apagar bitucas de cigarro nas tábuas de sequoia-vermelha de um deque que dava para prados verdejantes que escureciam no crepúsculo. Era tão lindo! Eu estava tão bêbada! Na época, a vida existia forçosamente dentro de mim em noites como essas: noites turvas quando eu confrontava a dificuldade do amor — meu coração partido! O coração partido do meu ex! E me sentia existencialmente sozinha e bebi vodca o suficiente para dizer a todos que me sentia assim.

Mas, conforme os anos se desdobraram, a vida começou a parecer menos com algo que se cristalizava nesses momentos cinematográficos, chorando em banheiros ou gesticulando com um cigarro aceso contra o fundo de um céu de verão que escurecia, e mais com algo que se acumulava por grandes feixes de dias comuns: viagens matutinas ao trabalho, buscar crianças na escola, o calor dos corpos de meus sobrinhos pressionados contra o meu em sofás, escutar The Lorax, pedir torta de maçã em vez de bolo nos aniversários deles.

Alguns anos depois desse casamento, pedi a Eliot que me emprestasse dinheiro o suficiente para que eu pudesse fazer uma viagem de dois meses para a Bolívia. Ele disse não. "Tenho dinheiro o suficiente para a viagem", expliquei esperançosa. "Só preciso de dinheiro para pagar o aluguel quando eu voltar." Ele ainda disse não. Senti-me julgada, falei para ele. Ele disse que eu não deveria pedir um favor a não ser que estivesse tudo bem para mim escutar um *não*. Comecei a chorar. "Estou triste com você" — costumava dizer para meus irmãos quando eu era pequena —, pois alguma parte minha sabia que ele estava certo. Não era precisar do dinheiro que me fez chorar, mas a ideia de que eu o havia decepcionado. Passei muito tempo de minha vida esforçando-me para ganhar seu elogio, como uma planta em casa se inclina para a luz do sol, implorando por algo daquela voz do outro lado da linha — não apenas amor, mas a segurança que eu merecia.

Quando Marshall estava morrendo, quase duas décadas depois que meus pais se divorciaram, minha mãe escreveu para ele um cartão que pediu que eu lesse sobre seu corpo: "Obrigada, obrigada, obrigada, obrigada", escreveu ela — um obrigada por meu pai e um para cada filho que tiveram juntos. Suas palavras criaram uma superfície sólida ao redor do oco em mim onde a dor deveria estar. "Sempre admirei sua disposição em sonhar grande", escreveu ela. O corpo dele na cama parecia tão incrivelmente pequeno! Toquei em seu braço e segurei sua mão, mas não consegui tocar seu rosto.

Abaixo de meus pés, o andar de baixo estava cheio de detritos de seus projetos em andamento, o casamento desconfortável entre mania e brilho: um arsenal de lixas para que ele pudesse fazer sua própria lixa de unha, cartões com listas de tarefas: *Enviar Resolução Israel-Palestina ao Senador Warner; Encerrar Plano de Retirada do Afeganistão*. Ele conseguia mostrar encanto em tudo, minhas tias me diziam, até em um pequeno inseto ou erva. O poema que leram para ele enquanto morria, com o caminho da gaivota, o caminho da baleia, não terminava com a faca amolada do vento ou a vida cigana errante. Terminava com descanso: *E tudo o que peço é um conto feliz de um companheiro errante/e um sono tranquilo e um sonho doce quando o longo truque terminar.*[*]

No dia depois que ele morreu, fiz *brunch* para todos: ostras fritas, pressionando os músculos ovais brilhantes e cobrindo-os com farinha de pão, querendo que se tornassem algo comestível. Queria ser útil. Queria alimentar os enlutados. Comprei as ostras em um posto de gasolina perto de Rappahannock, onde o homem atrás do balcão me vendeu um pote de vidro cheio dos corpos gosmentos, então me anunciou, por nenhum motivo apa-

---

[*] No original, *"And all I ask is a merry yarn from a laughing fellow-rover, And quiet sleep and a sweet dream when the long trick's over"*, trecho do poema "Sea Fever", de John Mansfield. (N. T.)

rente, que ele queria uma *root beer* e uma tortinha doce. O mundo parecia cheio de desejos que nem sempre podiam ser explicados, mas às vezes, de forma surpreendente, podiam ser realizados.

Em meio a ostras empanadas gordurosas, Kelda contou-nos que Marshall sempre falou com facilidade sobre os primeiros anos de sua vida, sua infância, seu serviço na Força Aérea, mas havia trinta anos sobre os quais ele raramente falava: os anos com a primeira família. Quando meu pai ouviu isso, seu rosto não mostrou expressão. Mais tarde naquele dia, quando vi uma garrafa de vinho vazia em seu quarto de hotel, pensei em seu rosto à mesa. O que havia por trás dele? A garrafa vazia evocava todas as garrafas vazias que eu joguei no lixo reciclável de vizinhos durante os meses em que minha avó estava morrendo, muitas décadas depois que ela e Marshall haviam se divorciado, quando eu morava na casa dela e cuidava dela de forma imperfeita, o melhor que eu podia. Meu avô era a única pessoa na família que ficara sóbrio, mas eu não sabia nada sobre como tinha sido a sobriedade para ele. Ele também bebia água com gás direto da garrafa? Também passava dias em um apartamento que tinha cheiro demais de pasta de dente, lembrando-se de seus namoros malsucedidos? Provavelmente, não. Ele havia tido suas próprias piores jornadas.

Entre outras coisas, a sobriedade ensinava-me que eu não amava nada mais do que contar histórias infladas sobre minha própria disfunção ordinária. E talvez eu tivesse encurralado os homens em minha família em outras dessas histórias: a de uma garotinha buscando homens evasivos — o piloto, o passageiro frequente, a voz silenciosa do outro lado da linha — cujos corpos e atenção frequentemente se dirigiam a outro canto. Mas a história era mais complicada do que isso. Porque em algum ponto desenvolvi um apego ao estado de ânsia em si. Eu não mais desejava presença; na verdade, frequentemente não tinha ideia do que fazer com os homens quando permaneciam. Ficava no apartamento do meu pai por apenas uma noite após meses distante dele. Tudo era desconfortável. Não havia comida para o almoço da escola, apenas chardonnay na geladeira. Eu só queria ir para casa. Era mais fácil sentir falta dele do que tê-lo por perto.

Foi anos antes de eu descobrir a segunda definição da palavra *saudade*. Nesse sentido, *saudade* não descreve anseio por nenhum objeto em particular, mas anseio pelo próprio estado de ansiar. Como o crítico F. D. Santos escreveu: "Não é mais o Ente Querido ou o Retorno que é desejado. Agora, o Desejo deseja o Desejo em si". Esse tipo de desejo não sabe o que fazer para ser satisfeito. Tem problema com a proximidade de cômodos brancos. Não pode ver as formas nas quais homens evasivos às vezes aparecem. Tem problema para encaixar a presença deles no quadro. A verdade é que homens evasivos em minha família também apareceram muitas vezes. Marshall construiu uma segunda família e amava muito suas filhas. Às vezes, ele escapava para o Brasil e às vezes escapava para seus projetos no andar de baixo, mas perpassando tudo isso, construiu uma vida por trinta anos em uma velha casa de madeira ao lado de Chesapeake Bay. Meu pai partia com frequência, mas houve muitas vezes em que estava lá, fazendo miojo e pipoca de jantar para mim, quando minha mãe estava fora da cidade, ou esperando no café de um hospital durante minha cirurgia cardíaca, anos depois. Se eu era apegada a histórias sobre meu pai incansável e seu pai incansável, então talvez quando meu avô morreu eu pudesse deixá-lo viver como algo mais do que um mito, mais do que uma divindade; e talvez eu pudesse deixar meu pai viver como algo mais complicado e contraditório também, o que quer dizer: dedicado, imperfeito, esforçando-se ao máximo. Talvez eu pudesse começar a ver que, enquanto eu ansiava por ele, ele também ansiava por mim.

Dois dias depois que meu avô morreu, Eliot e eu acordamos cedo para correr na chuva.

—Adoro correr na chuva — falei para ele, mesmo não gostando de fato.

Eu só queria ser uma pessoa que gostava de correr na chuva: estoica, imperturbável. Eliot perguntou se eu tinha uma jaqueta impermeável. Eu não tinha. Ele me deu a dele. Fiquei encharcada mesmo assim. Nós dois ficamos. Ele ficou mais. Nossos sapatos batiam encharcados na estrada de terra e grama marrom, e depois no asfalto da rodovia de duas pistas, passando por fazendas. Resolvi correr até Eliot sugerir que déssemos meia-volta, o que significou que continuamos. Eliot corria maratonas regularmente. Eu já havia trocado meu regime de corridas pelo hábito de fumar. Quando voltamos à casa onde estávamos hospedados, perguntei a Eliot o quanto havíamos percorrido. Ele chutou uns seis quilômetros e chutei dez. Sempre era assim: ele se subestimava e ficava nisso por um longo tempo. Eu queria crédito e me cansava facilmente.

Porém, antes de voltarmos, antes até de darmos meia-volta, pegamos a saída da rodovia para a Omega Protein. Seguimos o asfalto por meio das árvores até espiarmos a fábrica em si: um conjunto de torres atarracadas, enormes tonéis fumegantes, provavelmente, e um comboio de empilhadeiras, alguns barcos enferrujados.

— E se fôssemos espiões de uma usina de processamento de peixe rival? — perguntei a ele. — Como acabaríamos com esse lugar?

Especulamos sobre táticas, escalar cercas de arame, estragar tanques de peixe com algo podre. Sempre gostei de rir com Eliot porque a forma como rimos permanece como algo intocado pelas diferenças nas vidas que construímos. Eliot foi uma das primeiras pessoas hilárias que achei no mundo.

Passamos por um minúsculo campo de pouso na beirada do complexo Omega. Era tomado de áreas de grama e encharcado de chuva. Não era uma pista mítica. Era mais como um campo de futebol abandonado. Insistia no chão lamacento mais do que sugeria a possibilidade de deixá-lo para trás. Quem sabe quem voou para lá ou por quê? Era um campo onde os peixes eram levados aos céus em postas sem osso; onde homens que algum dia seriam avôs faziam coisas que um dia contariam a seus netos: pastas carregadas cheias de savelha-do-atlântico ou documentos que iriam ou não iriam enviar para congressistas, documentos que iriam ou não salvar o mundo. O mundo iria continuar a precisar ser salvo. Continuávamos correndo. Continuava chovendo. Sabíamos que o céu iria continuar puxando homens para as nuvens e enviando-os de volta para baixo da terra. Sabíamos que a vida era um longo truque que terminava com um sonho: viver era uma gaivota, uma baleia e uma faca amolada de vento.

Todo mundo sempre me contou sobre Marshall e o céu. Era a metáfora perfeita: ele era um piloto incansável. Mas, naquele dia, o céu pareceu fácil demais. Deixava tudo sem peso. Pareceu mais honesto encarar um lugar fechado abaixo dele: seus pontos de grama cercados por uma cerca de arame, na fábrica de peixe, na chuva.

Toda vez que tento escrever uma elegia para meu avô, acaba tornando-se uma carta de agradecimento para meu irmão. Quero dizer a ele: obrigada por ter filhos usando pijamas de flanela. Obrigada por ser um bom pai e por me recusar aquele empréstimo, ou pelo menos obrigada por me dizer que eu precisava aceitar aquilo numa boa. Obrigada por permanecer casado e não precisar que seu casamento seja um quarto branco no qual você sempre está entretido. Obrigada por me mostrar que se acomodar era apenas uma história que contei a mim mesma sobre a vida dos outros. Obrigada por chorar quando eu chorava, quando você era novo e eu mais nova, e por compreender por que não chorei no leito de morte de nosso avô. Obrigada por me dar sua jaqueta impermeável, sua foto de formatura e suas tortas de maça e por dormir em uma cama debaixo da minha cama, tempos atrás, quando eu não sabia como atravessar a noite.

A VERDADEIRA FUMAÇA

Após dois anos sóbria, peguei-me pedindo um coquetel sem álcool no coração de Las Vegas. Foi em um salão de coquetéis de três andares delimitado por um lustre gigante feito de dois milhões de continhas de cristal, suas cortinas brilhantes envolvendo um lugar secreto chamado Level 1,5, onde se podia pedir drinques reais com nomes como Fruto Proibido e Playlist Infinita. Recebi algo que tinha gosto de sorvete de framboesa. Vinha em uma taça de cosmopolitan com cristais ásperos de açúcar na borda.

Eu havia sido convidada para dar uma palestra em um programa de escrita da cidade. Era uma das primeiras vezes em que eu era convidada a falar em algum lugar. Até a sintaxe parecia glamorosa, eletrizantemente passiva. Parecia uma prova de que me queriam, apesar de terem me levado a uma cidade que se baseava toda na degradação por querer demais, impulsivamente, sem qualquer esperança de conseguir ao menos uma fração do que você fantasiou. Lá em New Haven, eu estava remoendo o término de um relacionamento de quatro anos que ainda me consumia. Minha vida com Dave me atingira no âmago e estava enterrada lá. E não sairia de lá por um longo tempo. Posso dizer que eu não sabia disso na época, mas eu sabia. Eu sabia. Toda vez que eu dizia algo para alguém, ainda estava tentando dizer para ele.

Após minha leitura, meus anfitriões disseram que queriam me levar para a Strip. Éramos todos jovens, nenhum de nós estava cansado, todos animados com a ideia de ter uma irônica experiência da incansável ostentação da cidade. Meus anfitriões eram estudantes de graduação que disseram que nunca iam à Strip, a não ser que estivessem levando alguém de fora da cidade, exceto a mulher que trabalhava lá como garçonete de drinques para complementar sua bolsa de estudos.

Em noites como aquela, a sobriedade ainda parecia uma privação. Com estranhos, beber sempre foi a forma de deixar a noite se desenrolar em algo que parecia não ter limites. Sem isso, eu me sentia presa em um lugar com fronteiras visíveis. Agora eu estava presa dentro de um lustre de três andares. Quando alguém sugeriu pegar um drinque sem álcool, recuei. Eu não tinha interesse na versão simulada da verdadeira experiência de ficar bêbada. Mas então pensei: Por que não? A experiência mais autêntica de Las Vegas era a experiência simulada, de todo modo.

No fim, meu coquetel era ótimo. Eu bebia suco na terra de dois milhões de contas de cristais. A noite estava apenas começando. Fomos a uma pizzaria secreta, escondida atrás dos caça-níqueis, no fundo do interior do interior, distante de quaisquer janelas ou relógios. Fomos a uma estufa úmida onde moedas douradas brotavam dos galhos de árvores douradas. Lanternas vermelhas piscavam nas sombras. Os caracóis eram feitos de rosas. Passamos por um painel eletrônico que dizia RESPEITAMOS SUA OPINIÃO SOBRE ASPARGOS, MAS DISCORDAMOS DELA, E ENTÃO TENHA UMA VIAGEM SEGURA PARA CASA! Mas não estávamos indo para casa. Estávamos indo para as fontes do Bellagio. Vimos a água dançar uma versão instrumental do tema de *Titanic*. Aquelas plumas iluminadas remexiam na parte de mim, bem fundo, que queria encontrar beleza no que as outras pessoas achavam absurdo.

Um dos meus anfitriões, um homem chamado Joe, belo em seus jeans de hipster, de cabelo louro encaracolado e uma expressão perpetuamente irônica, confusa em seu rosto, perguntou se havia algo mais que eu quisesse ver. *Havia* algo, disse a ele. Eu queria comprar um macacãozinho de bebê. Era para uma de minhas melhores amigas, que estava prestes a dar à luz. Possivelmente, era a mulher mais classuda que eu conhecia. Tinha um elegante apartamento em West Village, um cachorro elegante, um marido chef elegante que fazia comida elegante da fazenda. Queria comprar o macacãozinho mais cafona que pudesse achar.

— Conheço um lugar — disse Joe, levando-me até a maior loja de suvenirs do mundo. Estava fechada. Nada deveria estar fechado. — Conheço outro lugar — falou. Não tinha o que estávamos procurando. — Ainda não terminamos.

Acabou que a única coisa melhor do que achar o macacão foi não achá-lo, porque tínhamos de continuar procurando. Foi gostoso cruzar a noite branda de inverno no jipe de Joe, ver o neon borrando e iluminando ao nosso redor, distribuindo encanto como um soro intravenoso. Entra em sua corrente sanguínea, e as coisas começam a zumbir. Aquela noite pareceu mais como a primeira noite em que cheirei cocaína do que com qualquer coisa desde aí.

Passamos pela fileira de capelas de casamento abertas todas as noites, que conectavam a Strip até o centro. Passamos pela Capela das Flores, pela Capela dos Sinos, pela Capela de Casamento Graceland e pela A Week Kirk o' the Heather, assim como pela grande dama, com seu modesto nome: Uma Pequena Capela Branca, onde Frank Sinatra, Michael Jordan e Rita Hayworth se casaram, todos seus fantasmas abrigados sob um enorme Elvis em um terno dourado de lamê que prometia em letras cursivas *com amor*. Foi onde Britney Spears se casou com seu melhor amigo às três da manhã em uma limusine verde-limão alugada.

— Estavam rindo, mas chorando também — disse o dono da capela. — Achei que fosse um casamento que ia durar para sempre.

Eles assinaram os papéis de anulação na tarde seguinte. A realidade era assim por aqui: você pedia o que queria. Então, se não quisesse mais, você devolvia. Podia trocar para Paris ou Veneza, para Luxor ou Nova York, para o circo ou o castelo. Esses eram os frutos do desassossego, o evangelho capitalista da escolha. Você podia se casar. Depois, podia voltar atrás.

Joe levou-me para a piscina do Golden Nugger, onde um escorregador fechado de vidro fazia curvas por um enorme aquário cheio de velhos tubarões circulando por seu reino, calmos como ninguém. Paqueramos ao lado dos tubarões, nos corredores de hotel, no estacionamento. Se a sensação de paquera fosse uma paisagem interna, seria uma caverna iluminada como Las Vegas de noite, piscando possibilidades, farfalhando como mariposas no neon.

Acabamos encontrando o macacãozinho na Fremont Street, à sombra do Vegas Vic* de treze metros, que fumava um cigarro de neon entre seus lábios de neon. Há muitos e muitos anos, aquele cigarro brilhante gigante soltava, de fato, baforadas de fumaça. Agora, a Fremont Street tornou-se a Fremont Street Experience: um calçadão de pedestres com uma cobertura enorme de uma tela curva de LED. Parecia uma extensão natural da lógica dos cassinos, que o mantinham longe das janelas, longe do ritmo de dia e noite, a vasta alteridade do céu. Agora o céu havia sido completamente banido. Estranhos gritavam sobre nós em tirolesas.

Pela primeira vez desde o término com Dave, eu sentia a sugestão reluzente do que poderia ser se apaixonar por outra pessoa. Essa sensação de expectativa era bem diferente de realmente se apaixonar. Era possivelmente até melhor. Nada estava, de fato, em jogo. Era mais como abrir uma janela sem ter de sair e encarar o céu. Passei o caminho de volta perguntando-me se Joe iria me beijar quando parássemos em meu hotel com seu jipe. Era como ter dezesseis anos novamente. Ele não me beijou, mas eu soube, pela forma particular com que não o fez, por sua pausa, que um dia ele iria.

Em 1968, a Escola de Arquitetura de Yale ofereceu um seminário chamado: "Aprendendo do Estúdio de Pesquisa de Las Vegas". Os professores que organizaram, Denise Scott Brown e Robert Venturi, acreditavam que a arquitetura havia se tornado "socialmente coercitiva" demais, impondo um gosto mais do que respondendo a ele, e acreditavam que a Strip de Las Vegas resistia a essa coação como a manifestação de desejos do consumidor "mais pura e mais intensa". O curso consistia em uma viagem de dez dias para Las Vegas dedicada à "investigação de mente aberta, sem julgamentos", buscando aquelas verdades que poderiam habitar nas formas urbanas que outros arquitetos viam com desdém.

Era uma iniciativa incomum: alguns professores de Yale e seus alunos aparecendo na Strip, recém-saídos do palácio de concreto brutalista de sua escola de arquitetura em New Haven. Ficaram em quartos grátis

---

* O Vegas Vic é um enorme letreiro em neon, na forma de um caubói. (N. T.)

no Stardust. Tiveram um convite para uma abertura de gala do cassino Circus Circus, onde apareceram em roupas usadas vindas do Exército da Salvação local. Depois que pediram um financiamento local, houve a seguinte manchete: "Professor da Yale vai elogiar a Strip por US$ 8.925". A implicação era clara: esses diplomatas da terra da intelectualidade não iriam se dignar a elogiar a gentalha de graça. Mas Venturi e Scott Brown não acreditavam que intelectualidade e gentalha eram separadas. Queriam colocar "estacionamento" e "Versailles" na mesma frase. Queriam que compartilhassem de uma linhagem. Na metade do semestre, os estudantes começaram a chamar o curso de "A Grande Locomotiva Proletária Cultural".

Décadas depois, compartilhei do impulso deles de enquadrar Las Vegas como uma injustiçada nos grandes jogos do gosto. Era fácil chamar Las Vegas de brega, mas o que é brega afinal? Seu sentido atual é um reverso irônico do que significava nos dias do Império Britânico, que era *bom* ou *grandioso* como o *verdadeiro chīz* (*chīz* sendo a palavra em urdu para *coisa*). Agora significa algo não autêntico e não sutil, algo que se esforça demais. Mas não é autêntico? Sempre achei que fosse. Se falta de autenticidade depende de fingir que se é algo que não é, então Vegas sempre foi rigidamente honesta. É tudo falso, o tempo todo.

Las Vegas capta isso. Não há fuga do artifício. Você pode fingir que não está atuando ou pode admitir que está, mas de qualquer jeito você está sempre atuando.

"Deixe-me confessar minha preferência pela real falsidade de Las Vegas à falsa realidade de Santa Fé", escreve o crítico de arte Dave Hickey. "Pela bijuteria genuína em vez da imitação de pérola." Naquela noite no Chandelier Bar, Las Vegas era uma bijuteria genuína. Seguia sua falsidade tão longe que terminava sendo radicalmente honesta. Mesmo se tentasse demais, não tentava ser o que não era. Claro, era vulgar e absurdo. Claro, era de mau gosto. Mas que se fodam os de gosto esnobe. Por que desdenhar de Las Vegas por admitir abertamente o que já era verdade em todo canto? O mundo todo fazia promessas que não podia manter. O mundo todo queria te passar para trás. Las Vegas apenas era sincera sobre isso. Colocava letreiros luminosos em volta disso. Para mim, Vegas parecia o equivalente em planejamento urbano ao sem-teto pelo qual passamos, cuja placa dizia: "Por que mentir? Quero cerveja".

    Talvez eu só fosse atraída pela cidade porque gostava de encontrar beleza no que os outros achavam feio. Meu lado reverente nas fontes do Bellagio queria acreditar que estava compensando pelo nariz torcido de alguém. Las Vegas entendia que, sempre que você estava em um lugar, havia mil outros em que queria estar. Então os colocava todos juntos: New York-New York, o Paris, o Tropicana, o Mirage. Suas paisagens reluzentes de neon eram uma articulação de um anseio coletivo. Reconhecia o quanto de nossas vidas passávamos olhando para horizontes ilusórios, impossíveis. Sugeria que esse anseio não era ilusão, mas uma de nossas verdades centrais. Isso nos constitui.

Quando voltei para meu inverno de New Haven, Joe e eu começamos a nos corresponder. Transformamos nossas vidas em histórias e a rebatíamos de um a outro. Ele me contou sobre passar no Circus Circus de madrugada e jogar Skee-Ball grátis em um dos corredores vazios. Contou-me sobre quebrar um monte de garrafas vazias jogando-as de sua varanda uma noite. Imaginei sua cidade brilhante em meio às minhas nevascas de Connecticut. Quando contei às minhas amigas sobre ele, comecei a chamá-lo de Joe de Las Vegas. Não era desprezo exatamente. Era mais um reconhecimento das formas com que já o elencava como um personagem na história que eu tentava escrever sobre esse novo capítulo da minha vida. Ele era o mascote da Possibilidade no Encerramento.

    Combinamos de nos encontrar em Boston, na imensa conferência anual de escritores da qual eu anualmente temia participar. Naquele ano, fiquei desesperada para ir. Tirei meu carro debaixo de um metro de neve e segui derrapando por rodovias geladas. A motivação do potencial funcionou para mim como uma droga, bloqueando tudo mais: a tempestade derramando, o gelo preto, a estrada escorrendo sob meus pneus. Aumentei o rádio: "Estou vivendo um nada tão doce!", mandava Joe por texto. "Não morra!" E ele mandava: "Quando vai chegar?".

    Arranjamos um quarto naquela noite. Como a conferência tomou o hotel, o único que sobrava era a Suíte Presidencial. Conseguimos barato porque já eram dez da noite e não estava ocupada. Era enorme, com três quartos e vistas panorâmicas dos arranha-céus de vidro de Boston. Nem tinha cama, pois era usada exclusivamente para grandes coquetéis corporativos. Tinha um barzinho e sofás modulares de couro. Pedimos uma cama portátil e um balde de frutos do mar: patinhas de caranguejo, ostras, cauda de lagosta. Não dormimos muito.

Depois daquela noite, encontramo-nos em um estado que conheço bem: a pressa vertiginosa de se oferecer um ao outro. Para começar, oferecemos breves descrições dos arcos emocionais irregulares de nossos relacionamentos de longo prazo. Ele escreveu sobre dirigir a uma cidade fantasma na costa de Salton Sea: as casas saqueadas cobertas por tapumes, uma revoada de pelicanos brancos. Ele escreveu: "Aqui há um bem-estar incômodo", uma frase que usei em um ensaio sobre um autor que tinha medo que a sobriedade fosse deixá-lo sem graça de vez. Eu me perguntava se estava me apaixonando. Eu me perguntava se era feita exclusivamente para me apaixonar. Preocupava-me, às vezes, de que fosse feita mais para me *apaixonar* do que para *amar*. Mas todo mundo não se preocupa com isso? Não se pode deixar de pensar nisso. Você apenas tem de continuar se apaixonando, de novo e de novo, e torcer para que se fixe uma hora, para provar que é possível.

Algumas semanas depois de voltar de Boston, visitei a biblioteca de arquitetura de Yale, buscando um livro chamado *Every Building on the Sunset Strip*. Publicado em 1966 pelo artista Ed Ruscha, é um livro de arte em sanfona que se desdobra até sete metros de comprimento. Como o título promete, registra cada prédio em Sunset Strip entre Doheny e Crescent Heights: motéis de estrada, falsos chalés Tudor, uma grande cabana chamada Body Shop Burlesque, uma cabana menor chamada Sea Witch, um café chamado Plush Pup. O livro ajudou a inspirar o seminário de Vegas de Yale. Quando Venturi e Scott Brown levaram seus alunos para Vegas em 1968, dirigiram pela Strip com uma câmera acoplada ao capô do carro, igual Ruscha fizera na Sunset dois anos antes.

Fui atraída pela premissa do livro de Ruscha pelo mesmo motivo que fui atraída pela premissa do seminário de Vegas: ambas queriam encontrar beleza no mesmo amontoado de bugigangas que outros chamavam de "o epítome da feiura". Isso era parte de minha herança. Toda a minha vida ouvi que não parecia uma pessoa de Los Angeles. Mas minha vida toda fui uma pessoa de Los Angeles. Quanto mais ouvia que não parecia ser de Los Angeles, mais eu defendia isso. Era um lugar que os outros adoravam chamar de superficial ou falso, mas eu achava suas galerias de lojas e seus estacionamentos estranhamente lindos; o sol reluzindo em ruas arenosas, palmeiras contornadas pelo pôr do sol poluído.

O livro de Ruscha fez-me querer caminhar a Vegas Strip de norte a sul, seis quilômetros no total, e fazer anotações de tudo. Eu encontraria o diagrama da fantasia coletiva. O projeto começou reunindo a força de um trabalho de resgate ético. Eu iria extrair significado do que os outros chamavam de lixo. Mas quem eu estava enganando? Também queria um motivo para ver o Joe de Las Vegas.

Fiz um plano. Uma amiga minha iria casar-se no Parque Nacional Zion no começo de julho, apenas a três horas de carro de Las Vegas, e eu sairia alguns dias mais cedo para ficar com Joe e caminhar pela Strip. Então, ele e eu iríamos ao casamento dela juntos.

Algumas semanas antes da visita, o Joe de Las Vegas disse que estava com pulgas em casa. Estava tentando livrar-se delas ligando o aquecedor em 45 graus e abrindo todas as janelas. Eu sabia que não iria funcionar. Era preciso temperaturas profissionais. Porém, quanto mais sua saga de pulgas se arrastava, mais eu começava a suspeitar de que ele gostava de algo na batalha. Quando ficou claro que suas pulgas eram permanentes, reservei um quarto por US$ 49 no Flamingo. Alguns dias antes do meu voo, o Joe de Las Vegas enviou-me uma foto de sua coxa com três pontos de sangue seco bem alinhados na pele pálida. Era a assinatura do trio de picadas de pulga que a internet chamava de "café da manhã, almoço e jantar", recuei da imagem, nem tanto da imagem em si, mas do que parecia significar a fronteira que atravessávamos. Não éramos mais estranhos intimidados vendo uma fonte dançante ou novos namorados aninhados quinze andares acima de Boston. Agora estávamos falando sobre infestações de insetos. Suas mensagens faziam me coçar. Era como se suas pulguinhas fossem poderosas o suficiente para alcançar minha casa de tijolos do outro lado do país. Não estava mais certa de que o queria tão perto.

***

Desde o momento em que entrei no jipe de Joe, do lado de fora da esteira de bagagens em McCarran, senti todo o esforço sufocando sob o peso de nossas expectativas: quatro meses de mensagens e sonhos, todos construídos em uma noite ao lado de um tanque de tubarões e outra passada em um arranha-céu cercado por luzes brilhantes de edifícios comerciais. Todo esse fervor foi a intimidade de dois seres selecionados da zona dos seres reais. Mas isso era algo mais: a noite sufocante do deserto, o cheiro dele, a falta de jeito em tentar falar um com o outro nos bancos da frente após meses de conversas sem nossos corpos presentes. Tentei lembrar-me da primeira noite em seu jipe, mas só podia acessar uma memória que cintilava como um toldo reluzente, uma noite que eu já havia inscrito em minha mitologia pessoal: *a noite que eu soube que sobreviveria ao término do meu namoro.* Assim que entrei no carro dele, comecei a me perguntar se seria melhor para mim ir sozinha ao casamento da minha amiga.

Dirigimos para a Paradise Road, a rua que corria atrás dos enormes hotéis como um desolado quintal dos fundos. Tinha lojas vendendo uniformes para funcionários de cassinos e fantasias para strippers. Era cheia de detritos que caíam da beira do sonho. Um outdoor perguntava: MACHUCADO NO HOTEL? E sugeria www.injuredinahotel.com. Uma propaganda de VASECTOMIA SEM BISTURI, SEM AGULHA apontava www.ez-snip.com. No aeroporto, ouvi um homem comentando com um estranho sobre a batalha dele com o câncer.

— Tiraram minha bexiga e fizeram uma nova com um pedaço de 38 centímetros do meu intestino delgado — disse ele. — Tudo funciona otimamente agora.

Fiquei imaginando pulgas atrás do jipe, enfiando seus corpinhos entre as fendas do zíper da minha mala e dos bolsos. Eu entendia vagamente que as pulgas de Joe se tornaram um tipo de substituto psíquico para sua verdadeira e falha humanidade: todas as partes dele que não puderam ser esculpidas e vistas de uma distância confortável, todas as partes que eram imperfeitas, vulneráveis ou sofridas, tentando acertar seus remédios para depressão.

Ele passou a noite comigo no Flamingo. Deitamo-nos juntos em uma cama king size que sugeria certas histórias — um encontro ilícito entre amantes, uma noite bêbada entre estranhos, um aniversário de casamento —, mas vivíamos outro tipo de história. Nossos corpos nem se tocaram.

O que vi quando enfim caminhei pela Strip: o Palazzo, o Venetian, o Mirage, o Treasure Island, o Wynn, o Encore, o Circus Circus, o New York-New York. Mandalay Bay. Um Hooters ao longe. Uma Atlântida animatrônica, afundando e ressurgindo a cada hora. Uma reunião de reabilitação em salão do Riviera, que tinha cheiro de pipoca velha, onde um homem disse que era difícil para ele ficar sóbrio sendo DJ de música eletrônica. O que mais? Tulipas de Jeff Koons com seu próprio segurança. Placas anunciando ioga com golfinhos. Uma cabine de prêmios chamada Redemption Center que transformei em plano de fundo do meu Twitter. Vi um mendigo sentado à sombra triangular de uma igreja católica, que me perguntou em que tipo de Deus eu acreditava. Depois, disse queria me mostrar sua cicatriz, mas não queria me dar pesadelos. Vi um pai de muletas ao lado de uma fileira de jogos de quermesse, sua cadeira de rodas abarrotada com bichos de pelúcia que ganhou para os filhos: um robô, uma banana. Vi uma camiseta com a silhueta de uma stripper que dizia "Eu apoio mães solteiras". Em seguida, ouvi a mãe dizendo ao filho: "Temos de ir para outra agência dessa porra de banco idiota". Um homem deixando o Luxor, desconfiado da luz do dia, perguntou ao amigo: "Por que estamos aqui fora?". Além das portas dos cassinos, estava 45 graus à sombra. Uma fonte seca ansiosa em se defender dizia que ERA DEVIDO À SECA. Até a ilusão tinha seus limites.

Las Vegas não parecia mais uma bijuteria injustamente vitimizada por esnobismo intelectual. Era uma máquina feita para ganhar dinheiro. Sua cafonice era o derradeiro empreendimento capitalista. Suas margens de lucro vinham cobertas de cortinas de cristais, milhões de promessas intangíveis: cada lâmpada, cada filé, cada tubarão em cada tanque. Mesmo que eu admitisse a honestidade do mendigo cuja plaquinha dizia a verdade (POR QUE MENTIR? QUERO CERVEJA), para começar, não tinha vontade de defender o sistema econômico que o deixou na rua. Mas quem era eu para alardear falsa consciência sobre os estranhos em 200 mil quartos de hotel ao meu redor, dizendo que não entediam seus próprios apelos? O que significava que todos perdiam dinheiro, mas acreditavam que estavam se divertindo?

Depois que um dos tigres-brancos da dupla Siegfried & Roy atacaram Roy no palco do Mirage em 2003, Roy ficou dizendo a todos que Montecore não quis fazer mal. Montecore só estava tentando protegê-lo. Inicialmente, a plateia não percebeu que o ataque não era parte planejada do show. Um garotinho britânico de dez anos enterrou o rosto na manga da mãe.

— Tentei dizer a ele que estava tudo bem, que não era real, porque deveria ser mágica — disse ela a um repórter.

Nos dias seguintes, o filho continuou dizendo:

— Você disse que não era real, mamãe.

Em uma terra onde tudo deve ser falso, a chegada da realidade funcionou como traição da promessa, uma suspensão do acordo, o reverso do plano.

Durante meus dias no Flamingo, eu acordava cedo a cada manhã para trabalhar na edição de um livro com prazo de entrega. Os pratos sujos do serviço de quarto de estranhos ficavam no meu corredor por dias, intocados: restos lambuzados de calda de um sundae de brownie, pedaços desolados em uma poça gosmenta de sorvete derretido. As pessoas que pediram aquele sundae receberam o que queriam? Eu supunha que todos haviam se magoado pelo mesmo ciclo de altos e baixos com que me deixei decepcionar.

Na fila para o café em um saguão de cassino às 6h30 da manhã, eu me encontrava exclusivamente com gente que tinha virado a noite. O lugar todo tinha cheiro de filtro solar de coco e fumaça. Um homem na fila, exausto, exaurido, olhou-me com pena.

— Boa sorte — disse ele de forma suave, tocando delicadamente meu cotovelo.

Levei meu café para o calor denso do jardim do Flamingo, onde o ar tinha fedor de pássaros e seus cocôs. Senti-me tão triste ao ver uma mulher fumando, em um calor daqueles, tão cedo de manhã, entre flamingos, que levei um momento para lembrar que eu também estava fumando.

Enquanto eu trabalhava na minha revisão ao lado da piscina do hotel, no sol escaldante, um homem encarquilhado avistou uma mulher encarquilhada do outro lado da área de espreguiçadeiras de plástico.

— Você é uma *besta!* — gritou ele. — Me traz um *club soda*.

Um garoto de treze anos usava uma camiseta até os joelhos, com uma estampa com duas casas de opções: comprometido e solteiro. A segunda opção estava marcada. As pessoas mediam o preço das coisas em termos de mãos de *blackjack*: "Eu podia perder isso em seis". Na hora do fechamento, o pessoal da piscina ficou chateado. Um homem jogou sua bola inflável em um salva-vidas. Em uma cidade que anunciava prazeres 24 horas por dia, a segunda melhor coisa depois da imortalidade, cada fechamento era uma pequena morte.

Depois que saiu do trabalho, Joe levou-me a um restaurante de fondue dentro do Forum Shops no Caesars Palace. Tudo era simultaneamente demais, cookies de chocolate mergulhados em fondue de chocolate, e não era o suficiente. Fiquei irritada com a forma como Joe sempre me cortava no meio de minhas frases. Sua medicação significava que ele não tinha apetite, e isso me irritava também. Irritava-me com facilidade. Ele dizia algo sobre niilismo, como todo o significado era subjetivo e construído e não havia cerne de onde... mas eu não estava acompanhando totalmente. Eu via as chamas subirem de cristais cor-de-rosa abaixo da panela de fondue, inclinando-me tão perto que meu cabelo quase pegou fogo. O garçom sorriu para mim com compreensão. Falou que acontecia todo dia. Eu disse a Joe que talvez ele não devesse ir ao casamento afinal. Era muita coisa, rápido demais. O que eu não podia dizer a ele: *Você era uma ideia. Agora está aqui.* Ele me disse que estava trabalhando em um romance sobre um universo alternativo onde todos os hotéis de Vegas haviam sido convertidos em prisões. Eu converti o Joe no Joe de Las Vegas, mas acontecia que ele era uma pessoa de verdade. Era engraçado, bonito e gentil, mas também era difícil, também era *real*. Ele precisava de coisas, era inseguro sobre outras. E, quando eu estava perto dele havia um nó em minha garganta que não conseguia engolir, uma busca não pelo homem à minha frente, mas pelo que não estava.

No livro que surgiu do seminário em Vegas, Venturi e Scott Brown discutiram que os letreiros de uma avenida comercial são mais importantes do que os prédios que anunciam: "O letreiro na frente é uma extravagância vulgar; o prédio atrás é uma necessidade modesta". Esse tipo de persuasão também é a lógica de sonhos de longa distância. Pode haver verdade nesses sonhos, na sinalização — e até beleza. Mas a arquitetura da persuasão é também o oposto da proximidade e moradia. Isso é: depois de sair da rodovia, eu não sabia como habitar a construção que havia escolhido. Joe era a fumaça real na ponta de um cigarro falso, mas eu não estava pronta para a humanidade completa de outra pessoa. Fomos algo bem distante que não era capaz de estar junto.

Na despedida de solteira de minha amiga, na noite seguinte, em uma suíte no Venetian, quinze andares acima do Grand Canal cheio de cloro, outras mulheres revezaram-se descrevendo os hábitos irritantes de seus pares e viravam taças de champanhe barato. Eu não bebia mais champanhe nem tinha um par para me irritar. Depois que escureceu, saímos do céu pintado de nuvens do Venetian para a noite de Las Vegas usando tiaras brilhantes, passando pelo que parecia ser uma pilha de trapos sangrentos amontoados na sarjeta, sobre um dreno.

No show masculino "Thunder from Down Under", sob bolas espelhadas no Excalibur, um bombeiro, um pedreiro, um médico, um soldado e um leiteiro tiraram seus uniformes para mostrar tanquinhos reluzentes. Corpos com óleo de bebê na escuridão de luzes piscantes faziam colidir as distinções entre estar lá ironicamente e apenas estar lá.

O mestre de cerimônias tinha uma enorme tatuagem de sobriedade em um de seus bíceps (DEUS CONCEDA-ME A SERENIDADE) e fez uma mulher apalpar suas bolas através de sua calça de couro brilhante.

Quando caminhávamos de volta pela Strip, um carro esporte cheio de mulheres parou ao nosso lado. Uma delas inclinou a cabeça para fora e perguntou: "Quem é a noiva?". Apontamos para ela, com a maior tiara e o véu, e todas as mulheres começaram a gritar:

— Não faça isso!

Antes de acelerarem para longe, disseram:

— Somos todas divorciadas!

Na vez seguinte em que fui a Vegas, eu me casei lá. Foi apenas quinze meses depois. Eu me mudei para Nova York e me apaixonei por um homem que cresceu em Las Vegas, filho de dois penhoristas. Todos que ele encontrava ficavam surpresos de saber que ele, de fato, havia crescido em Las Vegas — que alguém tivesse. Mas ele cresceu. Passou a infância rolando moedinhas nos fundos da loja dos pais, ouvindo-os serem chamados de judeus sujos por clientes bravos, vendo-os trabalhar sete dias por semana pela vida toda para dar aos quatro filhos mais oportunidades do que eles mesmos tiveram.

Para Charles, Vegas não era uma metáfora descomunal para sonhos impossíveis ou suas deflações. Era desenhos animados na manhã de segunda e raspadinhas do 7-Eleven derretendo à luz implacável do deserto. Era jogar basquete na escola nas mesmas quadras onde os Running Rebels jogavam partidas descompromissadas, nos dias de Tark, the Shark, o lendário técnico da UNLV que mordia uma toalha molhada quando ficava nervoso. Las Vegas era onde Charles e seu pai cruzaram a I-15 com o rádio ligado nas lutas de boxe do Caesars Palace. Era onde ele fez seu próprio ringue de boxe no quintal, com fitas de papel, uma criança inspirada pelos materiais particulares de seu mundo, porque era o mundo que ele conhecia.

Charles e eu conhecemo-nos em um escritório compartilhado no centro de Manhattan, onde nós dois escrevíamos. Apresentou-se pedindo que eu traduzisse minha tatuagem. Ele tinha onze tatuagens, a mais recente era o nome de sua filha de cinco anos, rabiscado em azul no antebraço. Havia prometido a ela que, depois que escrevesse o próprio nome pela primeira vez, o marcaria permanentemente na pele. Acabei entendendo que ele sempre cumpria a palavra.

Quando nos conhecemos, eu já conhecia seu trabalho. Tinha lido seu primeiro livro anos antes; um romance extenso sobre Las Vegas que adorei por sua tenra evocação de deslocados: adolescentes fugitivos dormindo nas ruas, garotos desajeitados que viviam para suas revistas em quadrinhos, penhoristas zombados pelos clientes. E sua própria história pessoal era bem conhecida em nosso mundo literário compartilhado. Sua esposa foi diagnosticada com leucemia quando a filha deles, Lily, tinha apenas seis meses de idade. Ela morreu antes do terceiro aniversário de Lily.

Na primeira vez em que Charles e eu conversamos, conversamos por horas. Parecia que poderíamos conversar para sempre, como dizem. Só que não conversamos, porque Charles tinha de pegar Lily na escola às cinco. Durante a primeira conversa, contei a ele sobre um ritual de que participei alguns meses antes, em uma residência em Wyoming: no meio da noite em uma lua cheia, nós todos levamos bolsas e carteiras vazias para um campo vazio e pedimos ao universo algo específico que queríamos. Pedi para me importar menos com o sucesso mundano. Na época, isso me pareceu uma coisa muito sábia de se pedir. O cara que foi depois de mim pediu uma motocicleta. Charles riu disso, como esperei, nervosa, que ele fosse fazer. Quando perguntei a Charles o que ele achava que Lily iria pedir durante o ritual da lua cheia, ele disse que a menina provavelmente pediria um castelo de gelo de plástico. Então, fez uma pausa e disse:

— Para falar a verdade, ela pediria uma mãe.

Esse era o antigo Charles: disposto a declarar a verdade bruscamente, jocoso sobre a dor porque a viveu de uma forma muito profunda, totalmente ciente da vida como algo ao mesmo tempo cheio de traumas e castelos de gelo de plástico. Perguntou se poderíamos nos encontrar de novo em breve e fazer nosso próprio ritual de lua cheia na cozinha compartilhada daquele escritório. Eu disse que iria levar as bolsas vazias se ele providenciasse a lua cheia. Na próxima vez em que nos encontramos, em uma mesinha ao lado da máquina de café, ele pregou uma ilustração que ele e Lily fizeram juntos: três montanhas pontudas cortadas de papelão e uma lua redonda amarela pendurada sobre elas.

Em nossa primeira saída, Charles levou-me a um restaurante italiano de sete etapas, mas tivemos de pular as duas últimas para que ele pudesse voltar na hora em que havia prometido à babá. O segundo encontro foi uma brecha durante o dia enquanto Lily estava na escola. Transamos em meu apartamento a manhã toda. Depois, pegamos sanduíches de peru da mercearia ao final do quarteirão, comemos no gramado da Eastern Parkway com garrafas plásticas de limonada e uma caixa de nuggets que ele adorava quando criança. Nosso terceiro encontro foi uma viagem de carro para as montanhas Catskills, enquanto Lily ficava com a avó. Reservei um quarto de última hora em uma pousada minúscula em que nosso quarto era cheio de estampas de animais e fotografias de Siegfried & Roy, não atacados e sorrindo. Esses dias nas Catskills foram cheios de caminhadas matutinas por uma estrada lamacenta, tomada de degelo da primavera, rumo a uma lanchonetezinha onde comíamos ovos com bacon tão salgados que ardiam no cortezinho da minha boca. Nessa viagem, encontramos prazer nas menores coisas. Compramos os melhores petiscos nos postos de gasolina: alcaçuz e balinhas azedas de cereja. Questionamo-nos sobre os tigres-brancos em nossas paredes. Podíamos contar e recontar uma piada por dez minutos seguidos e, depois, voltar no dia seguinte e rir um pouco mais. Charles era sincero sobre as dificuldades, e era mais engraçado do que qualquer um que eu havia conhecido.

De certa forma, o padrão de nossos primeiros meses, nossa paixão decantando em amor, parecia-se com outros relacionamentos que tive. Mas eu tinha mais confiança. Desde o começo, nosso amor estava incutido em nossa vida diária, com todas as suas bonecas de trapo e bazares beneficentes e colapsos e brinquedos de borracha sob os nossos pés antes de acender a luz do banheiro no meio da noite. Nosso romance não era carregado da possibilidade de total desprendimento; estava eletrizado por fronteiras e limites. Era menos lidar com versões selecionadas um do outro e mais habitar dias comuns que evocavam todos nossos seres: espalhados, oprimidos, esforçados. Nossa história não se baseava em pegar a suíte do arranha-céu só porque queríamos. Era encontrar nacos de efervescência em meio à vida diária — acordar em um *futon* vermelho no minúsculo apartamento do programa de aluguel, beijar como a primeira coisa do dia à sombra de uma casa de bonecas de plástico de um metro e vinte de altura.

No abstrato, nosso amor parecia preso a compromissos e traumas; pelas exigências de criar uma filha e pela longa sombra da perda. Mas havia outra verdade à espreita sob essa dificuldade: uma experiência sentida de amor que não seguia nenhum dos roteiros que passei a vida toda cobiçando. Esse amor vivia em crises de risadas à meia-noite em um *futon* com um cobertor pequeno demais. Vivia em um hotel pago por hora perto do Hudson, com uma babá em casa e um espelho no teto do quarto. Vivia na linguagem compartilhada de dias contornados por buscas na escola e *collants* de balé, por panquecas com gotas de chocolate na manhã de sábado e sanduíche de atum na lanchonete favorita deles. Eu havia de alguma forma subido de foguete direto da vida de solteira, fumando sozinha em minha varanda, perdida em sonhos e autopiedade, para a vida de responsabilidade e contemplação íntima. Era como se eu tivesse pegado um atalho no caminho amarelo-banana do Jogo da Vida, que frequentemente jogávamos no carpete da sala, que Lily chamava de "capacho"; como se eu tivesse saltado direto para a porção da família do jogo em vez de pegar meu carrinho de plástico e girar a roleta para meus próprios bebês de plástico. Em vez disso, eu havia saltado no carrinho plástico de outro. Agora eu vivia em uma mala encaixada no cantinho de sua sala entulhada.

Depois de seis meses juntos, Charles e eu decidimos fugir para Las Vegas. De quase toda a forma que se olha para isso, foi impulsivo. Eu não tinha ideia do que significava ser mãe, muito menos o que significava ser mãe de uma criança que havia perdido a mãe. Mas Charles confiava que eu era capaz de comparecer nessa vida, e eu queria comparecer — por ele e por Lily, e por mim mesma. Eu confiava nele porque, quando olhava para ele, via um homem que comparecera diante das pessoas que amava, mesmo com uma dor inimaginável, por anos. Era nossa vida comum extraordinária, essa vida feita de dias de fato, marcados por deveres, que iríamos comprometer com nosso improvável casamento, nosso prazer clandestino.

Casamo-nos na Capelinha Branca, sob o coração brilhante, além da Astroturf. Lily estava dormindo na casa de uma prima. Passamos no caixa — depois do Cadillac rosa, passando pelo Túnel do Amor e pela janela do drive-thru — e dissemos:

— Casa a gente!

A mulher no caixa disse que precisávamos ir à Prefeitura pegar uma autorização. O que eu esperava? Uma parada só, creio, especialmente em um lugar que anunciava seu drive-in de 24 horas. Perguntei à mulher do caixa quantas pessoas nunca mais voltavam depois que descobriam que tinham de passar no cartório. Ela pensou por um momento e, então, falou:

— Talvez umas 50%.

Quando voltamos com nossa autorização em mãos, pouco antes das onze, não compramos o pacote com o imitador de Elvis. Não alugamos o Cadillac rosa. Não tivemos nossa cerimônia na Capela L'Amour ou na Capela Cristal ou no gazebo. Não dirigimos nosso carro alugado sob os querubins pintados pelo teto do Túnel do Amor. Fizemos à moda antiga, na capela original, enquanto "Fools Rush In" tocava em alto-falantes que não conseguíamos ver. A parede dos fundos parecia um edredom acolchoado, coberto de seda branca. Estátuas de querubins seguravam ramalhetes de flores brancas de plástico. Havia vitrais mostrando rosas, corações e pombas. Nada pareceu errado. Pareceu... de forma estranha, improvável... certo. Se eu estava mergulhando em algo totalmente desconhecido, sem ideia de como seria o terreno, então parecia apropriado fazê-lo em um lugar tão completamente estranho. Era quase libertador, um reconhecimento de todas as maneiras que eu não poderia ter previsto como minha vida se desenrolaria.

Ao final da cerimônia, tínhamos lágrimas nos olhos. O fotógrafo foi a testemunha. O Padre Fulano citou Nietzsche: "Não é a falta de amor, mas a falta de amizade que torna os casamentos infelizes". Ele não citou Nietzsche dizendo: "Não deveríamos nos permitir chegar a uma decisão que afete toda a nossa vida enquanto estamos na condição de apaixonados".

Estávamos na condição. Eu usava um longo vestido azul e branco que Charles me dera de aniversário naquele verão. Parecia nuvens. Meu esmalte vermelho estava lascado. Tentei capturar nossos dois rostos em uma selfie com duas tartarugas pintadas cujos pescoços enrugados se esticavam para fora dos cascos para que suas pequenas cabeças pudessem se tocar.

De volta ao Golden Nugget, onde estávamos hospedados, pegamos cupcakes no saguão. Pedimos um filé ao serviço de quarto. Eu disse a Charles que os tubarões no aquário certa vez me pareceram um símbolo de encanto e possibilidade. Ele disse que o tanque fora construído na terra onde a primeira loja de penhores de seu avô certa vez estivera. Quando tentamos nadar na piscina infinita do terceiro andar, ouvimos que fechava à meia-noite, em cinco minutos. Um garoto que parecia ter dezesseis anos foi quem nos avisou.

— Mas acabamos de nos casar! — dissemos.

Ele não pareceu impressionado. Provavelmente, ouvia isso todas as noites.

No ano seguinte, teríamos uma cerimônia no bosque, com uma caça ao tesouro para uma matilha feroz de crianças alegres. Seria como um cartão-postal aquele dia: todo nosso pessoal e seus filhos pequenos avançando na água reluzente. Mas naquela noite só tivemos o absurdo de nossa capelinha, nosso sonho febril virando realidade, com o Padre Fulano consagrando nosso amor. Naquela noite, era só nós. Era só nossa.

Uma definição de viver podia ser a troca perpétua de histórias. Entregamos os roteiros que escrevemos para nós mesmos e recebemos nossa vida real em troca. Isso é o que Las Vegas fez comigo, o que fez *por* mim. Engoliu a história que escrevi sobre me apaixonar uma noite ao lado das fontes Bellagio e me deu outra história para viver: a história de casar com um viúvo e ajudá-lo a criar a filha, uma história na qual voltar para Las Vegas significava visitar parentes e despertar para a vida comum. Significava passar mais tempo no centro e menos tempo na Strip.

Naquela Las Vegas, levamos Lily e sua prima Diamond para jogos eletrônicos no Circus Circus, onde o Redemption Center não era mais um fundo irônico de Twitter, mas um lugar físico onde implorei à mulher atrás do balcão para tirar a almofada de peido que Lily havia deixado embaixo dos corpos contorcidos de quatro acrobatas brasileiros. Naquela Vegas, tomávamos sorvete de máquina no estacionamento do Luv-it Frozen Custard enquanto as meninas fingiam segurar ramos de visco sobre nossas cabeças até nos beijarmos.

Perdemo-nos dirigindo para Lake Mead e nunca chegamos à água: as meninas ficaram entediadas no banco de trás enquanto o deserto escurecia em volta de nossa rodovia errada. Naquela Las Vegas, Lily e eu observamos estranhos passearem de tirolesa sobre a comoção de Fremont Street, cheia de pedintes e artistas de rua, homens pintados de prateado movendo os membros como robôs, cassinos soprando ar-condicionado no calor sufocante do verão, e eu disse: "Um dia nós mesmas vamos fazer isso". E o corpinho de Lily pressionado contra o meu, tremendo de medo e desejo. Passamos horas esperando por um guincho depois que um turista alemão chamado Wolfgang Hamburger nos acertou de lado perto da base do Stratosphere em um carro alugado com vidros fumê cobertos de grafites amorosos: *W. Hamburger* escrito dentro de um grande coração rosa. Ele estava na cidade para comemorar seu aniversário de 24 anos de casamento. Las Vegas nunca inventou essa merda. Isso simplesmente me fez levar *donuts* para minha sogra na loja de penhores dela — as vitrines cheias de joias de turquesa, relógios de dados e antigas medalhas de guerra —, onde as paredes eram decoradas com flâmulas de corrida de um jóquei de cavalos em que o pai dele costumava apostar, e o carpete remendado existia sob o comando benevolente de um enorme gato que vagava entre os casacos de pele pendurados nos fundos. Nessa Las Vegas, após cinco anos vendo estranhos nas tirolesas, Lily e eu enfim fizemos nós mesmas: White Castle à direita e seguindo reto até de manhã.

Muito do prazer de Las Vegas para mim, inicialmente, baseava-se em possibilidades, em querer e ansiar, em imaginar o que *poderia ser*. O prazer do Joe de Vegas baseava-se todo em expectativa. Era o prazer de derrapar por estradas de inverno tentando chegar a ele em Boston, passar a noite em um quarto no topo do mundo e, depois, imaginar tons de neons em tigelas de frutas do meu apartamento durante nevascas. Aquela primeira noite foi melhor sem o beijo, pois daquela forma eu ainda podia imaginar como seria o beijo.

Por anos, fui uma especialista em ansiar, uma especialista em amor no estado de não ter exatamente, uma especialista em sonhar acordada e afundar na mobília felpuda da imaginação cinematográfica. Mas naqueles primeiros anos com Charles, descobri que casamento era algo mais. Era composto dos prazeres de deter-se, que eram mais sólidos e densos do que os prazeres de imaginar. O casamento não era o prazer da possibilidade. Era a satisfação mais complicada de viver de fato e de fato ter. Era uma vista não do topo do mundo, mas da base da estratosfera enquanto tentávamos entender o que Wolfgang Hamburger estava dizendo sobre a caução de seu aluguel. Baseava-se em perceber que, quando seu coração pintado de spray proclamava décadas de devoção, esses anos não estavam cheios da ausência da ânsia tanto quanto sua constante renovação, suas acrobacias, suas metamorfoses.

Casamento não é contar suas melhores histórias para um novo namorado. É perguntar a seu marido sobre o dia dele e não apagar durante a resposta. Casamento não é caminhar além do tanque de tubarões à uma da manhã, cheia de ansiedade com a perspectiva de beijar alguém novo: um gosto desconhecido, um corpo desconhecido. É caminhar além do tanque de tubarões às nove da manhã, examinando os vasos de planta em busca do quebra-nozes de madeira que sua enteada de seis anos perdeu na noite anterior. Casamento não são meses de fantasia. São anos de limpar a geladeira. Por um longo tempo, admirei a arte de comparecer — em meus amigos, minha mãe, meu irmão, nos outros caras nas reuniões de reabilitação —, mas uma coisa é admirar como as outras pessoas vivem, e outra é tentar viver assim você mesma: não esperando que o amor grude, como se o amor em si pudesse realizar o trabalho, mas acordar para apoiá-lo a cada dia, sabendo que não dá para prometer que seja algo para sempre, exceto algo que está sempre mudando.

Casamento é o que acontece quando você embarca, apesar do carro esporte cheio de mulheres que dizem a você *não faça*; apesar do fato de que, algum dia, possa ser uma delas. Casamento é o que acontece quando a miragem esvanece para revelar o puro asfalto à frente. É tudo em que você fica tentando ter fé e entrega o que não poderia ter imaginado: além da emoção de se apaixonar, para todos os outros tipos de amor que existem adiante. Você pode nunca chegar a Lake Mead, mas sempre terá a viagem em si — aquele brilho particular do sol do fim do dia queimando a estrada, incendiando carros, uma luz mais forte do que você pode aguentar olhar, já abraçando a noite.

Filha de um fantasma

Quando tinha seis anos, minha enteada disse para mim que sua personagem favorita em *Cinderela* era a madrasta má. Isso não era totalmente surpreendente. Durante suas brincadeiras, Lily com frequência gostava de interpretar a órfã, escrevendo longas listas de deveres: *loça* (louça); *esfegão* (esfregão); *comida* (alimentar os peixes). Ela e uma amiga gostavam de beber algo que chamavam de "água de pimenta", que era água comum da torneira que elas fingiam que os cruéis domadores de órfãos tornaram intragável. Talvez fosse emocionante encenar seus próprios maus-tratos para tomar controle da situação de impotência que ela imaginara. Talvez ela só gostasse de uma razão virtuosa para jogar água no chão. Quando perguntei a Lily por que a madrasta da Cinderela era sua personagem favorita, ela se inclinou perto de mim e cochichou, como um segredo:

— Gosto da cara dela.

Apesar de toda a crueldade, a madrasta má frequentemente é a personagem de contos de fadas definida por imaginação e determinação, rebeldia contra o patriarcado com quaisquer que sejam suas parcas ferramentas que lhe restem: seu espelho mágico, sua vaidade, seu orgulho. Ela é uma artista da astúcia e da maldade, mas ainda... é uma artista. Não deixa simplesmente que ajam sobre ela; ela age. Só não age da forma como uma mãe deveria. É o combustível dela e de seu coração funesto.

De várias formas, os contos de fadas — sombrios e implacáveis, geralmente estruturados pela perda — são as histórias que mais lembravam a vida de Lily. A mãe morreu pouco antes de seu terceiro aniversário, após dois anos e meio lutando contra a leucemia. Dois anos depois, Lily arrumou uma madrasta para chamar de sua — não uma malvada, talvez, mas uma que morria de medo de ser má. Eu me perguntava se era reconfortante para Lily ouvir histórias sobre crianças de contos de fadas que haviam perdido o que ela perdera — diferente da maioria das crianças em sua escola, ou na aula de balé, cujas mães ainda estavam vivas. Ou talvez trouxesse as histórias perigosamente perto o fato de que ela tinha tanto a ver com suas heroínas. Talvez descascassem as camadas protetoras da fantasia, fizessem a água de pimenta literal demais, trouxessem seus perigos muito perto. Quando lia para ela os antigos contos de fadas sobre filhas sem mães, eu me perguntava o que pegava nas feridas de sua perda. Quando lia para ela antigos contos de fadas sobre madrastas, eu me preocupava de estar lendo sobre uma versão má de mim mesma.

Quando me tornei madrasta, eu estava ávida por companhia. Não conhecia muitas madrastas e, especialmente, não conhecia muitas madrastas que herdaram o papel como eu: de forma total, sufocante, sem outra mãe na história. Nossa família vivia no desdobramento da perda, sem ruptura: morte, não divórcio. Este costumava ser o jeito normal de ser madrasta, e a palavra em si guardava dor em suas raízes. Em inglês, *stepmother*, do antigo *steop*, significa "perda" e a etimologia pinta um retrato lúgubre. "Pois a madrasta raramente é boa", dizia um relato de 1290. Outro texto de 1598 diz: "Como consenso, todas as madrastas odeiam suas filhas".

Obviamente, os contos de fadas condenam. A rainha má de *Branca de Neve* exige o assassinato secreto de sua enteada depois que um espelho alerta sobre a beleza superior da menina. A madrasta de *João e Maria* manda seus enteados para o bosque porque não há o suficiente para comer. Cinderela senta-se entre as cinzas, separando ervilhas de lentilhas, seu corpo sujo das cinzas satisfazendo uma madrasta malvada que quer apagar sua luminosidade com fuligem porque se sente ameaçada. É como se o relacionamento com a madrasta inevitavelmente corrompesse. Não é apenas uma mulher má no papel, mas um papel que torna qualquer mulher má. Em inglês, *stepmother's blessing* ("bênção de madrasta") é uma expressão para designar a pelezinha solta na unha, como para sugerir algo que machuca porque não está devidamente preso, algo que se apresenta como substituto do amor, mas termina trazendo dor.

A madrasta malvada gera uma longa e primitiva sombra. E cinco anos atrás eu me mudei com essa sombra para um apartamento alugado de um quarto perto de Gramercy Park. Busquei as antigas histórias como uma forma de companhia, como solidariedade pelas madrastas que elas demonizavam, e para resistir às suas narrativas, imunizar a mim mesma contra a escuridão que mantinham.

Os primeiros dias de meu relacionamento com Charles, pai da Lily, mantinham o tipo de amor em que contos de fadas pedem que acreditemos: abrangentes e surpreendentes, carregados de uma sensação de encanto com o simples fato da existência dele no mundo. Arranquei as raízes de minha vida por nosso amor, sem arrependimentos. Nosso prazer vivia em milhares de momentos comuns: um primeiro beijo na chuva, ovos fritos em uma lanchonete de estrada, chorar de rir à meia-noite por alguma piada idiota que ele fez durante a reprise de *American Ninja Warrior*. Mas nosso amor também mantinha a arte e o trabalho de ser pais, e muito de nosso prazer acontecia em momentos roubados: aquele primeiro beijo enquanto a babá ficava meia hora a mais; aqueles ovos de jantar em uma viagem espontânea pela estrada, possível só porque Lily ficava com a avó em Memphis; nossas mãos tapando a boca durante aquelas crises de riso para que não acordássemos Lily no quarto ao lado. Isso pareceu menos com um compromisso e mais como sair da estrada, desviando para um terreno que eu nunca imaginara.

Tratei da primeira noite que passei com Lily como um tipo de teste, apesar de Charles tentar deixar as coisas a meu favor: ele decidiu que pediria comida no restaurante de massa que Lily gostava. Então, passamos a noite assistindo a seu filme favorito, um desenho animado sobre duas irmãs princesas, uma com um toque que transformava tudo em gelo. Naquela tarde, fui procurar um presente na Disney Store na Times Square, não apenas um lugar onde eu nunca havia estado, mas um lugar em que nunca me imaginei indo. Eu odiava a ideia de subornar Lily, trocar plástico por afeto, mas eu estava desesperadamente nervosa. O plástico parecia uma apólice de seguro.

A balconista olhou-me com pena quando perguntei pela seção de *Frozen*. De repente, duvidei de mim mesma: não era um filme da Disney? Ela riu e, em seguida, explicou:

— Não sobrou mais nenhum produto. Está em falta no mundo todo.

Ela falava sério. Não tinham nada. Nem mesmo uma tiara. Ou eles tinham muitas tiaras, mas não eram as tiaras certas. Examinei as coisas ao meu redor: coisas da Bela, coisas da Bela Adormecida, coisas da Princesa Jasmine. Lily tinha de gostar de outros filmes, certo? Outras princesas? Houve um momento em que considerei comprar algo relacionado a *cada* princesa, só para cercar o território. Tinha alguma vaga percepção de que o leve pânico no fundo da minha garganta era o combustível que abastecia o capitalismo. No celular, eu estava na espera em uma chamada para uma loja Toys "R" Us no Bronx. Na saída, avistei algo enfiado no canto de uma prateleira. Parecia ser de inverno. Tinha embalagem de papelão azul-gelo: um trenó.

Não consigo descrever meu alívio. Minha sensação de vitória estava completa. O trenó vinha com uma princesa, e talvez também um príncipe (um fazendeiro da Lapônia, eu descobriria). O conjunto vinha com uma rena! (chamada Sven). Até vinha com uma cenoura de plástico para a rena comer. Enfiei a caixa debaixo do braço de forma protetora enquanto andava para o caixa. Olhei os outros pais ao meu redor. Quem sabe quantos deles queriam essa caixa?

Liguei para Charles, triunfante. Contei a ele toda a saga: a risada da balconista, a *falta mundial*, os telefonemas frenéticos, a graça repentina de vislumbrar aquele papelão azul-claro.

— Você ganhou! — disse e, depois, fez uma pausa. Eu podia ouvi-lo decidindo se dizia algo. — A princesa... Qual é a cor do cabelo dela? — perguntou ele.

Tive de verificar a caixa.

— Marrom? — disse eu. — Meio que vermelho?

— Você foi ótima — respondeu ele depois de um tempo. — Você é a melhor.

Mas, naquela pausa, pude ouvir que tinha comprado a princesa errada.

Charles não estava criticando: ele apenas sabia o quanto uma princesa poderia significar. Ele passou os últimos dois anos afundado em princesas, bancando o pai e a mãe ao mesmo tempo. A verdade da princesa errada também era a verdade de uma causa e um efeito instáveis. Sendo pai, pode fazer tudo o que deve e ainda pode ir contra você, porque vive com um minúsculo humano volátil que não vem com nenhum tipo de manual de instruções. A possibilidade de fracasso pendura-se como um céu baixo, um clima suspenso sobre cada horizonte.

Em seu livro *A psicanálise dos contos de fadas*, o psicanalista Bruno Bettelheim traz um belo argumento para os tipos de cômputos que contos de fadas possibilitam: eles permitem que crianças encarem medos primais (como o abandono dos pais) e imaginem atos de rebelião (como desafiar autoridades) em um mundo seguramente afastado daquele em que vivem. Bosques encantados e castelos são tão visivelmente fantásticos, suas situações tão extremas, que as crianças não precisam se sentir desestabilizadas por suas reviravoltas. Perguntava-me se isso ainda era verdade para Lily, cuja perda aparecia com mais frequência em contos de fadas do que no mundo ao redor dela. Pode ser uma linha tênue entre histórias que dão a nossos medos um palco necessário e histórias que os aprofundam, que nos deixam com mais medo.

Em uma carta de 1897 ao editor da *Outlook*, uma revista norte-americana de estilo de vida de grande circulação, um correspondente lamentou os efeitos de ler *Cinderela* para crianças pequenas: "O efeito ou impressão é de colocar madrastas na lista de coisas ruins para o resto da vida". Mas, em nossa casa, a questão era menos que *Cinderela* colocava madrastas em uma lista de coisas ruins e mais que a história levantava o questionamento — com um tipo de abertura que, do contrário, poderia ser impossível — se madrastas pertenciam à lista. Com frequência, Lily usava a figura da madrasta malvada de contos de fadas para distinguir nosso relacionamento daquele que acabávamos de ler.

— Você não é como ela — dizia Lily. Ou, quando se tratava da madrasta que ela admirava, da *Cinderela*, era generosa: — Mas você é mais bonita que ela, afinal.

Talvez, alegar que a madrasta era sua personagem favorita fosse uma forma de Lily agarrar a fonte de seus medos e tomar as rédeas deles. Talvez fosse outra versão de interpretar a órfã. Ela se preocupava que eu me tornasse má? Amava-me com intensidade, então eu não a amaria? Perguntava-me se a ajudava nos ver refletidas e distorcidas por um espelho negro, se essas versões mais sinistras de nossa ligação a faziam se sentir melhor com nosso relacionamento ou davam a ela a permissão de aceitar o que poderia ser difícil. Eu encontrava um estranho conforto nas visões de pesadelos de madrastas malvadas que encontrava na mídia popular — pelo menos eu não era cruel como elas. Era um tipo de *schadenfreude* ético, um prazer em ver o sofrimento alheio.

De várias formas, as histórias que minha família herdou foram representadas imperfeitamente nas nossas. Nos contos de fadas, o pai-rei frequentemente era cego e enganado. Ele acreditava em uma mulher que não merecia. Sua confiança, ou seu desejo, permitia os maus-tratos da filha. Charles era como esses pais de contos de fadas em apenas um aspecto: ele confiou em mim desde o início. Acreditou que eu podia ser uma mãe antes de eu acreditar. Falava abertamente sobre o quanto era difícil cuidar de uma criança, o que fazia parecer mais possível viver com amor e com dificuldade — amor *como* dificuldade. Ele sabia o que significava acordar todo dia, escolher três vestidos possíveis, servir o cereal, servir de novo cereal depois que derrubou, lutar com o cabelo em marias-chiquinhas, chegar à escola na hora, buscar na hora, fazer brócolis no vapor para o jantar. Sabia o quanto significava aprender as diferenças entre pôneis animados com asas e os pôneis animados com chifres e os pôneis animados com *ambos*: os alicórnios. Ele sabia o que significava fazer tudo isso e, depois, acordar no dia seguinte e fazer tudo de novo.

Meu relacionamento com Lily também não era como a história que herdamos de contos de fadas, uma história de crueldade e rebelião — ou mesmo com a história da mídia popular da era do divórcio: a criança rejeitando a madrasta, recusando-a a favor de sua verdadeira mãe, a mãe de sangue e ventre. Nossa história não era de rejeição: era de pura, primitiva e sufocante necessidade. Eu nunca iria substituir a mãe dela, mas eu estava ali. Eu era algo. Estávamos forjando uma história própria, uma história construída de centenas de conversinhas no trem das seis, construída de pintar as unhas de Lily e tentar não borrar seu dedinho mínimo, construída de dizer a ela para respirar fundo durante birras, pois eu mesma precisava respirar fundo.

Nossa história começou naquela primeira noite quando senti sua mãozinha pequena, quente, buscando a minha durante a cena em que o abominável homem das neves aparecia em uma montanha gelada e quase dominava a pobre rena.

Naquela noite, quando cantamos músicas na cama, ela saiu e bateu no edredom na mesma cama onde sua mãe passou tardes descansando durante os anos de sua doença, diretamente abaixo do buraco que Charles havia feito jogando com raiva um trem de brinquedo na parede depois de uma ligação com a seguradora, um buraco agora escondido atrás de um pôster do alfabeto.

— Você deita aqui — disse-me Lily. — Você deita no lugar da mamãe.

Se a madrasta malvada parece um arquétipo pré-fabricado, então sua mais pura e sombria encarnação é a rainha má de *Branca de Neve*. Em uma versão de 1857 do conto dos Irmãos Grimm, ela fica louca de inveja e pede ao caçador que traga a ela o coração da enteada. Depois que esse ataque fracassa (o caçador tem um coração próprio a sangrar), a agressão da madrasta toma a forma de falsa generosidade. Ela vai até a enteada disfarçada de uma velha mendiga e oferece à Branca de Neve itens que parecem úteis ou nutritivos: um espartilho, um pente, uma maçã. Esses são objetos que uma mãe poderia dar à filha, como forma de alimento ou formas de passar um legado feminino de cuidado consigo, mas eles são feitos para matá-la. Chegam à Branca de Neve em meio à sua nova família substituta, na qual os sete anões deram a ela a oportunidade de ser precisamente a "boa mãe" que sua madrasta nunca fora. Branca de Neve cozinha, limpa e cuida deles. Sua virtude é um manifesto preciso do impulso maternal que falta em sua madrasta.

A madrasta malvada está tão arraigada à nossa versão familiar de *Branca de Neve* que fiquei surpresa em descobrir que uma primeira versão da história nem traz a madrasta. Nessa versão, Branca de Neve não tem a mãe morta: tem uma mãe viva que a quer morta. Esse foi um padrão de revisão para os Irmãos Grimm; eles transformaram várias mães em madrastas entre a primeira versão de suas histórias publicadas em 1812 e a versão final, publicada em 1857. A figura da madrasta torna-se efetivamente um veículo para os aspectos emocionais da maternidade que eram feios demais para atribuir diretamente à mãe (ambivalência, inveja, ressentimento) e essas partes da experiência de uma criança sobre sua mãe (como cruel, agressiva, limitadora) que eram difíceis demais de situar diretamente na dinâmica biológica de mãe-filha. A figura da madrasta — esguia, angular, dura — era como o veneno da serpente tirado de uma ferida não reconhecida, extraído para preservar o corpo saudável de um ideal materno. "É não apenas um meio de preservar a boa mãe interna quando a mãe real não é apenas boa, mas também permite ódio a essa má 'madrasta' sem colocar em risco a boa vontade da verdadeira mãe, que é vista como uma pessoa diferente", argumenta Bettelheim. O psicólogo D. W. Winnicott coloca de maneira mais simples: "Se há duas mães, uma real que morreu e uma madrasta, você vê quão facilmente uma criança fica aliviada da tensão por ter uma perfeita e uma horrenda?". Em outras palavras, a figura sombria da madrasta de contos de fadas é um arquétipo predatório que reflete algo verdadeiro de cada mãe: a complexidade de seus sentimentos em relação à criança e aos sentimentos da criança em relação a ela.

Mesmo que Lily não dividisse suas ideias de maternidade em ausência perfeita e presença maligna, eu sim — determinando precisamente essa divisão psíquica de trabalho. Imaginava que sua mãe biológica teria oferecido tudo o que eu nem sempre conseguia arrumar: paciência, prazer, compaixão. Era estar *com* Lily em suas birras, como uma vez fomos aconselhados, de forma meio obscura, por um terapeuta. Sua verdadeira mãe não a teria subornado com quantidades absurdas de plástico. Ela não teria ficado tão frustrada quando a hora da cama durasse uma hora e meia, ou sua frustração teria o contrapeso de um amor incondicional que eu ainda buscava. Eu sabia que essa autoflagelação era ridícula — até pais "reais" não são perfeitos —, mas ela oferecia uma via fácil de autodepreciação. Uma mulher cuidando da filha de outra, como Winnicott afirma, "pode facilmente se encontrar forçada por sua própria imaginação na posição de bruxa, em vez de fada madrinha".

Em um estudo chamado "A maçã envenenada", a psicóloga (e madrasta) Elizabeth Church analisou suas entrevistas com 104 madrastas através das lentes de uma pergunta em particular: como essas mulheres lidam com o arquétipo maligno em que entraram? "Apesar de suas experiências serem o oposto das madrastas de contos de fadas, mesmo assim elas se sentem impotentes nas próprias situações em que as madrastas de contos de fadas exercem um enorme poder", relatou. Elas ainda "tendem a se identificar com a imagem da madrasta malvada". Elizabeth chamou de a maçã envenenada delas. Sentiam-se "malvadas" por vivenciar sensações de ressentimento ou ciúmes, e esse medo de sua própria "maldade" fazia-as manter esses sentimentos consigo mesmas, o que, para começar, só as induzia a sentir mais vergonha por tê-los.

Os contos de fadas com frequência usam a madrasta como uma representação da maternidade sombria, uma mulher rebelando-se contra o roteiro cultural tradicional, mas a história particular da madrasta norte-americana é mais complicada. Como a historiadora Leslie Lindenauer discute em *I Could Not Call Her Mother: The Stepmother in American Popular Culture, 1750-1960* [Não poderia chamá-la de mãe: a madrasta na cultura popular norte-americana, 1750-1960], a figura da madrasta norte-americana encontrou suas origens na bruxa norte-americana. Lindenauer coloca que a imaginação popular do século XVIII tomou as mesmas características terríveis que os puritanos atribuíam às bruxas — maldade, egoísmo, frieza, ausência de impulso maternal — e começou a atribuí-las às madrastas. "Ambas eram exemplos de mulheres que, contra Deus e a natureza, pervertiam as qualidades mais essenciais da mãe virtuosa", observa Lindenauer. "Mais do que isso, bruxas e madrastas eram frequentemente acusadas de machucar os filhos de *outras* mulheres."

A madrasta tornou-se um tipo de bode expiatório, um novo repositório para aspectos do feminino que ameaçavam havia muito tempo: atividade feminina, criatividade feminina, impulsividade feminina, ambivalência maternal. No fim do século XVIII, a madrasta era uma vilã padrão, familiar o suficiente para aparecer em livros de gramática. Um garoto até foi ferido por sua madrasta morta *do além-túmulo* quando uma coluna sobre seu túmulo caiu na cabeça dele. A vilania particular da madrasta, a duplicidade da tirania disfarçada como cuidado, permitia a retórica colonial que comparava o governo da Inglaterra com "a severidade de uma madrasta", como um tratado de 1774 coloca. Em um artigo publicado na *Ladies' Magazine* em 1773, às vésperas da Revolução Norte-americana, uma enteada lamenta seu destino nas mãos de sua madrasta: "Em vez do tenro afeto maternal... o que eu vejo agora além da autoridade descontente, mal-intencionada e abusada?". A madrasta oferece restrições sagazmente colocadas como devoção.

Mas a imaginação popular americana nem sempre compreendeu a madrasta como uma mulher perversa. Se era verdade que ela era uma aproveitadora do século XVIII, uma bruxa dos novos tempos, também era verdade que ela era uma santa da metade do século XIX, alegremente prostrada ao levante de seu próprio impulso maternal inato. Na era progressista, ela era a prova de que ser uma boa mãe tinha menos a ver com instintos santificados e mais com razão, observação e aperfeiçoamento pessoal racional. Você não precisava ter uma conexão biológica ou mesmo um impulso inato de cuidadora. Você só precisava se *aplicar*.

Quando entrevistei Lindenauer sobre sua pesquisa, ela me disse que ficou surpresa em descobrir esses movimentos: particularmente surpresa em descobrir que a figura da madrasta virtuosa aparecia nas mesmas revistas femininas que a haviam demonizado décadas antes. Ela acabou detectando um padrão. Parecia que a madrasta encontrava redenção sempre que a família nuclear estava sob cerco: no desdobramento imediato da Guerra Civil ou quando o divórcio emergiu como um fenômeno social no começo do século XX. A madrasta tornou-se um tipo de "porto na tempestade", contou-me Lindenauer. "É melhor ter uma madrasta do que mãe nenhuma." A era dourada do arquétipo da madrasta norte-americana, o cume de sua virtude, foi na segunda metade do século XIX, durante e depois da Guerra Civil, quando romances sentimentais e revistas femininas estavam cheias de madrastas santas, ávidas em cuidar de crianças sem mães que caíam em seus colos. No romance de 1862 de Charlotte Yonge, *The Young Step-Mother; or, A Chronicle of Mistakes* [A jovem madrasta ou uma crônica de erros], Albinia, a protagonista, é retratada como um poço de boa vontade, só esperando por pessoas com necessidades (leia-se luto) profundas o suficiente para exigirem o emprego de sua excessiva bondade. Os irmãos preocupam-se que Albinia se case com um viúvo com filhos, com medo de que ela se tornasse um tipo de empregada, mas o romance assegura que "seu espírito energético e seu amor pelas crianças a animaram a tomar com prazer os cuidados que tal escolha iriam impor a ela". Quando seu novo marido a leva para casa, ele se desculpa pelo que pede dela. "Quando olho para você e o lar para o qual te levei, sinto que agi de forma egoísta", diz ele. Mas ela não o deixa se desculpar. "Trabalho sempre foi o que quis, se ao menos eu puder fazer algo para diminuir sua dor e seu peso", responde ela. Com as crianças, Albinia não apenas diz, mas realmente *sente* todas as coisas certas: ela lamenta que as crianças a tenham no lugar da mãe; elas podem chamá-la de Mãe, mas não precisam. Apesar de o romance ter o subtítulo "Uma crônica de erros", Albinia não parece cometer muitos.

Quando li a epígrafe do romance *Fracasse — ainda assim regozije-se*, pareceu-me ao mesmo tempo uma piada e um imperativo impossível. Na verdade, toda a voz da santa madrasta parecia um elaborado discurso de humildade. Ela sabia que sempre estaria em segundo lugar — ou terceiro! Ou quinto! Ou décimo! Mas ela não se importava. Nem um pouco. Só queria ser útil. Achei que ficaria feliz em descobrir a existência dessas madrastas virtuosas, mas em vez disso as achei quase impossíveis de aceitar, muito mais difíceis de engolir do que as madrastas malvadas dos contos de fadas. Minha maçã envenenada não era a madrasta malvada, mas seu oposto arquetípico, a santa, cuja virtude inata pareceu como o espelho possível mais cruel. Sempre iria me mostrar alguém mais egoísta do que eu era. Essas histórias esquecem tudo o que é estruturalmente difícil nesse tipo de ligação ou então insistem que a virtude supera tudo. É por isso que os contos de fadas são mais complacentes do que os romances sentimentais. Eles permitem que a escuridão entre no quadro. Encontrar a escuridão em outra história é muito menos solitário do que temer que a escuridão seja só sua.

Eu me puni quando perdi a paciência, quando subornei, quando quis fugir. Eu me puni por ficar zangada com Lily quando ela vinha à nossa cama, noite após noite, que não era de fato uma cama, mas um *futon* que puxávamos para a sala de estar. Todo sentimento que tinha, eu me perguntava: *Uma mãe de verdade sentiria isso?* Não era a certeza de que ela *não sentiria* que era dolorosa, mas a incerteza em si: como eu poderia saber?

Inicialmente, imaginei que poderia me sentir mais como uma "verdadeira" mãe entre estranhos, que não tinham motivo para acreditar que eu não fosse. Mas era geralmente entre estranhos que eu me sentia mais uma fraude. Um dia, no começo de nosso relacionamento, Lily e eu fomos a um Mister Softee, um dos carrinhos de sorvete estacionados como minas terrestres por toda cidade de Nova York. Perguntei a Lily o que ela queria e ela apontou para uma casquinha dupla de sorvete de máquina, a maior, coberta com granulados coloridos. Eu disse: "Ótimo!". Ainda estava na Disney Store, ainda empolgada por encontrar a caixa de trenó, ainda pronta a passar por mãe por quaisquer meios necessários, por qualquer rena necessária, por qualquer sorvete necessário.

A casquinha dupla era tão grande que Lily mal conseguia segurar. *Com as duas mãos*, eu saberia dizer alguns meses depois, mas eu não sabia dizer na hora. Ouvi a mulher atrás de mim na fila perguntar à sua amiga: "Que tipo de mãe compra tanto sorvete assim para a filha?". Meu rosto ficou vermelho de vergonha. *Essa* mãe. O que significava: não uma mãe de verdade. Eu tinha medo de me virar e ao mesmo tempo queria me virar, fazer a estranha se sentir envergonhada, responder ao superego maternal que ela representava, dizendo: "Que tipo de mãe? Uma mãe tentando substituir a que morreu". Em vez disso, peguei um maço de guardanapos e me ofereci para carregar a casquinha de Lily para nossa mesa, para que ela não derrubasse no caminho.

Como madrasta, com frequência eu me sentia uma impostora ou sentia a solidão particular de viver fora dos limites da narrativa mais familiar. Eu não havia engravidado, dado à luz, nem sentido o corpo tomado de hormônios de apego. Acordava todo dia com uma filha que me chamava de mamãe, mas também sentia falta da mãe. Uma das bonecas favoritas da Lily, uma personagem gótica chamada Spectra Vondergeist, de cabelo com mechas roxas e um cinto de chaves mestras do tipo esqueleto, era anunciada em sua embalagem como "Filha de um fantasma".

Frequentemente eu chamava nossa situação de "singular". No entanto, com tantos tipos de singularidade, não era apenas uma faca de dois gumes, uma fonte de solidão e orgulho ao mesmo tempo, mas também uma ilusão.

"Muita gente é madrasta", disse minha mãe uma vez, e claro que estava certa. Uma pesquisa recente do Pew Research Center descobriu que quatro em dez norte-americanos dizem que têm pelo menos um relacionamento de madrasta-padrasto. Doze por cento das mulheres são madrastas. Posso garantir que quase todas essas mulheres às vezes se sentem como fraudes ou fracassos.

Em um artigo sobre madrastas e padrastos, Winnicott discute o valor de "histórias de insucesso". Ele até imagina os benefícios de reunir um grupo de "pais substitutos malsucedidos" juntos em um cômodo. "Acho que uma reunião assim seria frutífera", escreve ele. "Seria composta de homens e mulheres comuns." Quando li essa passagem, ela me deteve na mesma hora, pelo anseio. Queria estar naquela reunião, sentada com aqueles homens e mulheres comuns, ouvindo sobre seus subornos com sorvete, suas impaciências diárias, suas frustrações e fraudes, seus trenós desesperados.

Na parte de metodologia do estudo "Poisoned Apple" [Maçã envenenada], Elizabeth Church admite que revelou a seus entrevistados que também era madrasta, antes de entrevistá-los. Depois que uma entrevista terminava, às vezes descrevia suas próprias experiências. Muitos dos entrevistados confessaram que, durante as entrevistas, contaram a ela coisas que nunca contaram a ninguém. Eu podia entender isso, que de alguma forma se sentiram como se tivessem permissão de falar por estar na presença de outra madrasta. Era algo como a reunião imaginada de pais substitutos malsucedidos, como se estivessem em uma reunião do AA em um porão de igreja obtendo um consolo nas menores vitórias e frequentes fracassos de seus iguais: não de sangue, mas iguais.

A decisão de chamar a madrasta de mãe ou a decisão de *não* chamar de mãe frequentemente tem um tom dramático em histórias sobre madrastas. Em geral, funciona como um momento culminante de aceitação ou recusa. Em uma história chamada "My Step-Mother" [Minha madrasta], publicada na *Decatur Republican* em 1870, uma jovem observa sua nova madrasta com ceticismo. Quando a madrasta pede que ela toque uma música no piano, tentando conquistar sua confiança e seu afeto, a garota decide tocar "I Sit and Weep by My Mother's Grave" [Eu sento e choro no túmulo de minha mãe]. Mas veja! A madrasta não se abala. Ela não apenas elogia a menina por sua comovente performance. Compartilha que ela *também* perdeu a mãe quando era jovem e *também* costumava adorar aquela música. A história termina em um tom de triunfo, com a filha enfim chamando-a de mãe, um batismo invertido, criança nomeando a mãe, que inaugura "a mais perfeita confiança" que surge entre elas.

Para Lily, chamar-me de mãe não foi o fim de nada. No dia em que Charles e eu nos casamos na capela de Las Vegas, Lily perguntou quase imediatamente se podia me chamar de mamãe. Estava claro que ela estava esperando para perguntar, e fiquei comovida com o desejo dela, como se tivéssemos aterrissado nos créditos finais de um filme, a trilha sonora chegando ao auge ao nosso redor.

Mas não estávamos nos créditos. Estávamos só começando. Eu estava morrendo de medo. O que aconteceria em seguida? O que aconteceu em seguida: paramos em um 7-Eleven para comprar lanche enquanto Lily puxava minha manga para me dizer que ela pegou uma "bebida de adulto" na festa de aniversário com arminhas laser a que ela acabara de ir e agora se sentia esquisita. Ela não queria contar ao pai. Era como se o universo tivesse mandado o primeiro teste maternal. Ela estava bêbada? O que eu deveria fazer? Se eu iria me deixar ser chamada de mamãe, eu tinha de estar preparada para lidar com as consequências de uma festa de aniversário. Charles acabou deduzindo que ela tomou alguns goles de chá gelado.

Pareceu menos que eu havia "conquistado" o título de *mãe*, do jeito que aparecia em tantas histórias sentimentais, como uma recompensa por se comportar direito e desafiar os antigos arquétipos, e mais como se tivesse me encaixado em uma boneca de papel já feita para mim pelo desejo de uma garotinha. Era como se eu tivesse aterrissado em uma história de 1900 chamada "Fazendo mamãe", na qual a Samantha de seis anos cobre o manequim de um alfaiate com tecidos velhos para fazer uma mãe substituta para si. Era como se Lilly tivesse concedido uma confiança profunda e imediata a mim, desmerecida, nascida da necessidade, e agora eu tinha de descobrir como viver dentro dessa confiança sem traí-la.

***

Quando entrei no traje de um arquétipo cultural bem gasto, acostumei-me a escutar a teoria dos outros sobre nossa família. Uma mulher disse que nossa situação era mais fácil do que seria se eu tivesse uma ex terrível para competir; outra mulher falou que eu estaria competindo com a lembrança da mãe biológica perfeita de Lily para sempre. Quando escrevi um artigo sobre uma viagem de família para uma revista de turismo, a editora queria um pouco mais de paixão de minha parte: "Foi conturbado?", escreveu ela nas margens do meu rascunho. "O que você esperava dessa viagem? Um laço familiar mais forte? Uma chance de largar a tristeza? Ou...? Mexa um pouco com nossos coraçõezinhos." Quando essa editora imaginou nossa família, ela nos visualizou saturados pela tristeza ou então contornados pela resistência. Mais do que tudo, eu gostava dela "ou...?". Pareceu-me verdadeiro. Não era o caso de que cada teoria sobre nossa família oferecida por outras pessoas parecesse errada. Era mais que a maioria parecia certa ou pelo menos tinha um toque de verdade que ressoava. O que parecia até mais alarmante, de certa forma, por ser tão conhecida por estranhos.

Mas cada teoria também parecia incompleta. Havia muito mais verdade em volta disso, ou algo perto do oposto também parecia verdade. Eu raramente tinha vontade de dizer: "Não, não foi nada assim". Em geral, eu queria dizer: "Sim, *é* assim. E também assim, e assim, e assim". Às vezes, a simples existência dessas suposições, a forma como se agitam dentro de todos que encontramos, fazia com que ser madrasta se assemelhasse a demonstrar amor por outra pessoa num anfiteatro de anatomia repleto de estranhos.

Fiquei convencida de que eu estava constantemente sendo dissecada por quão completa ou compassivamente assumi meu papel maternal.

No fim das contas, encontrei apenas dois contos de fadas com boas madrastas, e ambos eram da Islândia. Em um, uma mulher chamada Himinbjörg guia seu enteado pelo luto ao ajudá-lo a cumprir uma profecia entregue a ele em um sonho por sua mãe morta: o garoto libertaria uma princesa de um feitiço que a transformou em uma ogra. Quando o príncipe retorna de sua missão, vitorioso, a corte real está pronta para queimar Himinbjörg em um pilar de madeira, pois todos estão convencidos de que ela é responsável pelo desaparecimento dele. A abnegação dela me comoveu. Estava disposta a passar uma imagem terrível para ajudar seu enteado a buscar a liberdade necessária, enquanto eu me preocupava porque me importava demais em provar que era uma boa madrasta. Estava preocupada de que querer parecer uma boa madrasta atrapalhasse *ser* uma boa madrasta. Talvez eu quisesse crédito por ser mais mãe do que eu queria ser. Himinbjörg, por outro lado, estava disposta a parecer uma bruxa para ajudar seu enteado a quebrar o feitiço.

Então há Hildur. Seu marido jurou nunca mais se casar depois da morte da primeira rainha, pois temia que a filha fosse maltratada.

— Todas as madrastas são más, e não quero magoar Ingibjörg — diz ele ao irmão.

Ele é um rei de contos de fadas que já absorveu o conhecimento dos contos de fadas. Sabe o que acontece com as madrastas. Mas se apaixona por Hildur, mesmo assim. Contudo, ela diz que não vai se casar com ele a não ser que ele a deixe viver sozinha com sua filha por três anos antes do casamento. O casamento dos dois torna-se possível pela possibilidade de ela investir em um relacionamento com a filha dele, que existe em separado, como sua própria chama feroz.

A coisa mais próxima que Lily e eu tivemos de um castelo islandês foi uma série de banheiros pelo centro de Manhattan. Os banheiros eram os espaços para apenas nós duas: aquele com papel de parede feito de jornais velhos, aquele em que ela insistiu que as pessoas costumavam ter tranças em vez de mãos, aquele em um metrô com uma pia de concreto que ela adorou porque era "legal e simples".

Os banheiros eram nossos espaços, assim como as quartas-feiras eram nossos dias, quando eu a pegava na escola e a levava para um Dunkin' Donuts cheio de policiais na Third Avenue com a Twentieth, antes de correr com ela para o balé, a apertava em seu *collant* cravejado de pedrinhas e de me ajoelhar diante de Lily como uma suplicante, prendendo grampos no coque dela. Inicialmente, eu esperava uma medalha olímpica por deixá-la apenas dois minutos atrasada. Acabei percebendo que eu estava cercada de mães que acabavam de fazer exatamente o que eu fizera, só que dois minutos antes, e com coques mais arrumados. Tudo o que parecia ciência especial para mim era apenas coisas que pais normais faziam todos os dias da semana. Mas essas tardes importavam, pois pertenciam a Lily e a mim. Um dia, em um banheiro de uma loja de cupcakes no SoHo, alguns meses antes de Lily, Charles e eu nos mudarmos para um novo apartamento, o primeiro que iríamos alugar juntos, Lily apontou as paredes: rosa e marrom, decoradas com um padrão de rendas. Ela me disse que queria que nosso novo quarto fosse assim. Nosso. Ela tinha planejado tudo. No novo lugar, o papai iria morar em um quarto, e Lily e eu moraríamos em outro. Nosso quarto seria tão delicadinho, disse ela, que não tinha certeza se deixaria garotos entrarem. Isso era o que Hildur sabia: precisávamos de algo que fosse só para nós duas.

Alguns meses depois, lendo para Lily *Horton Choca o Ovo*, do Dr. Seuss, nesse novo apartamento, senti minha garganta apertando. Horton concorda em se sentar em um ovo enquanto Mayzie, a passarinha, uma mãe fugidia, tira férias em Palm Beach. Mayzie não volta, mas Horton não desiste. Ele se senta no ovo de uma estranha por dias; então semanas; então meses.

— Eu falava sério e era sério no que falava — repete ele. — Um elefante é fiel, 100%.

Quando o ovo finalmente é chocado, a criatura que emerge é um pássaro-elefante: um bebê de olhos brilhantes com uma pequena tromba enrolada e asas com pontas vermelhas. Sua tromba minúscula fez-me pensar nos gestos de mão da Lily — como se tornaram grandes e sem sentido, como os meus — e como ela começou a fazer listas de tarefas, como eu fazia, para que pudesse riscar coisas delas. Mas também tinha um pôster dos planetas em seu quarto, pois sua mamãe adorava o espaço sideral e se orgulhava de dizer que sempre tinha "o nariz enfiado em um livro", como sua avó contara que sua mãe sempre tivera.

Para mim, o interesse de pensar sobre o que significa ser uma madrasta está não na relevância estática (*pouco mais de 10% das mulheres norte-americanas podem se identificar!*), mas na forma como ser mãe substituta nos faz questionar nossas suposições sobre a natureza do amor e as fronteiras da família. Família é muito mais do que biologia, e amor é muito mais do que instinto. Amor é esforço e desejo, não uma história sentimental sobre apego fácil ou imediato, mas o prazer complicado de vidas conjuntas: sanduíches de presunto e guacamole enfiados em uma lancheira do Meu Querido Pônei ou dores de crescimento à meia-noite e assentos do carro cobertos de vômito. São os dias de comparecer. As trombas que herdamos e as histórias em que entramos, elas seguem para nós, pelo ventre ou ovo ou presença, pela pura força de vontade. Mas o que sai do ovo dificilmente é o que esperamos: a criança que emerge ou a mãe que nasce. Essa mãe não é uma santa. Não é uma bruxa. É apenas uma mulher comum. Encontrou um trenó um dia, depois de ouvir que não restava mais nenhum. E foi assim que começou.

Museu dos corações partidos

O Museu dos Relacionamentos Rompidos é uma coleção de objetos comuns pendurados em paredes, enfiados sob vidro, iluminados por trás em pedestais: uma torradeira, um carro de pedalar de criança, um modem feito à mão. Um suporte de papel higiênico. Um teste positivo de gravidez. Um teste positivo de drogas. Um machado velho. Eles vêm de Taipei, da Eslovênia, do Colorado, Manila. Todos doados, todos acompanhados por uma história: *Nos catorze dias de suas férias, a cada dia, cortei a machadadas um pedaço de sua mobília.*

Um dos itens mais populares na loja de presentes do museu é o "Apagador de Más Lembranças", uma borracha de fato vendida em várias cores. Mas, na verdade, o museu é algo mais próximo do oposto psíquico de um apagador. Cada objeto insiste que algo *foi*, mais do que tenta fazer com que desapareça. Doar um objeto ao museu permite rendição e permanência ao mesmo tempo: você tira de sua casa e você o torna imortal. *Ela era compradora regional para um mercado, e isso significa que eu podia provar ótimas amostras*, diz a legenda ao lado de uma caixa de pipoca de xarope de bordo salgado. *Sinto falta dela, do cachorro dela, e das amostras, e não suporto ter essa pipoca chique de micro-ondas em casa.* O doador não suporta ter, mas também não podia suportar jogar fora. Ele queria colocar em um pedestal, honrar como o artefato de uma era acabada.

Quando se trata de términos, somos presos a certas narrativas dominantes de purgação, liberação e exorcismo: a ideia de que devemos querer tirar as memórias de nós, nos libertar do apego. Mas esse museu reconhece que nosso relacionamento com o passado, até suas rupturas e traições, frequentemente é mais vexaminoso, que mantém gravidade e repulsa ao mesmo tempo.

> Peça 1: Colar de conchas
> Florença, Itália
> *É um colar normal: uma conchinha com listras marrons presa a um cordão de couro preto. A concha foi pega em uma praia na Itália e presa ao cordão por meio de dois buracos perfurados com uma broca odontológica. A pessoa que fez o colar para mim era estudante de odontologia em Florença na época. Ele fez em segredo, em uma de suas aulas, enquanto deveria estar aprendendo a fazer coroas. Usei o colar todos os dias, até parar de usar.*

Quando visitei o museu em Zagreb, na Croácia, onde ocupa um lar barroco aristocrata localizado às margens da Cidade Alta, estava sozinha, apesar de quase todos os outros terem vindo como parte de um casal. O saguão estava cheio de homens esperando por suas esposas e namoradas, que demoravam mais tempo na exposição. Eu imaginava todos esses casais mergulhados em *schadenfreude* e medo: *Esses não somos nós. Esses poderiam ser.* No livro de visitas, vi um registro que dizia apenas: "Eu deveria terminar meu relacionamento, mas provavelmente não vou". E toquei em minha própria aliança, como uma prova, por conforto, mas não pude evitar de imaginar o anel como outra exibição.

Antes de viajar para Zagreb, eu liguei para meus amigos: *Que objeto você doaria para o museu?* E recebi descrições que eu não poderia ter imaginado: uma concha perfurada por um estudante de odontologia, um *slide* de guitarra, uma lista de compras, quatro vestidos pretos, um único fio de cabelo humano, uma vela com aroma de manga, uma abóbora em formato de pênis, a partitura do Concerto nº 3 para Piano de Rachmaninoff. Um amigo descreveu uma ilustração de um livro infantil que sua ex amava quando era nova, que mostrava uma fila de ratinhos cinza com balões de pensamentos cheios das mesmas cores sobre suas cabeças, como se sonhassem o mesmo sonho. Todos os objetos que meus amigos descreviam remetiam a tempos passados: *naquela época sonhávamos o mesmo sonho*. Os objetos eram relíquias desses sonhos, como as exibições de museus eram relíquias dos sonhos de estranhos, tentativas de insistir que esses sonhos deixaram algum resíduo para trás.

Caminhar pelo museu pareceu menos voyeurismo e mais colaboração. Os estranhos queriam suas vidas testemunhadas, e outros estranhos queriam testemunhá-las. As notas curatoriais citavam Roland Barthes: "Cada paixão, no fim, tem seu espectador... Não há oblação amorosa sem um teatro final". Senti-me estranhamente necessária, como se minha atenção oferecesse provas (aos estranhos que doaram esses objetos) de que seus amores frustrados mereciam atenção. Havia um clima democrático no local. Sua premissa implicava que a história de qualquer um era merecedora de ser contada e merecedora de ser ouvida. As pessoas que doavam itens não eram distintas, em um sentido significativo, daquelas que os observavam. Contribuindo com um item, qualquer observador — qualquer um com um coração partido e uma caixa de lenço de papel — poderia se tornar autor.

A legenda ao lado de um pequeno frasco de condicionador de hotel descrevia um homem chamado Dave, que fora "recebido" no casamento aberto do sr. e da sra. W. Ela deixou o condicionador para trás depois de uma visita de fim de semana no chalé de Dave, mas depois que ela e o sr. W morreram em um acidente de carro, Dave não tinha um "espaço público para viver o luto". A legenda parecia dirigir-se diretamente a mim quando dizia: "Você está dando a Dave esse espaço público".

Peça 2: Lista de compras
Princeton, Nova Jersey
Passei os primeiros sete anos dos meus vinte em relacionamentos longos sérios. Depois, tive o coração partido quando tinha 27 anos e nunca mais namorei. Com dez anos de solteira, tendo me mudado quatro vezes desde meu último término, consegui um doutorado e um trabalho e ganhei vinte quilos. Eu passava por uma caixa de velhas roupas de verão, pequenas demais, e enfiei a mão no bolso de trás de um short jeans cortado e senti um pedaço de papel que se revelou uma lista de compras na letra do ex que terminou comigo: "pilhas, saco de lixo grande preto,

água sanitária Tide (pequena), cebola". De repente, lembrei-me do uso injustificado dele do ponto-final, estranhamente, sempre depois de assinar seu nome. Cada e-mail e cada carta terminavam com um ponto-final.

O Museu dos Relacionamentos Rompidos começou com um fim. Lá em 2003, depois que Olinka Vištica e Dražen Grubišić terminaram seu relacionamento, eles se encontraram em meio a uma série de conversas difíceis sobre como dividir suas posses. Como Olinka coloca: "O sentimento de perda... representa a única coisa que nos resta a compartilhar". Uma noite, sobre a mesa da cozinha, imaginaram uma exposição composta de todos os restos de términos como os deles. Quando enfim criaram essa mostra, três anos depois, o primeiro objeto foi um resgatado da casa deles: o coelho de corda que chamavam de Honey Bunny.

Uma década depois, a história do término deles se tornou o mito de origem do museu.

— Foi a coisa mais estranha — contou-me Olinka em uma manhã tomando café. — Dia desses, eu estava saindo do carro, do lado de fora do museu, e ouvi um guia de excursão contando a um grupo de turistas sobre o coelho. Ele disse: "Tudo começou com uma piada!".

Olinka queria dizer ao guia que não havia sido piada nenhuma, que todas essas primeiras conversas foram muito dolorosas, mas ela entendia que a história de seu próprio término se tornou de domínio público, sujeita a revisões e interpretações de outros. As pessoas tiraram o que precisavam disso.

Dois anos depois de saírem do apartamento que compartilhavam, Dražen ligou para Olinka com a ideia de enviar sua própria instalação de término para um festival de artes de Zagreb. Foram rejeitados no primeiro ano, mas aceitos no seguinte. Receberam apenas duas semanas para planejar a instalação, ouvindo que não teriam espaço dentro da galeria em si. Então, pegaram um contêiner vindo de Rijeka, uma cidade portuária no mar Adriático, e passaram as duas semanas seguintes coletando objetos para preenchê-lo. Inicialmente, preocupavam-se com a possibilidade de não encontrar o suficiente, mas todos que ouviram sobre a ideia disseram o seguinte: "Talvez eu tenha algo para você".

Olinka encontrou uma mulher debaixo da torre do relógio na praça Ban Jelačić, que chegou com o marido, mas trouxe um antigo diário cheio do nome de seu antigo namorado. Ela conheceu um homem idoso em um bar, um veterinário sofrido, que tirou uma prótese de perna de um saco de compras e contou a história da assistente social que o ajudou durante o começo dos anos 1990, quando as sanções durante a Guerra dos Balcãs tornavam as próteses quase impossíveis de se obter. A prótese durou mais do que o relacionamento, disse ele, porque era feita de "um material mais resistente".

Quando Olinka e Dražen enfim encontraram um lar para sua exposição permanente, quatro anos após a primeira exibição, o espaço estava em um estado terrível: o primeiro andar de um palácio do século XVIII em destroços, situado perto de uma ferrovia funicular.

— Fomos um pouco loucos — disse-me Olinka. — Tivemos uma visão de túnel. Como quando você se apaixona.

Dražen finalizou os pisos e pintou as paredes, restaurou os arcos de tijolos. Ele fez um trabalho tão bom que as pessoas perguntavam a Olinka:

— Tem certeza de que quer terminar com esse cara?

É a agradável ironia da premissa do museu: que, ao criarem um museu do término, Olinka e Dražen acabaram formando uma parceria duradoura. Do café do museu, o coelho de corda era visível em seu mostruário de vidro: mascote dirigente e santo padroeiro.

— As pessoas acham que o coelho é nosso objeto — disse-me Olinka. — Mas, na verdade, o museu é nosso objeto. Tudo o que se tornou.

Peça 3: Uma cópia de *Walden*, de Henry David Thoreau
Bucareste, Romênia

R. e eu começamos a ler Walden *no começo de nosso relacionamento. É necessário certa solidão para gostar de* Walden, *e nosso relacionamento foi um veículo em que podíamos colocar muito dos nossos isolamentos enquanto os mantínhamos separados, como água e óleo. Estávamos vivendo juntos, mas decidimos dormir em quartos separados, ambos lendo* Walden *antes de adormecer. Era nosso elo: nossos corpos estavam separados pela parede entre nossos quartos, mas nossas mentes convergiam em direção às mesmas ideias. Quando rompemos, nenhum de nós havia terminado. Mesmo assim, continuamos a ler.*

Cada legenda no museu era uma educação dos limites de minha visão. O que parecia um jogo de Uno não era apenas um jogo de Uno. Era um jogo de Uno que um soldado norte-americano planejava dar à namorada que morava longe (uma viúva do Exército australiano, ela mesma a serviço, que criava duas crianças pequenas). Quando enfim terminaram suas missões e ele foi à Austrália para recebê-la em seu voo de volta do Afeganistão, ela disse que não estava preparada para um compromisso. Anos depois, quando deu com o museu cheio de resíduos de amores perdidos, ele decidiu doar o Uno que nunca jogaram. Ele o carregou consigo esse tempo todo.

Algumas das peças transmitem grandes dramas históricos, como a carta de amor escrita por um garoto de treze anos que escapava da Sarajevo sob fogo em 1992: uma carta escrita para Elma (uma garota presa no mesmo comboio, no vagão ao lado) que ele não teve coragem de entregar a ela. Ele só lhe deu sua fita favorita do Nirvana, já que ela havia esquecido de trazer seu próprio som.

Mas os objetos que mais me comoviam eram os mais comuns, pois sua normalidade sugeria que cada história de amor, até a mais familiar, a mais previsível, a menos dramática, valia a pena ser colocada no museu. A antiga gerente do museu, Ivana Družetić, compreendia a empreitada deles como uma descendente do gabinete de curiosidades: "Desde a descoberta do que é o menor e o alcance que vai mais longe, o critério não parece mais buscar o extremo, mas tentar capturar tudo o que se encaixa no meio".

Esses objetos comuns entendem que um término é poderoso porque satura a banalidade da vida diária, assim como o relacionamento em si fazia: cada tarefa, cada despertador irritante, cada farra tarde da noite com Netflix. Quando o amor termina, acaba em todo canto. É um fantasma tornando a vida diária tão poderosa em sua ausência. Um homem deixa sua lista de compras espalhada por seus dias, tomada de tiques pessoais e pontos gratuitos, pungentes em suas especificidades: *saco de lixo grande preto*, evocando aquela época em que sacos de lixo eram muito pequenos, ou *cebola*, do tipo necessário para um ensopado de peixe em particular, preparado em uma noite úmida de verão. As peças são todas palavras do vocabulário tiradas de línguas particulares compartilhadas que eu nunca iria compreender totalmente — a panela surrada, o saco de lixo — ou relíquias de civilizações de duas pessoas que não existiam.

Alguns objetos pareciam menos relíquias do passado e mais artefatos de futuros não vividos. Um biscoito de gengibre esmigalhado permaneceu como um discurso fúnebre para uma ficada de um dia com um homem comprometido, uma tarde irresponsável passada em uma Oktoberfest em Chicago, antes de uma mensagem dele chegar no dia seguinte: "É difícil para mim dizer isso para você, como você é uma menina ótima, mas... Por favor, não ligue ou mande mensagem. Temo que só vá causar problemas". Era aparentemente muito inconsequente, o encontro ao acaso e o texto de rejeição, algo que você nunca esperaria encontrar imortalizado.

E, ainda assim, lá estava. Uma única Oktoberfest importou o suficiente para fazer uma mulher guardar um biscoito de gengibre por anos, até sua cobertura ter se tornado crostas pálidas quebradas e essas crostas guardarem a essência do museu em si — seu comprometimento com a tristeza oblíqua da "coisa de um dia", a ligações que podem não parecer dignas de comemoração, ao ato de enlutar-se pelo que nunca aconteceu. O que é parte de qualquer término: sofrer pelo relacionamento duradouro que nunca seguiu, o relacionamento hipotético que poderia ter funcionado. A meia de lã de um soldado veio com uma legenda de sua amada por vinte anos: *tive dois filhos com ele e nunca tivemos uma conversa de verdade. Sempre achei que um dia teríamos.*

Um diário no museu, feito por uma mulher durante um dos episódios bipolares de seu namorado, estava cheio de frases repetidas como mantras: *estou mantendo meu coração aberto* e *estou vivendo o agora*, escritas seguidamente. Era a banalidade dessas frases que me comoviam. Não eram brilhantes. Apenas foram necessárias.

Peça 4: Envelope com um único fio de cabelo humano
Karvina, República Tcheca
Em 1993, eu me formei na faculdade e ensinei inglês durante um ano em uma vila de mineração de carvão na fronteira polonesa/tcheca, uma cidade comunista depressiva e poluída na qual vivenciei a solidão como nunca havia conhecido antes ou depois. No verão, antes de ir embora, conheci um rapaz escocês chamado Colin no parque de diversões em Salisbury Beach, onde ele cuidava da roda-gigante. Depois do verão, escrevemos cartas um para o outro e, às vezes, uma carta dele era a única coisa que me fazia suportar o dia. Tinha cachinhos castanho-

-avermelhados que eu adorava e, uma vez quando o familiar envelope azul do correio chegou à minha caixa, vi que ele tinha fechado com uma fita; e um único fio de seu cabelo cacheado ficou preso embaixo: uma parte de seu corpo, seu DNA, *que um dia seria compartilhado com nossos filhos. Depois que ele me largou de uma forma bem covarde — apenas parou de me escrever —, eu ainda verificava minha caixa todos os dias e chorava. Depois, voltava para meu triste apartamento comunista e chorava, então olhava para o envelope com o único cabelo encaracolado e chorava mais um pouco.*

— O museu sempre esteve dois passos à frente de nós — disse-me Olinka, explicando que teve uma vontade própria desde o começo, um impulso de existir além dela e Dražen.

Era como se todas essas histórias já estivessem esperando ao redor deles — como umidade no ar, um céu pronto a chover. Logo depois da exibição deles no contêiner, Olinka e Dražen receberam a ligação de um programa de perguntas japonês que queria filmar um episódio no museu. Mas não havia museu. Era assim desde o início: as pessoas acreditando na coisa, *querendo* a coisa, antes mesmo de existir. Na década que se passou desde aquele primeiro contêiner, o museu tomou várias formas: instalações permanentes em Zagreb e Los Angeles, um museu virtual composto de milhares de fotografias e histórias e 46 instalações *pop-up* por todo mundo: de Buenos Aires a Boise; Singapura a Istambul; Cape Town a Coreia do Sul; de Oude Kerk, no distrito da luz vermelha em Amsterdã, ao Parlamento Europeu em Bruxelas, todos com origem local, como um mercado artesanal, com estoque regional de corações partidos.

Olinka contou curiosidades sobre mostras particulares: a da Cidade do México foi inundada por mais de duzentas doações nas primeiras 24 horas. A mostra da Coreia do Sul estava cheia de objetos que pertenciam a estudantes do ensino médio que morreram em um acidente recente de balsa. Enquanto doadores franceses com frequência faziam suas próprias legendas na terceira pessoa, narrativas norte-americanas geralmente traziam uma primeira pessoa mais proeminente, aquele "eu" tão dos Estados Unidos. Os curadores norte-americanos também eram muito mais propensos a usar a primeira pessoa quando falavam sobre suas peças: *Minha coleção. As doações que eu reuni*. Ela e Dražen tentavam não falar dessa forma. Levou alguns anos até introduzirem a história do próprio término deles à narrativa do museu. Sempre acreditaram que o projeto pertencia a algo muito maior do que sua dor particular.

Objetos tornam públicas as histórias particulares, mas também concedem ao passado certa integridade. Sempre que a memória conjura o passado, acaba embelezando-o: substituindo o parceiro perdido com lembranças e reconstruções, mitos e justificativas. Mas um objeto não pode ser distorcido dessas formas. Ainda é apenas uma caixa de pipoca ou uma torradeira, um capuz que ficou encharcado com uma chuva repentina numa noite em 1997.

Em outra amostra em Zagreb naquela noite, dedicada aos ataques sérvios-montenegrinos em Dubrovnik, foram os objetos que pareceram mais poderosos: não as imensas fotografias mostrando fortes de pedra clara explodidos em nuvens de fumaça, mas a pequena granada com a forma de um abacaxi preto em miniatura, e a cruz rústica que uma família fez com pedaços de artilharia explodida que acertou sua casa. A lanterna rosa de um soldado estava ao lado de um pedaço de bomba, um quadrado de gaze manchado de sangue e uma foto dele deitado na cama de um hospital com uma atadura sobre um olho, um rosário em seu peito nu. Seu nome era Ante Puljiz. Tais palavras não significam nada para mim. Mas aquele pedaço de destroço esteve dentro de seu corpo.

PEÇA 5: Quatro vestidos pretos
Brooklyn, Nova York
Eu doaria ao museu os quatro vestidos pretos pendurados em meu armário: um acinturado, um de verão, um de gola alta e um trapézio de seda crua. Dois destes vestidos foram dados a mim por meu ex, e dois eu mesma comprei, mas todos datam de uma época em minha vida quando imaginei que pudesse me tornar a pessoa que queria ser ao adotar um uniforme. Achei... nós dois achamos que o problema de minha falta de feminilidade, minha falta de interesse em roupas, meu jeito nada descolado em geral, poderia ser resolvido se eu me tornasse uma dessas frequentadoras de festas literárias que se veste de preto, faz comentários cortantes e escreve best-sellers. Dois meses depois de terminarmos, esse homem disse para mim: "Só estou esperando para ver se você se torna famosa, porque acho que eu

poderia me apaixonar por você". Uma coisa horrível de se dizer, tosca na sua tentativa de honestidade — ainda assim, eu não via que, de certa forma, era isso que eu estava prometendo a ele, a fantasia de um eu público que estávamos construindo em conjunto. Eu doaria esses vestidos ao museu, só que ainda os estou usando. O tempo todo. Mas também visto outros vestidos: roxo, floral, geométrico, rosa.

Quando era pequena, antes de meus pais se separarem, eu acreditava que o divórcio era uma cerimônia como o casamento, só que invertida: as pessoas caminhavam pela igreja, segurando as mãos e, depois, quando chegavam ao altar, soltavam-nas e afastavam-se. Depois que o casamento de uma amiga terminou, perguntei a ela: "Você teve um bom divórcio?". Pareceu-me uma pergunta educada. Um fim parecia algo importante o suficiente para justificar um ritual.

Quando os artistas performáticos Marina Abramovic e seu parceiro Ulay decidiram terminar a relação de doze anos, os dois marcaram a conclusão caminhando a extensão da muralha da China. "As pessoas se esforçam demais em começar um relacionamento e muito pouco em terminar", explicou Abramovic. Em 30 de março de 1998, ela começou a caminhar da ponta leste da Muralha, no golfo de Bohai no mar Amarelo, e Ulay começou do canto oeste, no deserto de Gobi. Cada um andou durante noventa dias, por volta de 2,2 mil quilômetros, até que se encontraram no meio, onde se cumprimentaram e disseram adeus. Em uma retrospectiva do trabalho de Abramovic em Estocolmo, quase vinte anos depois, duas telas de vídeo mostraram cenas de suas respectivas jornadas: uma mostrava Abramovic caminhando entre camelos em uma terra dura coberta de neve, enquanto a outra mostrava Ulay caminhando com uma bengala por morros verdes. As fitas eram passadas em um ciclo contínuo, e a mim pareceu bonito que nesses vídeos, décadas após o término, esses dois namorados ainda caminhassem constantemente em direção um ao outro.

Se cada relacionamento é uma colaboração, duas pessoas criando em conjunto os seres que serão um para o outro, ela às vezes pode parecer uma tirania, forçando o outro em um certo molde, e às vezes pode parecer um nascimento, tornando um novo ser possível. Às vezes, a cauda do cometa deixada para trás (os vestidos que você vestiu, o batom que experimentou, os livros que comprou, mas nunca leu, as bandas de que fingiu gostar) pode se parecer com algemas quebradas, mas às vezes é bela de todo modo: um vestido resgatado da fantasia, transformado em um vestido de seda para a noite de sábado.

Na verdade, sou obcecada por términos desde antes de ter um relacionamento. Cresci em uma família cheia de divórcios e superpovoada por novos casamentos: meus dois pares de avós divorciaram-se; minha mãe, duas vezes; meus pais casaram-se três vezes; meu irmão mais velho divorciou-se aos quarenta anos. O divórcio parecia menos uma aberração do que um estágio inevitável no ciclo da vida de qualquer amor.

Mas, em minha família, os fantasmas dos antigos parceiros raramente são vingativos ou amargos. O primeiro marido de minha mãe era um hippie magricelo com os olhos muito bondosos, que uma vez me trouxe um apanhador de sonhos. O primeiro marido de minha amada tia era um artista que fazia máscaras de folhas secas de palmeira que pegava nas praias. Esses homens encantavam-me porque carregavam consigo não apenas o resíduo de quem minha mãe e minha tia foram antes de eu conhecê-las, mas também as possibilidades espectrais de quem poderiam ter se tornado. Dezessete anos após o divórcio, meus próprios pais tornaram-se tão próximos que minha mãe, uma diaconisa episcopal, oficializou o terceiro casamento de meu pai.

Tudo isso para dizer: cresci acreditando que os relacionamentos provavelmente terminariam, mas também cresci com a firme crença de que, mesmo após um relacionamento terminar, ainda fazia parte de você, e que isso não era necessariamente uma coisa ruim. Quando perguntei à minha mãe com qual objeto contribuiria com o museu, ela escolheu uma camisa que havia comprado em São Francisco, anos antes de eu nascer, com a mulher que ela amou antes de conhecer meu pai.

Cresci com a noção de que um relacionamento encerrado representa mais do que seu término. Tudo o que aconteceu antes de terminar não é invalidado pelo fato de seu término. Essas lembranças do relacionamento, os prazeres e fricções particulares que trazem, a encarnação particular do ser que permite, não desapareceram, apesar de o mundo nem sempre dar espaço para elas. Falar demais de um ex era visto como sinal de algum tipo de patologia. O evangelho da monogamia serial pode fazer você acreditar que cada relacionamento foi um teste imperfeito, útil apenas como preparação para o relacionamento que afinal ficou. Nesse modelo, uma família cheia de divórcios é uma família cheia de fracassos. Mas cresci vendo-os como algo mais, cresci vendo cada ser como um acúmulo de seus amores, como uma boneca russa *matrioska* que mantém todos esses relacionamentos dentro de si.

> PEÇA 6: Camisa *paisley*
> São Francisco, Califórnia
> *Foi em algum tempo por volta de 1967. Compramos nossas camisas* paisley *de uma arara externa em Haight-Ashbury. Eram os empolgantes primeiros dias de nosso relacionamento; para mim, era ainda mais intoxicante por ser meu primeiro namoro lésbico. Nossas camisas quase combinavam, mas não muito; a minha era um rosa psicodélico e a dela, roxa. Definitivamente foram usadas pela primeira vez em um show do Jefferson Airplane, apesar de a camisa carregar lembranças de lugares a que nunca foi: um ano de mochilão, e trabalhando em colheitas na Europa, liderando uma greve de colhedores de azeitonas na Provença, um acampamento no Death Valley onde vimos o sol se pôr em um horizonte enquanto a lua se erguia no outro. Tudo era muito bom, certo e cheio de esperança, até não ser mais. Nunca entendi por que terminamos, apesar do fato de eu querer ter filhos poder ter algo a ver com isso. A última vez que a vi foi no Gay Pride em Washington, em 1975. Faz muito tempo, mas a camisa ficou comigo. Me lembra de quem já fui.*

Quando eu era criança, adorava um livro chamado *Grover and the Everything in the Whole Wide World Museum*. [Grover e o Museu de Tudo no Mundo Todo]. No Museu de Tudo no Mundo Todo, Grover visita "As coisas que você vê na Sala do Céu". E a sala é cheia de "Coisas longas e finas com as quais você pode escrever", onde uma cenoura foi erroneamente infiltrada. Então, ele a coloca em um elegante pedestal de mármore no meio da sala que não tem mais nada: "Sala da Cenoura". Quando Grover chega ao fim da exposição, ele se pergunta: "Onde puseram tudo mais?". É quando chega à porta de madeira marcada: "Tudo Mais". Quando abre, claro, é apenas a saída.

Quando deixei o Museu dos Relacionamentos Rompidos, tudo nas ruas de Zagreb parecia uma peça possível, um objeto que fora parte de um namoro ou que poderia ser, algum dia: um gnomo de jardim sorrindo na frente de cortinas de renda; massinha de modelar roxa moldada em bolas irregulares no peitoril de uma janela; cinzeiros plásticos laranja perto do topo de um teleférico; cada palito de dente saindo de salsichas assando em uma grelha ao ar livre em Strossmartre; cada bituca de cigarro na boca de lobo de metal da rua Hebrangova; as feridas, grandes como maçãs, na canela exposta de um velho enquanto ele dirigia uma moto com uma senhora agarrando sua cintura. Talvez algum dia ela quisesse ter guardado aquela ferida como algo para se lembrar dele. O dia sem nuvens de Zagreb mantinha um potencial coração partido como uma distante bomba-relógio.

Quando vi uma mulher e um homem dividindo um saco de pipocas no Parque Zrinjevac, perguntei-me se algum dia, quando tudo tivesse terminado, os dois se lembrariam dos acessórios desse dia particular como amostras do solo: seus óculos escuros, seus tênis. Imaginei a pipoca deles em um pedestal, com um holofote iluminando: *Saco de pipoca, Zagreb, Croácia* — legendado com a história de outra mulher, ou outro homem, ou simplesmente outro ano, a exuberância esmaecendo até se tornar rotina.

Poderia trazer meus próprios amores perdidos como um catálogo infinito de objetos fantasmas: um copo de sorvete de chocolate comido sobre um *futon* em uma loja de falafel; uma bandeja engordurada de fritas com chili do Tommy's na Lincoln com Pico; um frasco de colírio; vinte cheiros diferentes de camiseta; fios de barba espalhados como folhas de chá em pias sujas; uma lava-louças com só três rodas enfiada na despensa que eu dividia com o homem com quem achei que fosse me casar. Mas talvez a questão mais profunda não seja sobre os objetos em si, o que pertence ao catálogo, mas sobre por que gosto tanto de catalogá-los. O que há nessa ânsia de que gosto, essa ranhura entalhada da lembrança de um antigo amor, aquela veia de nostalgia?

Depois de terminar com meu primeiro namorado, quando éramos calouros na faculdade em lados opostos do país, desenvolvi um apego curioso à tristeza de nosso rompimento. Em vez de aguentar nossas conversas forçadas ao telefone, eu podia fumar meus cigarros no frio cortante das noites de Boston e sentir falta do que era se apaixonar em Los Angeles: noites quentes próximas ao mar, beijos em postos de salva-vidas. Aquela tristeza pareceu uma versão filtrada de nosso relacionamento, como se eu estivesse mais conectada com aquele homem ao sentir falta dele do que já estive quando estávamos juntos. Mas era mais do que isso também: a tristeza em si tornou-se um tipo de âncora, algo de que eu precisava mais do que jamais precisei dele.

> PEÇA 7: *Slide* de guitarra
> *Fayetteville, Virgínia Ocidental*
> *O objeto de relacionamento mais potente em minha posse é um antigo* slide *de guitarra dos anos 1920. É uma barra de* slide, *ou barra de tom, o que significa que é um simples pedaço de aço ou metal cromado; o carimbo original de fabricação ficou gasto pela constante fricção. Meu ex, uma pessoa ao mesmo tempo com uma habilidade musical excepcional e um comportamento destrutivo incomum, o deu para mim (provavelmente, em uma crise do referido comportamento). Acho que deve ter sido seu objeto mais valioso, e ele não costumava ter muitas posses. Ficamos juntos por seis anos, quando eu era muito jovem, e a coisa toda terminou comigo em um abrigo para mulheres vítimas de maus-tratos. Não consegui me livrar da barra, apesar de, claro, pensar em toda a tristeza que passou por ela: a dele, a minha através dele. Parece mais dele do que minha — meus dedos nem se encaixam nela —, e eu a devolveria com alegria se ele a quisesse de volta.*

Olinka crê que "a melancolia foi banida injustamente dos espaços públicos" e me disse que lamenta o fato de ter sido levada aos guetos, substituída pelo sinistro otimismo das atualizações de status de Facebook. Um *slide* de guitarra pode manter a melancolia ("dele, minha através dele"), ou um museu pode mantê-la, insistindo que precisamos dar espaço a isso. Olinka sempre imaginou seu museu como um "templo cívico onde a melancolia tem o direito de existir", onde a tristeza pode ser compreendida como algo diferente de um sentimento que precisa ser substituído. Ela não gosta quando as pessoas elogiam o museu pelo "valor terapêutico". É uma insistência de que a tristeza precisa de cura.

Por quinze anos da minha vida, entre meu primeiro término e meu último, eu me comprometi com uma crença quase oposta na tristeza como um estado refinado: uma destilaria eficaz que poderia evocar a versão mais pura e forte de mim. Mas, caminhando por Zagreb naquela semana, casada havia dois anos e meio e grávida de dois meses, eu não estava buscando lugares para fumar e me sentir solitária, raspando meu interior com cigarros europeus sem filtro. Buscava frutas frescas que poderiam satisfazer meus desejos repentinos e sobrepujantes: um saco de papel com cerejas da feira ou pêssegos tão maduros que o suco escorreu por meu vestido no momento em que mordi a casca.

Sempre sofri com relacionamentos depois que perdiam seus primeiros estados de amor irrestrito e paixão incontida. Achava o desdobramento daquele momento inicial turvo e comprometido. Mas me casar significava me comprometer com outro tipo de beleza: a beleza marcada da continuidade, deixar o amor adquirir suas camadas com os anos, comparecer à intimidade em toda sua dificuldade, assim como sua empolgação, permanecendo em algo tempo o suficiente para manter suas áreas acidentadas prévias como talismãs, para dizer a si mesma: *Isso tem outro lado*.

De volta a meu quarto de hotel em Zagreb, meu telefone tocava com a mensagem de uma amiga que estava em um aeroporto no Colorado esperando chegar o voo de um homem por quem ela estava se apaixonando. E, depois, houve a mensagem de outra amiga: "Acabamos de terminar. Você está por aqui? Não queria ficar sozinha o fim de semana todo".

O mundo está sempre começando e terminando ao mesmo tempo. Ícaro cai do céu enquanto alguém desliza para a direita no Tinder.

Na instalação *pop-up* de Relacionamentos Rompidos em Boise, Idaho, um homem doou uma secretária eletrônica que emitia a mensagem de sua ex chamando-o de imbecil, logo seguida por outra de seu pai falando de algo tão ordinário como o clima. Isso é um coração partido. A ruptura é enorme em seu coração, enquanto o resto do mundo está verificando as pancadas de chuva. Sua ex pode não suportar sua existência no mundo e seu irmão quer saber se você viu o jogo do Knicks a noite passada. O apelo do museu também se baseia nisso: querer companhia, querer transformar a experiência de se tornar solitário em algo especial. *Acabamos de terminar. Você está por aqui? Não queria ficar sozinha o fim de semana todo.*

A artista conceitual francesa Sophie Calle explicou a premissa de sua instalação de 2007, *Cuide-se*, dessa forma: "Recebi um e-mail me dizendo que era o fim. Eu não sabia como responder... Terminava com um 'Cuide-se'. E foi o que fiz". Para Calle, cuidar-se significou pedir a 107 mulheres que interpretassem a mensagem dele: "Analisar, comentar, dançar, cantar. Dissecar. Exaurir. Compreender por mim". Sua exibição foi composta do coro das reações delas: uma "pesquisadora em lexicometria" notou uma falta de ação na gramática da mensagem de término. Uma revisora sublinhou suas repetições. Uma advogada considerou o ex culpado por fraude. Uma criminologista diagnosticou-o como "orgulhoso, narcisista e egoísta".

Testemunhar términos e pedir que os meus fossem testemunhados foi parte de cada amizade profunda em minha vida. É a arte de colaborar como leitores próximos, profetas, tradutores de folhas de chá, criadores de narrativas alternativas: "Querida, posso te implorar que dê uma lida nisso?", escreveu uma vez uma amiga, enviando-me um e-mail de um homem com quem ela havia acabado de terminar. "Estou com dificuldades em ter certeza de que não estou sendo uma mulher histérica... Os olhos de outra pessoa viriam bem a calhar nessa comunicação, para uma sensação total de encerramento. Morreria de gratidão por você." O término como uma experiência social não é tanto uma exposição do outro quanto um desejo de não ficar sozinho ao encarar o fim da história. Expulsa como personagem, você se torna uma leitora, analisando os destroços. Faz muito bem não ler isso sozinha.

Peça 8: Saco plástico com pistaches
Iowa City
Dave e eu ficamos quatro anos juntos. Mudamo-nos para o outro lado do país e voltamos. Dirigimos um caminhão de mudança pela Pensilvânia no meio de uma tempestade e, então, fizemos isso de novo, dois anos depois, indo na direção oposta. A Pensilvânia surpreendeu-nos com seu tamanho. De certa forma, fez isso duas vezes. Eu amava Dave do fundo do meu coração. No primeiro apartamento que dividimos, quando as coisas se deterioraram e brigávamos com frequência, começamos a notar traças cinza se espalhando pela cozinha. Quando as esmagávamos contra as paredes, seus órgãos internos deixavam rastros prateados na pintura branca. Continuávamos matando-as, continuávamos lutando, continuávamos acreditando que, se matássemos traças suficientes, se lutássemos o suficiente, acabaríamos nos livrando delas de vez. Após vários meses, descobrimos de onde vinham as traças: um saco plástico na despensa, cheio de pistaches velhos, cheios da teia branca de seus minúsculos ovos. Jogamos fora. Ficamos esperando

encontrar nosso equivalente desse saco: o cerne de todas as nossas brigas, a fonte primordial, para que pudéssemos bani-la.

Meu término com Dave, pouco antes de eu fazer trinta anos, importou mais do que qualquer outro término que já tive e durou mais tempo: a perda em si e seus desdobramentos. Dave e eu passamos muito de nosso relacionamento tentando descobrir se poderia funcionar, e achei que terminar iria nos livrar desse cabo de guerra. Terminamos, voltamos, terminamos de novo, então falamos sobre nos casarmos. Nosso término tornou-se meu parceiro da mesma forma que Dave tinha sido. Havia uma ausência que mantinha a forma dele e me seguia por todo o lado.

Com frequência, descrevemos nossos fantasmas como vozes sussurrando para nós, mas eu sentia Dave com um ouvido espectral, alguém a quem eu continuava querendo sussurrar.

Durante anos depois que terminamos, cada pensamento que eu tinha era construído em parte para ele. Mantinha uma lista de coisas que queria dizer a ele, mas não podia, principalmente coisas tolas, cotidianas: a neve empilhada entre minhas janelas interna e externa durante nevascas; como escavei meu próprio carro durante a tempestade, e dois advogados gritaram comigo por estacionar na vaga deles; a toranja grelhada com crosta de açúcar queimado que comi em nossa lanchonete local, sem ele, que adorava toranja; todos os homens que vi ou pensei em ver na ausência dele. "Quero um homem aqui para me tocar, só para poder abandonar essa lista e parar de escrever para você", escrevi.

As memórias vinham para mim como o estado da Pensilvânia durante uma tempestade. Sempre que achava que tinha terminado, que eu havia superado, acontecia de não ter acabado ainda. Eu podia seguir quantos quilômetros quisesse e ainda continuaria sentindo como era perdê-lo. Eu parecia bem, pois dizia isso o tempo todo para meus amigos e, com frequência, parecia verdade, como se meus sentimentos estivessem trancados em outro lugar e a chave tivesse sido tirada de mim para minha própria proteção. Mas às vezes de noite, sozinha, acordava desesperada por aquela chave, para abrir a porta, para chegar ao espaço trancado. Talvez ele estivesse lá, esperando. Depois que me queimei feio no sol, quando minha pele descascou em tiras que se enrolavam como pedaços de fita adesiva entre meus dedos, pensei: *esta é a pele que ele tocou*. Era meu luto ridículo. Não havia argumentos. Minha pele continuava saindo como papel picado, em flocos por minha roupa toda, em meu pequeno Toyota. Ele estava por todo lado, a poeira dele.

Esperando em uma fila de aeroporto, observei um casal de olhos azuis que provocava um ao outro de brincadeira. Quem teria de trocar de passaporte primeiro? Ele teria! Não, ela teria! Ele bateu nela com um travesseirinho felpudo de pescoço. Os dois tinham etiquetas de bagagens prateadas combinando, presas às suas sacolas revestidas de couro combinando. Naqueles dias, eu tratava cada casal como uma cena do crime em busca de pistas ou de uma receita para roubar. Como escolheram a bagagem combinando, e como ficavam na fila sem discutir e como é ter o mesmo sobrenome gravado em prata? Eu queria me sentir superior à vida rasa que projetava neles, mas mesmo esse parco consolo dava lugar a questionamentos: *O que eles têm que não tínhamos? O que conseguiram que nós não?*

"Talvez, a coisa mais difícil em perder um amor seja/observar o ano repetir seus dias", escreveu Anne Carson. "É como se eu pudesse enfiar minha mão/ no tempo e trazer/ pílulas azul e verde do calor de abril/de um ano atrás, em outro país." Quando eu afundava minhas mãos no passado que compartilhei com Dave, cada momento lembrado se solidificava em algo mais limpo e mais puramente feliz do que foi de fato.

A nostalgia rearranja os cômodos da memória: faz camas, coloca um vaso de flores na cômoda, abre as cortinas para deixar o sol entrar. Fica cada vez mais difícil dizer: *Era doloroso viver lá.* A voz da insistência fica fraca. *Era*. Porque sentimos falta. Sentimos falta do que era difícil naquilo. Sentimos falta de tudo.

Na primeira vez que nos beijamos, disse a Dave:

— Eu não me sentia viva. Agora me sinto.

Peça 9: Garrafa de Crystal Pepsi
Queens, Nova York
Após o término com o homem com quem achei que fosse me casar, conheci um advogado inesperadamente maravilhoso que morava no Queens. Ele me levou para uma noite de quiz em seu bar local em Astoria. Levou-me para uma festa de

Natal em seu escritório de advocacia perto da Times Square. Levou-me ao Blazer Pub, perto da casa de sua infância no interior, onde comemos hambúrgueres e jogamos boliche. Sabia que ele não era "o cara", mas suspeitava que eu não acreditava mais "no cara", não porque nunca o tenha conhecido, mas porque eu já o havia tido e havia acabado. O advogado me fazia rir. Me fazia sentir-me confortável. Comíamos comidinhas gostosas. Fizemos panquecas com framboesas e chocolate branco e vimos filmes nas manhãs dos fins de semana. Ele encontrou velhas reprises de Lendas do Templo Perdido, *o programa idiota de jogos que nós dois gostávamos quando crianças, e me deu uma garrafa de dez anos de Crystal Pepsi que encontrou na internet, meu refrigerante favorito quando eu era pequena, não fabricado havia anos. Ele era notável, mas eu não conseguia enxergá-lo, ou enxergar isso, porque eu nunca acreditei em nós. Nada em nós me desafiava. Sua dedicação começou a parecer com um tipo de claustrofobia. Era como se ele me ensinasse o quanto eu sofria para viver dentro do amor, ou entender algo como amor, com dificuldade.*

Nove meses depois que Dave e eu terminamos, comecei a sair com um homem que parecia o oposto dele. Ou pelo menos era a história que contei a mim mesma. Ele não era poeta, mas advogado, que trabalhava em um escritório em Midtown. Não tínhamos brigas explosivas, pois eu não havia colocado meu coração nas mãos dele, em sua caixa de e-mails, em seu caminhão de mudanças, em sua despensa, por segurança. Mas nossa amizade me proporcionava risadas constantes e prazer genuíno, sensações no fundo do meu estômago, após anos lutando por e com um relacionamento que não estava dando certo. Sugeria que as coisas que sempre achei que queria em um parceiro (carisma, mistério) não eram necessariamente as coisas de que eu mais precisava.

De várias formas, nosso relacionamento foi outro capítulo no desdobramento de minha história com Dave, parte do epílogo. Quando o advogado e eu terminamos, pareceu menos uma tristeza nova e mais um retorno à tristeza que já estava lá, sentindo falta daquilo que eu sempre sentira. Alguns meses depois, encontrei o homem com quem iria me casar.

Antes de partir para a Croácia, pensei em levar a garrafa de Crystal Pepsi que o advogado me deu para doar ao museu como uma lembrança do meu último término antes do casamento. Mas nunca a coloquei na bagagem. Por que quero mantê-la em casa, em minha prateleira? Tinha algo a ver com querer reconhecer o homem que a deu para mim, pois não dei crédito o suficiente para ele quando estávamos juntos. Manter seu último presente foi uma forma de dar crédito a ele no desdobramento.

O tempo todo em que vaguei pelo Museu dos Relacionamentos Rompidos, fiquei imaginando todos os objetos que *não* foram doados, todos os objetos que as pessoas não poderiam suportar abrir mão, à espreita, como uma coleção fantasma por trás dos milhares de objetos (mais de três mil) que foram doados. Pensei em todos os objetos que meus amigos descreveram — o colar de concha, a lista de compras, o único fio de cabelo humano preso no envelope, os quatro vestidos pretos e o *slide* da guitarra: alguns perdidos, alguns guardados, alguns ganhando um novo propósito em uma nova vida.

Se for para ser honesta comigo mesma, guardar aquela garrafa de Crystal Pepsi não é só uma questão de honrar o homem que a deu para mim ou o que compartilhamos. Tem também a ver com aproveitar aquele vislumbre de tristeza e dissolução, manter algum lembrete da pura sensação de estar despedaçada. Esses dias da minha vida baseiam-se menos no estado sublime da tristeza solitária ou do coração partido e mais em acordar a cada dia e me certificar de que mostro meu comprometimento. Meus dias em Zagreb eram feitos de mandar mensagens por Skype para meu marido e enviar um vídeo de "bom-dia" para minha enteada. *Fuži* de Ístria com trufas, massa com creme grosso; pargo com alcachofras; algo chamado de torta caseira; e algo chamado salada de vitaminas alimentavam o feto dentro de mim.

A vida agora se baseia menos na eletricidade de etapas e mais na continuação, voltar e atravessar; menos no grande drama do término e mais no trabalho diário de recuperação e sustentação. Guardo a Crystal Pepsi porque é uma lembrança daqueles quinze anos que passei no ciclo de começos e términos, cada um sendo uma oportunidade de autodescobrimento e reinvenção e emoção transformadora; uma forma de sentir-me infinita na variedade de possíveis seres que poderiam se formar. Guardo a Crystal Pepsi porque quero algum lembrete de um ser que se sentia vulcânico e volátil, explodindo de prazer ou de lágrimas, e porque quero alguma prova de todas as vidas não vividas, aquelas que poderiam ter sido.

Despertar

Quando você era do tamanho de uma semente de papoula, sentei-me no banheiro de um hotel em Boston e fiz xixi em uma tira que comprei com o velhinho de uma farmácia perto de Fenway Park. Coloquei o plástico no azulejo frio e esperei que me contasse que você existia. Queria muito que você existisse. Foi um ano de e-mails animados do meu aplicativo de fertilidade, perguntando se eu havia tido relações sexuais nas noites certas, e um ano de corações apertados sempre que eu via sangue: no trabalho, em casa, em um banheiro cheio de areia em uma praia fria ao norte de Morro Bay. Cada manchinha de sangue levava embora a narrativa que eu passara as últimas semanas imaginando: que *aquele* seria o mês em que descobriria que teria um bebê. Meu corpo ficou me lembrando que ele controlava a história. Mas, então, ali estava você.

Uma semana depois, sentei-me em um cinema e vi alienígenas saindo de seus hospedeiros humanos no corredor de uma espaçonave. Seus corpos escuros, brilhantes, irrompiam de costelas e explodiam através da pele arrebentada. Um robô maligno estava obcecado em ajudá-los a sobreviver. Quando o capitão perguntou a ele "em que você acredita?", o robô simplesmente disse "criação". Isso foi pouco antes de o peito do capitão ser aberto ao meio para mostrar seu próprio bebê parasita: horrendo, preto como um besouro, recém-nascido.

Quando uma enfermeira pediu que eu subisse em uma balança em minha consulta pré-natal, foi a primeira vez que me pesei em anos. Recusar-me a me pesar foi um modo de deixar para trás os dias em que passei me pesando compulsivamente. Estar em uma balança e, de fato, *querer* ver que ganhei peso: isso era uma nova versão de mim. Um dos roteiros mais antigos que já ouvi sobre maternidade era que poderia transformá-la em uma nova versão de si mesma, mas essa promessa sempre pareceu fácil demais para ter crédito. Sempre acreditei mais em outra garantia: que, aonde quer que você vá, lá está você.

Quando era caloura na faculdade, entrava no closet do meu dormitório toda manhã para subir na balança que mantinha escondida lá. Era vergonhoso me matar de fome; então, para o ritual de pesar, eu me retraía na escuridão, metida nas dobras de meus casacos embolorados de inverno. Desde meu estirão de crescimento aos treze anos, parecia que eu pairava sobre todo mundo. Ser alta deveria trazer confiança, mas só fez me sentir excessiva. Havia muito de mim, sempre, e eu era sempre muito desajeitada e quieta, fracassando em conquistar todo o espaço que tomava.

Desde aqueles anos de restrição, descobri que geralmente quando tento articular isso para as pessoas ("sinto que eu não deveria ocupar tanto espaço"), elas compreendem totalmente ou nada. E, se uma pessoa compreende totalmente, em geral é uma mulher.

Esses dias famintos eram cheios de Diet Coke, cigarros e canções chorosas no Napster; apenas uma maçã e uma pequena porção de bolachas a cada dia; longas caminhadas por noites frias de inverno até a academia e de volta; e problemas em ver à frente, aos poucos, com manchas escuras tomando os cantos da minha visão. Minhas mãos e pés estavam sempre frios. Minha pele, sempre pálida. Era como se eu não tivesse sangue o suficiente para circular.

Durante a gravidez, quinze anos depois, minhas gengivas sangraram constantemente. Um médico disse que era porque em meu corpo circulava mais sangue (dois quilos a mais) para satisfazer o novo conjuntinho de órgãos. Esse sangue extra inchava-me. Aquecia-me. Minhas veias eram rodovias febris, densas com aquele xarope vermelho quente, inundadas por um volume necessário.

Quando você era do tamanho de uma lentilha, voei para Zagreb para um trabalho de uma revista. Quando nosso avião passou sobre a Groenlândia, comi um enorme saco de biscoitinhos Cheez-It e perguntei-me se essa era a semana em que seu cérebro estava sendo gerado ou seu coração. Visualizei um coração feito de Cheez-It batendo dentro de mim, dentro de você. Muito daquele primeiro trimestre foi passado com receio e horror: impressionada que uma criatura minúscula estava sendo composta em minhas entranhas, aterrorizada que, de alguma forma, eu pudesse desprendê-la. E se você morresse e eu não soubesse? Eu procurava obsessivamente no Google "aborto espontâneo sem sangramento". Mantinha a mão sobre o abdome para me certificar de que você ficaria. Você era meu buquê de células, meu carocinho de criação. Chorei quando descobri que você seria uma menina. Era como se, de repente, você entrasse em foco. O pronome era um corpo se formando ao redor de você. Eu era um corpo me formando em volta de você.

Quando falei para minha mãe que estava indo para a Croácia, ela pediu que eu considerasse ficar em casa.

— Pega leve — disse ela.

Mas também me disse que, quando estava grávida de cinco meses do meu irmão mais velho, ela nadou ao longo de uma baía em Bari enquanto um senhor idoso italiano a seguia preocupado pelo caminho todo com seu barco a remo.

No avião para Zagreb, uma criança chorou à nossa frente. Em seguida, outra chorou atrás. Eu queria dizer a você: *Sei que esses chorões são sua gente.* Queria dizer a você: *O mundo está cheio de histórias.* Homens em solidéus feitos à mão que atrasaram nossa decolagem por uma hora porque não podiam se sentar ao lado de nenhuma mulher; o homem do outro lado da fileira que se aplicou uma injeção de glicose logo depois de comer seu quadrado de goulash embalado em alumínio, que observava o pequeno ícone de nosso avião se arrastar sobre a tela azul sem graça do Atlântico. Quem pode saber com o que ele sonhava? Para que amor ele estava fazendo o voo? Eu queria te dizer: *Bebê, há coisas tão incríveis nesta vida!* Você ainda não era um bebê. Você era uma possibilidade. Mas eu queria te dizer que cada pessoa que você encontraria na vida traria um mundo infinito dentro dela. Era uma dessas promessas que eu poderia fazer a você com a consciência tranquila.

***

Quando eu me matava de fome, eu mantinha dois diários. Em um, marcava o número de calorias que consumia a cada dia. Em outro, descrevia toda a comida que imaginava comer. Um caderno era cheio do que eu fazia: o outro era cheio do que sonhava fazer. Meus banquetes hipotéticos eram colagens feitas de menus de restaurantes, saturados com a atenção detalhada do desespero: não apenas macarrão *mac-n-cheese*, mas *mac-n-cheese* de *quatro queijos*; não apenas hambúrgueres, mas hambúrgueres com cheddar derretido e ovos fritos; bolo de chocolate vulcão melado com sorvete derretendo em volta. As restrições induziam-me a fantasiar sobre a possibilidade de uma vida na qual eu não fazia nada *além* de comer. Não queria comer normalmente; eu queria comer constantemente. Havia algo terrível em terminar, como se eu tivesse de confrontar que eu não estava, de fato, satisfeita.

Naqueles dias, eu enchia minha boca de calor, fumaça e doçura vazia: café preto, cigarro, chiclete de menta. Tinha vergonha do quanto eu queria desesperadamente consumir. Desejo era uma forma de ocupar espaço, mas era vergonhoso ter tanto disso, da mesma forma que fora vergonhoso ter tanto de mim, ou querer um homem que não me queria. Ansiar por coisas era levemente menos vergonhoso se eu me negasse acesso a isso. Então, tornei-me confortável no estado de ansiar sem satisfação. Cheguei a preferir sentir fome a comer, ansiar feito louca ao amor diário.

Mas, durante a gravidez, anos depois, o fantasma daquela velha garota esquelética se desfez como uma pele de cobra. Segui para muffins com chocolate de tamanhos sem precedentes. Em um café perto do meu apartamento, eu lambia dos meus dedos a gordura de um croissant de amêndoas e escutava uma barista perguntar à outra:

— Sabe aquela menina que o Bruno estava namorando?

Ela forçava a vista no celular:

— Sei que está grávida, mas... que caralho ela está comendo? Um boi?

Levou uns cinco ou seis meses para aparentar. Antes disso, as pessoas diziam: "Você *nem* parece grávida!". Falavam como um elogio. O corpo feminino é sempre elogiado por permanecer dentro dos limites, por fazer até sua permitida expansão impossível de detectar.

Quando você era do tamanho de um mirtilo, comi por toda Zagreb, enchendo a mão de moranguinhos da feira, depois pedindo uma fatia enorme de bolo de chocolate do serviço de quarto do hotel e, então, devorando uma barra de Snickers porque estava com fome demais para esperar o bolo chegar. Minhas mãos estavam sempre grudentas. Sentia-me feroz. Minha fome era uma terra diferente de onde eu tinha vivido antes.

Enquanto você crescia de limão a abacate, eu comia picles infinitamente, adorando o gosto picante entre meus dentes. Tomava sorvete derretido direto da tigela. Era um tipo de desejo que não implicava ausência. Era um desejo que pertencia. A palavra *desejo* em si tem origens relacionadas à gravidez. Um dicionário de 1899 define como "um dos apetites peculiares e frequentemente extravagantes vivenciados por mulheres grávidas".

Quando você era do tamanho de uma manga, voei para Louisville para uma palestra e fiquei com tanta fome depois do meu balde matutino de aveia que decidi ir até o *brunch*; e fiquei com tanta fome que parei no caminho para um lanche: um folhado *spanakopita* que manchava o saco de papel com ilhas de gordura. Quando cheguei ao *brunch*, estava com tanta fome que não conseguia decidir entre ovos mexidos com torradas, salsichinhas brilhando de gordura ou pilhas de panqueca de limão cobertas com açúcar. Então, peguei tudo.

Essa permissão infinita parecia a realização de uma profecia: todos os cardápios imaginários que transcrevi obsessivamente aos dezessete anos. Comer era totalmente permitido agora que eu o fazia por mais alguém. Nunca tinha comido assim, já que comia por você.

Quando eu vivia de biscoitinhos e fatias de maçã, não menstruei por anos. Deixava-me orgulhosa. A ausência vivia dentro de mim como um troféu secreto. Sangue escorrendo de mim parecia outro tipo de excesso. Não sangrar era uma forma apelativa de contenção. Também era o oposto da fertilidade, de modo bem literal. Ao emagrecer meu corpo, era como se eu vencesse meu ser físico. Matar-me de fome depunha sobre a intensidade de minha solidão, minha autodepreciação, minha simultânea distância do mundo e minha desesperançada proximidade; uma sensação de ser ao mesmo tempo demais e não o suficiente.

Quando fiquei grávida aos 24 anos, alguns depois de ter começado a menstruar novamente, vi o sinal revelador na tirinha, senti-me inundada não de medo ou desconfiança (como imaginava), mas de encanto. Eu carregava essa minúscula e potencial vida. Mesmo que soubesse racionalmente que faria um aborto, ainda sentia aquela consciência se erguendo dentro de mim. Essa consciência plantava algo bem no fundo de mim, uma corrente. Dizia: "Algum dia você voltará".

Foi só depois que fiz o aborto que comecei a notar bebês na rua. Seus rostinhos observavam-me dos carrinhos. Eles sabiam o que eu tinha feito. Não era arrependimento. Era ansiedade. Eu tinha sido magnetizada. Não queria segurar os bebês dos outros, eu sabia que acabaria segurando o meu próprio. Queria vê-la desabrochar em consciência bem na minha frente, separada de mim, além de mim, queria ser surpreendida e confundida por uma criatura que tinha vindo de mim, mas *não* era eu.

Durante o ano que passei tentando engravidar, uma década após o aborto, minha amiga Rachel contou-me sobre a convulsão febril que o filho pequeno teve. A descrição do terror dela era aviltante. Não era algo que eu compreendesse totalmente. Sempre resisti à ideia de que ser mãe envolvesse um amor mais profundo do que qualquer amor que você já sentiu, e alguma parte minha queria dar à luz só para que eu pudesse argumentar contra essa crença, só para poder dizer: *Esse amor não é mais profundo, apenas diferente.* Mas outra parte em mim sabia que era possível eu simplesmente me tornar outra voz dizendo: *Não há amor mais profundo do que esse.*

Quando enfim fiquei grávida, minha gratidão foi intensificada pela espera. Meu corpo decidiu me conceder aquela bolsinha de órgãos quando pudesse facilmente mantê-la. Esse segundo coração batendo era muito importante. Depois do primeiro ultrassom, entrei no metrô e olhei para cada passageiro pensando: *Você já esteve enroladinho dentro de outra pessoa.*

Conforme você crescia até o tamanho de um nabo, depois de uma toranja e depois de uma couve-flor, eu queria que você se desenvolvesse a partir do prazer: tempestades de verão e crises de riso; as vozes de mulheres em conversas infinitas. Com minha amiga Kyle, nadei nua em uma piscina de noite, sob eucaliptos tranquilos na brisa quente enquanto seus chutes aumentavam sob a pele como ondas. Com Colleen, dirigi até uma velha casa capenga em um morro acima de uma agência dos correios, onde árvores farfalhantes batiam em nossas janelas. À luz de lampiões, comemos ovos com gemas bem amarelas. Ela deixou a pia cheia de cascas, como quando morávamos juntas, depois que nossos corações foram despedaçados.

De volta a Los Angeles, sua avó tinha um refugiado camaronês hospedado com ela. O que eu poderia dizer? Não era de se surpreender. Fez-me fechar os punhos com ansiedade, queria tanto que você e sua avó tivessem mil anos juntas neste mundo, nada menos. Minha fome por minha mãe durante a gravidez era como minha fome por frutas, por uma segunda barra de Snickers, por ovos mexidos, salsichas e panquecas de limão. Era um saco sem fundo. Disse-me que ainda se lembrava de olhar a neve depositada nos galhos fora da janela do consultório quando o médico disse que eu seria uma menina, como se todo o anseio dela estivesse reunido nesses galhos, impossivelmente lindo, completamente comum.

Eu queria te dar as melhores partes de meu amor por seu pai — como alugamos uma casa em uma cidadezinha no Norte de Connecticut, naquele verão em que eu estava grávida de você, e nos deitamos em uma grande cama branca ouvindo o barulho dos trens e a chuva caindo no riacho e a imaginando caindo na lona azul cobrindo a barraca de cachorro-quente do outro lado da rua. Comemos hambúrgueres em uma barraquinha ao lado da estrada e nadamos no Cream Hill Lake, onde os salva-vidas adolescentes quase nos expulsaram porque não éramos sócios. Mal merecemos aquela água azul profunda, aquelas margens densas de árvores, aquelas boias de madeira manchadas de sol. Tivemos nossos ressentimentos sussurrados, nossas noites de brigas. Mas queria que você nos visualizasse lá: nossas vozes provocantes, nossas risadas entrelaçadas. Quero que saiba que você foi feita de carne malpassada e luz do fim de tarde.

Quando enfim busquei tratamento, senti uma emoção repentina, líquida, em visualizar o diagnóstico escrito em um dos formulários médicos: *transtorno alimentar*. Era como se finalmente houvesse um nome oficial para o que eu sentia, a sensação de inadequação e deslocamento, como se as palavras tivessem construído um contêiner tangível em volta daqueles sinais de fumaça intangíveis da dor. Fez-me sentir consolidada.

A psiquiatra que me diagnosticou não estava interessada nessa consolidação. Quando disse sobre ser solitária, provavelmente não a primeira estudante universitária a dizer isso, ela falou:

— Sim, mas como morrer de fome vai *resolver* isso?

A psiquiatra tinha razão. Embora eu não estivesse tentando resolver o problema, apenas expressá-lo, talvez até amplificá-lo.

Mas como traduzir esses impulsos autodestrutivos na linguagem de atores racionais? Fracassei em justificar o transtorno com uma razão legítima, como fracassei em levar um bilhete dos pais explicando a falta na escola.

Durante quinze anos após aquela consulta, continuei buscando o bilhete. Continuei tentando me explicar para aquela médica, continuei tentando expurgar a vergonha pelo transtorno listando suas causas: minha solidão, minha depressão, meu desejo por controle. Todos esses motivos eram verdadeiros. Nenhum deles era suficiente. Isso é o que eu diria sobre a bebedeira anos depois, quando passei a acreditar em motivações humanas de maneira mais ampla: nunca fazemos nada por apenas um motivo.

Na primeira vez em que escrevi sobre o transtorno, seis anos depois de procurar ajuda, achei que tivesse me enquadrado em algo egoísta, volúvel e autoindulgente, para que pudesse me redimir com consciência, como dizer ave-marias suficientes para ser perdoada por meus pecados. Eu ainda pensava no transtorno como algo pelo qual eu precisava ser perdoada.

Quando apresentei aquela primeira tentativa desordenada em um workshop de escrita, outro aluno da graduação levantou a mão durante a discussão para perguntar se tal coisa era honestidade demais:

— Acho incrivelmente difícil gostar da narradora desse ensaio — disse ele.

Achei a expressão divertida: *a narradora desse ensaio*, como se fosse uma estranha sobre quem pudéssemos fofocar. Era minha primeira aula de não ficção, e eu não estava acostumada com as regras do deslocamento: todos nós fingindo que não estávamos criticando as vidas uns dos outros. Depois da aula, o mesmo homem que achou difícil gostar da minha narradora perguntou se eu queria tomar um drinque. Em minha cabeça, eu disse: "Vai se foder". Mas, em voz alta, falei:

— Parece ótimo.

Quanto menos você gostava de mim, mais eu queria que gostasse.

Ao ficar grávida, parecia que enfim eu tinha conseguido substituir "a narradora desse ensaio", uma garota doente obcecada com sua própria dor, difícil de se gostar, por uma versão mais nobre de mim mesma: uma mulher que não estava destruindo seu próprio corpo, mas usando-o para fazer outro corpo do qual ela cuidaria. Uma voz interna teimosa ainda estava convencida de que o transtorno alimentar se baseava todo no "eu", todo em me retalhar para a forma de um varapau. Agora, a gestação prometia uma nova fonte de gravidade: o "você". Estranhos sorriam constantemente para mim na rua.

No médico, quando uma paciente estava grávida, ela subia para o segundo andar. Eu não visitava mais os setores comuns de ginecologia do primeiro andar. Tinha de subir por uma escadaria, rumo a ultrassonografias e vitaminas pré-natais, deixando para trás aqueles testes de gonorreia e prescrições de anticoncepcional, como se avançasse para a próxima fase de um videogame ou tivesse recebido um ingresso para o pós-vida.

Quando você estava do tamanho de um coco, eu ofegava de forma audível subindo a escada do metrô. Minha barriga era uma bagagem de dez quilos que eu carregava por todo lado. Meus ligamentos alongavam-se e estalavam, era doloroso o suficiente para me fazer arfar. A cada noite, minhas pernas eram tomadas por uma sensação louca de movimento, algo que a médica chamaria de "síndrome das pernas inquietas". Em uma noite no cinema, fiquei compulsivamente cruzando e descruzando as pernas, incapaz de ficar parada; então, deixei o cinema para me sentar em um reservado do banheiro por dez minutos. As pernas contraíam-se e esticavam-se como se fossem comandadas por outra pessoa, como se o serzinho dentro de mim já tivesse tomado o controle.

Quando eu estava no meio de um resfriado de três meses, minha mãe brigou comigo por me recusar a alterar o ritmo de minha vida.

— Sei que não quer interromper seus planos, mas haverá um ponto em que você não terá escolha. Vai entrar em trabalho de parto e seus planos serão interrompidos — disse ela.

Era do que eu tinha mais medo: ser interrompida. Era também o que ansiava mais do que tudo.

De certa forma, fui grata pela dificuldade física do meu terceiro trimestre. Fez-me sentir como se eu estivesse fazendo meu trabalho. Durante os primeiros meses, quando o enjoo matutino ainda não havia surgido, era como deixar de chorar em um velório. Eu não deveria sentir minhas fronteiras inundadas pela gravidez? Não deveria doer? Não era a punição original de Eva? *Vou multiplicar em grande medida teus sofrimentos e tua concepção; na dor, tu deves gerar crianças.*

Alguma parte de mim buscava dor como prova de que eu já era uma boa mãe, sofrendo muito, enquanto outra parte queria rejeitar a dificuldade como a única prova possível de devoção. Eu estava muito ávida em me apaixonar pela gravidez como uma narrativa de conversão, prometendo destruir a versão de mim que igualava significância com sofrimento e substituí-la por uma mulher totalmente diferente. Alguém que observava com alegria os números da balança aumentarem, que se tratava bem, e focava no bebê, e se dedicava totalmente a calorias despreocupadas e virtuosa gratidão.

Mas, como se revelou, a gravidez não era tanto a liberação de nosso antigo eu quanto um contêiner mantendo cada prisão de mim ao mesmo tempo. Não me desfiz de meus fantasmas totalmente. Era fácil revirar os olhos para gente que dizia "você não parece *nada* grávida" e mais difícil admitir o orgulho que eu sentia quando ouvia isso. Era fácil chamar a médica de absurda quando ela me dava bronca por ganhar quase três quilos em um mês (em vez de dois!) e mais difícil admitir que eu honestamente me senti envergonhada naquele momento. Era mais difícil admitir que parte de mim sentia uma emoção secreta toda vez que um médico registrava preocupação que "minhas medidas estavam pequenas". Esse orgulho era algo que eu desesperadamente queria deixar para trás. Preocupava-me que impedisse seu crescimento, o que era apenas a destilação de um medo mais profundo, que eu iria infectá-la com minha própria relação conturbada com meu corpo, que você pegaria como uma herança sombria.

Quando você era do tamanho de um abacaxi, delineei um plano de parto. Isso era parte da minha aula de preparação para o parto, mas também uma espécie de profecia: contar a história do seu nascimento antes de acontecer.

A professora da aula de parto apontou triunfante para um simulador pélvico feito de plástico.

— As pessoas acham que não há muito espaço para a cabeça do bebê passar. Mas, na verdade, há *muito* espaço — disse ela.

Forcei a vista para minha bacia. Não havia *tanto* espaço.

De certa forma, nós todos vivíamos em direção àquela dor. Não era só questão de sofrimento; era questão de conhecimento. Era impossível entender a dor até passar por ela. Essa opacidade me instigava. *Na dor, tu deves gerar crianças.* A dor foi a punição por comer a maçã, por querer saber. Agora, a dor em si tornou-se o conhecimento. Logo eu me tornaria alguém que tinha uma história de parto. Eu só não sabia qual seria. Claro, sabia-se que não havia garantias. Qualquer um poderia ter que fazer uma cesariana. Era uma ameaça. Era o que se tentava evitar. A força, o *trabalho* de parto, era o que tornava a coisa real. É a equação implícita que eu havia absorvido.

Ao escrever meu plano de parto, guardei a linguagem mais forte para a "boa hora". É como chamam a primeira hora após o nascimento, quando seu novo corpo iria descansar contra o meu. A expressão em si continha um sininho estridente. Ouvi que, se eu quisesse essa boa hora, teria de insistir: *eu gostaria de um contato imediato, ininterrupto, pele a pele com ela até terminar a primeira alimentação*, escrevi em meu plano. Era como lançar um feitiço. Eu a traria ao mundo. Você viveria contra minha pele. Você comeria.

Quando você era maior do que um melãozinho, porém menor do que uma melancia, o novo ano trouxe uma nevasca. Foi três semanas antes da data prevista do parto. A médica preocupava-se que você era muito pequena. Então, marcou outro exame de crescimento. Avancei por montes de neve para chegar ao consultório dela em Manhattan, envolvendo o globo enfaixado da minha barriga com os braços, em volta de um casaco que não fechava, e dizendo:

— Minha, minha, minha!

Meu sentimento de posse era aguçado pela fúria gelada à minha volta. Era primitivo.

No consultório, a médica disse que havia uma coisa engraçada nas nevascas: algumas pessoas acreditavam que deixavam a bolsa d'água de uma mulher mais propensa a estourar. Tinha a ver com a queda na pressão atmosférica. Parecia algo que uma parteira cochicharia para outra em um celeiro enquanto o céu era tomado de nuvens e, como num conto de fadas, tornou-se verdade naquela noite. Acordei às três da manhã, saí da cama e o líquido quente jorrou. O primeiro parto de minha mãe, do meu irmão mais velho, também começou assim. Era quase bíblico, disse a mim mesma: *Como foi para minha mãe, deve ser para minha filha*. Havia uma simetria prazerosa.

A professora de parto recomendou voltar a dormir se a bolsa estourasse no meio da noite, pois eu precisaria descansar. Não voltei a dormir. Não podia nem imaginar a versão de mim que poderia voltar a dormir. Além do mais, eu ainda parecia estar vazando. Sentei-me na privada com o laptop nas pernas e senti o líquido amniótico deixar meu corpo enquanto editava um ensaio sobre raiva feminina. Quando enviei para meu editor, acrescentei embaixo: "P. S.: Estou em trabalho de parto". Quando pegamos um táxi para o hospital na tarde seguinte, meu corpo estava se contorcendo de dor a cada dois minutos enquanto seguíamos por aquela gloriosa extensão de rodovia ao lado do East River, tomada de docas e quadras de basquete e arranha-céus reluzentes projetados sobre a água.

A dor significava que meu corpo sabia que precisava trazê-la aqui. E eu era grata por meu corpo saber, porque minha mente não sabia. Não era a serva humilde do corpo, implorando com as palavras mais cruas, verdadeiras: "Por favor, faça isso. Quero isso mais do que quis qualquer coisa".

Depois que chegamos ao hospital, trabalhei do fim da tarde entrando na noite. Um monitor sobre a cama mostrava duas linhas: as contrações e os batimentos cardíacos. A médica começou a se preocupar, pois, quando a primeira linha subia, a segunda baixava. Não devia acontecer assim. Os batimentos sempre voltavam a subir, dizia minha médica. Mas precisávamos que parasse de baixar. Devia ficar entre 160 e 110. *Não baixe*, determinei ao gráfico. *Não baixe*. Observei vigilante o monitor. Era como se eu tentasse manter os batimentos acima da linha perigosa pela pura força de vontade. A crença no poder da mente era outro fantasma familiar, um dos evangelhos dos meus dias de fome.

Quando seus batimentos estabilizaram, parecia que estávamos trabalhando juntas, eu e você, como se você tivesse ouvido meu chamado, como se sentisse minha insistência teimosa de que você ficaria bem-colocada como um piso firme abaixo de você. As contrações eram uma versão explodida das cãibras quentes, retorcidas, que senti durante as noites depois do aborto. Mas a dor era, de fato, exatamente como todo mundo descrevia: impossível de descrever. Alguém me disse para me visualizar deitada na areia da praia, que cada contração seria uma onda batendo em mim com dor, e entre essas ondas meu trabalho era absorver tanto calor quanto eu pudesse do sol. Mas muito pouco naquela sala de parto se parecia com ondas, areia ou sol. Pedi uma anestesia peridural: um helicóptero que me tirasse totalmente da praia. Quase dez mil minutos se passaram entre eu dizer "quero uma peridural" e, de fato, receber uma.

No começo da gravidez, meu marido me falou que sua primeira esposa estava determinada a ter um parto natural.

— Com você, imagino que seja mais como *me dê todos os remédios que tiver* — disse ele.

Fiquei indignada, mas não pude discutir. A história da mulher determinada a ter um parto natural parecia mais nobre do que a história daquela que pediu todos os remédios logo, assim como a história da grávida parecia mais nobre do que a da mulher que morria de fome. Havia algo mesquinho ou egoísta ou covarde em insistir em ter controle demais, em negar ao corpo seu tamanho ou seu desconforto.

Por volta das duas da manhã, quase 24 horas depois que a bolsa estourou, depois de várias horas de uma doce neblina peridural, uma enfermeira que eu não conhecia entrou na sala:

— Parece que você está tendo problemas com a frequência cardíaca fetal.

Seu tom soava acusatório. Era como se eu estivesse escondendo essa informação.

— O que há de errado com a frequência cardíaca dela? — perguntei. Achei que você e eu tínhamos conseguido fazê-la subir. Mas, quando olhei para o monitor, estava pouco abaixo de 110, e descendo.

Outra enfermeira entrou:

— Precisa de mais ajuda? — perguntou.

E a primeira enfermeira disse:

— De fato, viria a calhar mais ajuda.

Por que precisa de tanta ajuda? Eu queria perguntar, mas não queria distraí-las do que fosse que precisassem fazer. Mais enfermeiras chegaram. Disseram-me que precisavam medir melhor os batimentos cardíacos. Enfiaram um bastão dentro de mim. Rolaram-me para um lado, então para o outro. Enfiaram o bastão novamente. Pediram-me para ficar de quatro.

— Não estamos encontrando — disse a primeira enfermeira, com voz mais urgente, e eu queria perguntar: *Não está aí ou não consegue ouvir?* Era a única pergunta no mundo.

Então a médica entrou na sala. Disse-me que estavam vendo o que não queriam ver.

— A frequência cardíaca de sua bebê está caindo e não está subindo — falou ela.

Tudo aconteceu muito rápido depois disso: dez pessoas na sala, quinze, muitas delas me rolando para a maca, minhas pernas ainda paralisadas da peridural. Seu pai agarrou minha mão.

— Está nos sessenta! — exclamou uma voz.

E outra:

— Está nos cinquenta!

Eu sabia que falavam sobre seu coração. Então empurraram-me pelo corredor em uma maca, apressados. Uma enfermeira encaixou uma touca cirúrgica na cabeça da médica enquanto ela corria.

Na sala de operação, um homem beliscou meu abdome e perguntou se eu podia senti-lo beliscando. Eu disse que sim. Ele pareceu incomodado. Eu disse que deveriam me cortar mesmo assim. Ele colocou algo mais em meu soro e, da próxima vez em que beliscou, não senti nada. Minha médica falou que eu iria sentir uma pressão, não dor. Tudo aconteceria do outro lado da cortina azul, onde estava o restante do meu corpo.

Meu marido estava sentado em um banquinho ao lado da mesa de operação, preocupado, com uma touca cirúrgica azul, e observei seu rosto como um espelho, tentando ler seu destino. Foi só quando ouvi a voz da médica dizer "Olá, bonequinha", que eu soube que me abriram e encontraram você lá, pronta para nascer.

Cada história de nascimento é a história de dois nascimentos: nasce a criança e nasce a mãe, construída pela história de como ela a trouxe ao mundo, moldada pelo parto e novamente pelo relato. Meu plano de parto ficou dobrado na bolsa de hospital. Era a história de algo que nunca aconteceu.

Em vez disso, uma equipe de médicos separou minha mente de meu ventre com uma cortina azul. As mãos de outra mulher buscaram você para tirá-la. Meu corpo foi de colaborador a inimigo. Não estava mais trabalhando; fracassou. Precisou ser cortado. O processo precisou ser salvo por outras pessoas, pois não consegui sozinha. Não estou dizendo que essa é a verdade sobre cesarianas. Estou dizendo que isso é a verdade do que senti. Senti-me traída.

Sempre ouvi falar sobre o trabalho de parto como uma capacidade triunfante, mas dar à luz você foi uma lição de humildade radical. Minha história foi interrompida. Meu corpo foi interrompido. Você chegou e me mostrou que a dor nunca foi minha maior professora. Você chegou e mostrou que nunca estive no controle. Dar à luz você não importava porque meu corpo estava com dor, ou porque não foi dor o suficiente. Importava porque você apareceu reluzente, confusa e perfeita. Ainda era parte de mim. Estava além de mim.

Se o trabalho de passar fome foi pequeno e sufocante, então o trabalho do parto foi amplo como o céu. Expandiu com todo o desconhecido de uma vida que aconteceria no corpo que meu corpo tornou possível.

Em grande parte da primeira hora depois que você nasceu, eu ainda estava deitada na maca perguntando se podia segurá-la. Seu pai lembrou-me de que eu ainda estava em cirurgia. Estava certo. Meu abdome ainda estava aberto. Meu corpo ainda tremendo dos remédios que me deram para anestesiar as coisas que tinham dado certo e, depois, as coisas que deram errado.

Eu não sabia que ficaria tremendo por horas. Só sabia que seu pai apontava para o canto da sala, onde carregavam um embrulhinho minúsculo para a incubadora. Uma perninha projetou-se para fora, absurdamente pequena. Meu corpo todo vibrou com a necessidade de segurar você.

— Ela está bem? Ela está bem? — eu ficava dizendo.

As mãos dos médicos estavam em minha barriga, rearranjando órgãos (pressão, não dor; pressão, não dor). Depois, seu choro tomou a sala. Com sua voz surgindo, ouvi a minha própria:

— Ai, meu Deus!

Lá estava você: a chegada, um grito, o começo de outro mundo.

Agradecimentos

Como sempre, sou grata a meu incansável, cansativo e completamente brilhante editor, Ben George; a meu guerreiro e camarada Jin Auh; e a Michael Taeckens, que traz tanta alma e paixão para o seu trabalho que sempre levanta meu ânimo. Meus profundos agradecimentos às minhas equipes da Little, Brown e Wylie: Reagan Arthur, Liz Garriga, Pamela Marshall, Craig Young, Ira Boudah, Brandon Kelley, Marie Mundaca, Gregg Kulick, Shannon Hennessey, Cynthia Saad, Allan Fallow, Alex Christie e Luke Ingram; assim como meus editores estrangeiros, especialmente Max Porter, Anne Meadows e Karsten Kredel. Tive a bênção de trabalhar nestes ensaios com um corpo de editores de revista exigentes e inspiradores ao longo do caminho: Charlie Homans, James Marcus, Denise Wills, Roger Hodge, Brad Listi, Genevieve Smith, Tom Lutz, Derk Richardson e Allison Wright.

A meus amigos extraordinários — aqueles que leem estes textos ainda como rascunhos e aqueles que simplesmente me ajudaram a sobreviver à minha própria vida — e à minha amada família, obrigada. Tenho muita sorte e sou muito grata.

Este livro, composto na fonte Fairfield, foi impresso em papel Pólen Soft 70g/m², na gráfica BMF São Paulo, Brasil, julho de 2021.